Projectmanagement

Dit boek wil ik graag opdragen aan alle studenten en professionals die ik de afgelopen vijftien jaar heb mogen opleiden en coachen.

Iris Eshel

Projectmanagement
Een professionele aanpak van evenementen

Iris Eshel en Jan Verhaar

Tiende, geheel herziene druk

inclusief website!

Met behulp van onderstaande unieke activeringscode kun je een studentaccount aanmaken op **www.projectmanagement10edruk.nl** voor extra materiaal. Deze code is persoonsgebonden en gekoppeld aan de tiende druk. Na activering van de code is de website twee jaar toegankelijk. De code kan tot zes maanden na het verschijnen van een volgende druk geactiveerd worden.

7920-HK-78-RS

Omslagontwerp: Cunera Joosten, Amsterdam
Foto omslag: Photo-company, Awakenings festival 2013, Spaarnwoude
Opmaak binnenwerk: Textcetera, Den Haag
Foto's pagina 27, 41, 94, 168, 169, 181, 182, 183, 192: © Steef Fleur, www.studiosteeffleur.com
Afbeeldingen pagina 86, 127, 158, 187: © the Good Guyz, www.thegoodguyz.nl
Afbeelding pagina 156: © Gigant Podiumbouw, www.gigantinternational.com

© 2017 Iris Eshel & Jan Verhaar | Boom uitgevers Amsterdam

ISBN 978-90-5875-792-0
ISBN 978-90-5875-793-1
NUR 801

www.projectmanagement10edruk.nl
www.boomhogeronderwijs.nl

Voorwoord

In 2014 werd de uitgave *Projectmanagement. Een professionele aanpak van eve-nementen* nog herzien, maar gezien de snelle ontwikkelingen in de creatieve industrie in het geheel en de evenementensector in het bijzonder werd het tijd voor een grondige revisie. Bij de vorige editie was coauteur Iris Eshel al aange-schoven, die de Verhaar-methode tijdens haar studie heeft geleerd en tijdens haar carrière heeft beproefd en toegepast in de evenementensector. De afgelo-pen jaren heeft ze vele studenten en professionals aan het werk gezet en gezien met de methode. Op basis van die ervaringen, feedback uit het werkveld en de vele lezersreviews die wij hebben mogen ontvangen de afgelopen jaren, hebben we de methode gemoderniseerd. Het boek is veel compacter geworden, met een 60-stappenplan om van A tot Z een (evenementen)project op te kunnen zetten en te kunnen organiseren. De lezer wordt van het eerste idee tot en met de eva-luatie van een project aan de hand genomen.

Omdat vooral in de creatieve industrie projectmanagement steeds minder vaak lineair wordt toegepast, is in deze editie meer aandacht voor andere benaderin-gen van projectmanagement, zoals design thinking en value-based projectma-nagement. Daarnaast bespreken we tactieken om de accountability en ROI van projecten te kunnen berekenen en hebben we meer voorbeelden toegevoegd van allerlei onderdelen van een (evenementen)project. Om ervoor te zorgen dat de casuïstiek in het boek en de voorbeelden op de website aansluiten bij de beroepspraktijk hebben ID&T (internationale dance-evenementen), the Good Guyz (evenementenproductie) en MissPublicity (pr- en marketing agency) praktijkvoorbeelden aangedragen. Het Awakenings festival heeft wederom voor de cover een prachtige foto beschikbaar gesteld. De foto is een mooi beeld van een festivalterrein 'in action' en symboliseert ook waar projectmanagement voor staat: overzicht behouden en samenwerken. We zijn ID&T, the Goodguyz, MissPublicity en Awakenings zeer dankbaar voor het delen van het materiaal!

We hebben ook een aantal opmaaktechnische verbeteringen verwerkt in deze nieuwe druk, zoals het plaatsen van een tabje in de marge om de verschillende fasen aan te duiden, en we hebben de overzichtsfiguren per fase vereenvou-digd. Last but not least vind je regelmatig een webicoontje in de marge van het boek, dat verwijst naar de website. De website bevat aanvullende informatie en voorbeelden die gelijk ingezet kunnen worden tijdens een project, zoals draai-boeken, plattegronden en voorbeeldcontracten, maar ook oefenvragen voor tentamens.

Net zoals in de vorige edities van het boek starten we met een inleiding in de methodiek, maar beginnen we al snel met de praktische toepassing ervan. In het vierde hoofdstuk vind je het stappenplan voor het projectvoorstel, en volgt per fase een hoofdstuk. De hoofdstukken over financiën, marketing en organisatie zijn verwerkt in het 60-stappenplan. Het stappenplan voor een conferentieproject is in zijn geheel opgenomen op de website. In de leeswijzer kun je terugvinden hoe je de methode het beste kunt gebruiken.

De Nederlandse creatieve sector heeft de afgelopen jaren veel innovatie en (internationaal) succes opgeleverd. Denk aan de Nederlandse game-industrie of het succes van de Nederlandse dj's. Mede door dit succes is deze sector sterk geprofessionaliseerd. Er wordt steeds meer van de culturele, creatieve en evenementenprofessionals gevraagd. Het onderwijs, vooral het hbo, heeft een belangrijke rol in het opleiden van deze professionals. En daarvoor is goed lesmateriaal essentieel. De methode *Projectmanagement* heeft de afgelopen jaren haar succes bewezen. Met deze geheel herziene tiende druk willen we studenten nog beter voorbereiden op hun toekomstige loopbaan.

We vertrouwen erop dat we je als lezer met deze vernieuwde methode nog beter van dienst kunnen zijn.

Amstelveen, februari 2017
Iris Eshel en Jan Verhaar

Inhoud

Leeswijzer

Voor wie is de methode bestemd en hoe kun je de methode gebruiken?

Deze methode is enerzijds geschreven voor gebruik in het hoger onderwijs. Ze biedt studenten van allerlei studierichtingen waarin het vak projectmanagement van evenementen of andere projecten in de creatieve industrie of culturele sector is opgenomen in het opleidingsprogramma, de mogelijkheid zich een professionele aanpak van projecten eigen te maken. Anderzijds kunnen ook professionals die in de beroepspraktijk te maken krijgen met het opzetten van een dergelijk project, de methode gebruiken als houvast.

De methode heeft tot doel de lezer vertrouwd te maken met de verschillende aspecten van het professioneel managen van relatief complexe (evenementen) projecten. Je kunt de methode op twee manieren gebruiken. In beide gevallen geldt dat het beste leerresultaat wordt bereikt wanneer bestuderen en toepassen hand in hand gaan.

1 Van de theorie naar de praktijk

Je leest de methode eerst integraal door en neemt eventueel deel aan ondersteunende colleges over de verschillende thema's die hier aan de orde komen. Vervolgens kan de methode als gids dienen om je door middel van de stappenplannen en checklists door het proces van projectontwikkeling te loodsen.

2 Van de praktijk naar de theorie

Gezien de ervaringen van beide auteurs in de praktijk binnen zowel de evenementenindustrie als het hoger beroepsonderwijs, wordt deze weg aanbevolen. Je bestudeert vooraf alleen hoofdstuk 1, 2 en 3, waarin het projectmanagementmodel wordt gepresenteerd. Daarna begin je met een team van medestudenten direct aan een (oefen)project aan de hand van de stappenplannen in hoofdstuk 4, 5, 6, en als je het project ook daadwerkelijk gaat uitvoeren, ga je verder met hoofdstuk 7 en 8. Parallel aan het werken aan het project is een serie begeleidende colleges die nader ingaan op de aspecten die in het project spelen, wenselijk. Deze colleges kunnen eventueel gedeeltelijk worden ondersteund door intensieve begeleiding van een projectcoach of docent. De ervaring heeft geleerd dat studenten op deze wijze in relatief korte tijd zeer vaardig worden in het toepassen van de professionele projectmatige aanpak.

Als je dit boek direct in je eigen beroepspraktijk wilt toepassen, zul je de begeleiding die een opleiding kan bieden moeten ontberen, maar daar staat vaak een ruimere werkervaring tegenover. Ook is het mogelijk het gemis aan ondersteuning te compenseren door het volgen van een workshop projectmanagement.

Tot slot nog twee opmerkingen:
- Wanneer je de methodiek voor het eerst toepast, zul je deze wellicht wat omslachtig vinden. Het is een *professionele* vaardigheid die, net als autorijden en pianospelen, geoefend moet worden. De ervaring heeft geleerd dat wanneer iemand één keer een project consequent volgens deze methodiek heeft aangepakt, hij bij volgende projecten de methode slechts als naslagwerk nodig heeft.
- Een te rigide toepassing van de methodiek is niet zinvol. De methodiek en de stappenplannen en formats zijn bedoeld als richtlijn en kunnen worden aangepast aan je eigen werkwijze en aan de eisen die het project stelt.

Omwille van de leesbaarheid is de methode in de mannelijke persoonsvorm geschreven. Waar 'hij' staat, kan uiteraard ook 'zij' worden gelezen.

Indeling van het boek

Dit boek is onderverdeeld in acht hoofdstukken, met een logische opbouw, van het eerste idee of de opdracht voor het project tot de uitvoering en de evaluatie van het project. We lichten hier kort toe wat je per hoofdstuk kunt verwachten.

Eerst wordt in hoofdstuk 1 toegelicht wat projectmanagement precies inhoudt en wordt een aantal evenementenvormen in kaart gebracht. Hierbij wordt ingegaan op de verschillende doelen die met evenementen kunnen worden nagestreefd. Ook worden de stakeholders genoemd die bij het opzetten van evenementen van belang zijn.

In het tweede hoofdstuk wordt uiteengezet wat de oorsprong van verschillende soorten projecten is, wat de organisatorische aspecten zijn, hoe je projecten aan kunt pakken en welke aanpak de voorkeur heeft in verschillende situaties. Van daaruit worden de startvragen van projecten onderverdeeld, omdat de keuze voor een project steeds afgewogen moet worden tegen andere mogelijke manieren om een doel te bereiken.

In hoofdstuk 3 staat het projectmanagementmodel centraal en vind je de theoretische kern van de methode. Het projectmanagementmodel wordt uitgelegd en in figuur 3.1 visueel weergegeven. Daarna wordt uitgelegd uit welke onderdelen het projectmanagementmodel bestaat, welke functie de verschillende onderdelen hebben en hoe je deze kunt inzetten om het doel van het project te behalen.

Vanaf hoofdstuk 4 wordt de methode heel erg praktisch van aard. Na het lezen van de inleidende hoofdstukken kun je er zo mee aan de slag. In hoofdstuk 5, 6, 7 en 8 zijn uitgebreide stappenplannen beschreven, waarmee je stap voor stap door iedere fase van een project wordt geleid. Deze stappenplannen kun je gebruiken als checklist bij het ontwikkelen van een project. Elk stappenplan mondt aan het eind van een fase uit in een zogenoemd beslisdocument of rapport. In zowel de hoofdstukken als op de website zijn gedetailleerde formats opgenomen voor deze beslisdocumenten: projectvoorstel, projectplan, productieplan en evaluatie.

In het vierde hoofdstuk gaan we gelijk aan de slag met het formuleren van het projectvoorstel, waarbij we starten met het formuleren van de inhoudelijke doelstellingen van het project en het ontwerp van een basisconcept. Vervolgens leer je hoe je een marketingstrategie voor een project kunt ontwikkelen en hoe je de beheersaspecten van een project in deze eerste fase kunt beschrijven.

In het vijfde hoofdstuk ga je vanuit het voorstel een gedetailleerd plan of ontwerp voor een project ontwikkelen en daarbij een marketing- en communicatieplan opstellen. Ook ga je leren hoe je de kwaliteit, de tijdsplanning en de kosten van een project kunt beheersen en bewaken.

In hoofdstuk 6 ga je de technische en organisatorische productie-informatie van een project uitwerken en de marketing-, fondsenwervings- en communicatieplannen uitvoeren. In deze fase moet je de kwaliteitscriteria van het project kunnen verantwoorden en de uitvoeringsorganisatie van een project gaan opzetten. Ook komen de draaiboeken voor de opbouwfase, voor het project zelf en voor de afbouwfase van een project aan de orde, evenals de bewaking van het budget als het project echt gaat lopen.

In het zevende hoofdstuk wordt de uitvoering van een (evenementen)project doorlopen, met bijvoorbeeld de organisatie van een briefing voor de verschillende stakeholders van het project en aandachtspunten bij het uitvoeren van draaiboeken.

Ten slotte krijgt in hoofdstuk 8 de evaluatie nog specifieke aandacht, met de focus op het verkrijgen van inzicht in het bereik of resultaat en het gewenste effect van het project, en hoe je de juiste informatie in handen kunt krijgen om het project te verantwoorden.

In de A-bijlagen wordt een aantal praktische gereedschappen gegeven: formulieren voor een tijdsplanning, voor budgetbewaking en voor het vastleggen van de projectorganisatie.
In de B-bijlagen worden fasemodellen gepresenteerd voor conferenties, tentoonstellingen, beurzen, festivals en manifestaties, podiumproducties en video-/filmproducties. Deze modellen kunnen worden gebruikt als handleiding bij

het projectmatig ontwikkelen van deze projecten. In de C-bijlagen vind je de formats voor de verschillende beslisdocumenten terug. De B- en C-bijlagen worden tevens digitaal aangeboden op de website.

Website

In het boek wordt vaak verwezen naar de bijbehorende website **www.project-management10edruk.nl**, waar je nog meer achterliggende informatie, context en verdieping op een aantal onderwerpen kunt vinden, maar waar vooral ook praktische voorbeelden worden aangeboden, zoals draaiboeken, voorbeeld-contracten en planningsschema's. Alle bijlagen in dit boek zijn ook op de web-site geplaatst als invulmodel, zodat je er zelf mee aan de slag kunt. Verwijzingen naar de website kun je gemakkelijk vinden door de website-icoontjes in de marge (zoals hiernaast afgebeeld).

Inleiding

De creatieve industrie groeit, niet alleen in omvang, maar ook in belang. Sectoren zoals architectuur, mode, gaming, design, muziek, media en de evenementenindustrie creëren betekenis en hebben daardoor een symbolische waarde. De toegenomen mobiliteit, massamedia en internet hebben de wereld binnen handbereik gebracht. Het toenemende belang van identiteit, onderscheidende levensstijl en betekenisvolle ervaringen is waarneembaar in alle domeinen van de samenleving. En juist hier kan de creatieve industrie een unieke bijdrage leveren.

Evenementen spelen hierbij al sinds mensenheugenis een grote rol; denk aan gladiatorengevechten, riddertoernooien, kermissen en markten. Ook tegenwoordig kunnen evenementen zowel een maatschappelijke als een economische, culturele of toeristische waarde vertegenwoordigen. Er worden professionele evenementen georganiseerd, zoals beurzen, exposities, congressen, podium- en filmproducties, festivals en sportmanifestaties. Bedrijfsevenementen zijn een effectief middel gebleken om direct in contact te komen met de doelgroep en hebben de laatste decennia dan ook een grote vlucht genomen. Naast evenementen worden er door instellingen in de culturele sector en door bedrijven en ondernemers in de creatieve industrie ook veel projecten opgezet. Het flexibele karakter van projecten geeft vaak meer mogelijkheden om de aanhoudende bezuinigingen van de overheid en de door economische druk afgenomen budgetten het hoofd te kunnen bieden en zaken zoals budgetfinanciering, zelfbeheer, verzelfstandiging, cocreatie of fusie een plek te geven binnen een organisatie. Als gevolg van een meer op output gerichte sturing door de overheid en het bedrijfsleven, de toenemende concurrentie en een steeds kritischer wordend publiek neemt het belang van een markt- en publieksgerichte houding toe, evenals het belang van kwaliteitsbewustzijn en van de efficiënte omzetting van creatieve ideeën in interessante en hoogwaardige producten met een zichtbare 'return on investment'. De betekenisvolle ervaring staat dus niet op zichzelf; het effect moet wel meetbaar zijn.

In dit eerste hoofdstuk beschrijven we het nut van projectmanagement, wat projectmanagement precies is, wat voor soort projecten er zijn, waarom projectmanagement geschikt is voor het organiseren van evenementen of andere creatieve projecten, en wanneer het zin heeft om een evenement projectmatig aan te pakken.

Voorbeeld   Tien meest voorkomende fouten bij evenementenorganisatie

Of het nou om een evenement gaat dat een belangrijk onderdeel is van de marketing- of communicatiemix van een bedrijf, of om een bedrijfsfeest voor het goede gevoel, in alle gevallen is het organiseren van een evenement ook gewoon logisch nadenken. Event-Branche TrendMagazine zette de tien meest voorkomende fouten bij het organiseren van een evenement op een rijtje.

1   Het dagevenement? Het file-evenement!
'U bent van harte welkom op ons evenement/congres van 09.30 tot 16.30.' Slim, want alleen een kopje koffie, een lunch en nog een klein hapje aan het eind van de dag. Maar die standaardtijden zorgen voor groot fileleed en dat is niet bevorderlijk voor de beoordeling van het evenement. De gast komt gestrest binnen en komt geïrriteerd thuis.
Tip: De tijd is rijp om uw tijden aan te passen. Compactere programma's zijn een prima
    oplossing.

2   Eerst de jas ophangen?
Het klinkt heel logisch en gebeurt ook bijna standaard: na een hartelijk welkom bij de deur mogen de gasten eerst hun jas ophangen bij de garderobe. Daarna stuurt een vriendelijke hostess de gast door naar de registratiebalie. En zowaar: daar staat weer een beste rij. Wat blijkt uit navraag? De meeste opstoppingen bij de registratie ontstaan omdat het uitgeprinte (e-)ticket nog in de jaszak zat...
Tip: Eerst registreren en daarna de garderobe, of de registratiebalie in de garderobe.

3   De onleesbare badge
Het gebeurt eigenlijk bijna altijd: een naambadge heeft een lettertype waardoor het altijd staren wordt. Daarnaast wordt vaak vergeten het bedrijf of de bedrijfstak te vermelden.
Tip: Een voor het gevoel veel te grote badge, met in groot lettertype de naam van de
    persoon of die van het bedrijf. Of een badge met alleen een kleur, waarbij de kleur
    overeenkomt met de kleur van andere gasten die bijvoorbeeld een interessegebied
    delen.

4   Staand eten, lastig snijden
Of het nu een buffet is, of uitgeserveerde catering, bij veel evenementen wordt staand gegeten en dat is niet altijd even handig. Daar staat de gast dan tijdens een stamppottenbuffet: boerenkool met worst op een bord in de ene hand, bestek in de andere, maar geen statafels om te eten. Dat eet erg lastig.
Tip: Serveer vlees in kleine hapklare stukjes, of zorg voor voldoende (sta)tafels(!).

5   De voorste rijen zijn weer leeg
Een plenaire zaal vult zich meestal van achter naar voor. 'Hier vooraan zijn nog plekken genoeg', is een veelgehoorde opening van een spreker of dagvoorzitter.
Tip: Zorg voor hostessen bij binnenkomst van de zaal, die de gasten naar de voorste rijen
    begeleiden.

6   De losse flodder(s)
Of het nou om entertainment gaat, om een spreker of een dagvoorzitter, het gebeurt zo vaak dat ze ingehuurd worden op naam en helemaal niet op het criterium of ze passen bij het doel van het evenement. Dat zorgt nog veel te vaak voor losse flodders. Zorg er nou voor dat het echt deel uitmaakt van de communicatie die dag.
Tip: Denk bij ieder onderdeel aan de doelstelling en doelgroep van het evenement.
    Betrek de toeleveranciers in de conceptontwikkeling.

7   Het programma: standaard

Als er één ding is dat, slechts op een zeldzame uitzondering na, altijd hetzelfde is, dan is het wel de programma-indeling. Neem nou een inhoudelijke dag met sprekers: welkom, koffie, beetje netwerken, zaal in, meestal de keynote als opener, spreker op verhoogd podium, nog een spreker, 10 minuten pauze, terug de zaal in, nog twee sprekers, zaal uit, borrel, netwerken, druppelsgewijs naar huis…

Tip: Durf anders te zijn. Zo is bijvoorbeeld wetenschappelijk aangetoond dat het slim is om het evenement in te delen met drie of vier hoogtepunten verdeeld over de dag. Daartussen even gas terug, om vervolgens te pieken.

8   De beamer, de powerpoint, de microfoon… presenteren is een vak

Presentaties die pijn doen aan ogen en oren. Dan staat er weer iemand vol in de lamp van een beamer te presenteren of, nog treuriger, de haardos van enkele van de gasten wordt meegeprojecteerd… Ah, daar houdt de spreker al weer tien minuten de microfoon te ver van zijn mond. Ach, en kijk, op de powerpoint staat het complete verhaal uitgeschreven… in lettertype 12… Stop ermee.

Tip: Laat je adviseren door AV-bedrijven of andere experts en doe altijd een generale repetitie.

9   Netwerken? Bijpraten zult u bedoelen

De dag sluiten we vanzelfsprekend af met een netwerkborrel. Een hele dag vol met interessante informatie delen met nieuwe contacten. Zo zou het idealiter moeten gaan, maar uiteindelijk staan we met onze directe collega's of kennissen nog wat te drinken, om vervolgens naar huis te gaan.

Tip: Er zijn heel veel tools, apps en zelfs simpele concepten om het netwerken te begeleiden.

10   Houdoe en bedankt…

En dan loopt de gast naar zijn of haar jas. Bij de uitgang nog vriendelijk begroet door de beveiliging of een hostess die nog een tasje meegeeft, maar daarna wordt het akelig stil. Nog altijd lijkt het evenement een moment. Dan hebben we het nog niet eens over een voortraject, maar dat er na afloop niet geënquêteerd wordt of aan een afterevent gedaan wordt, is onbegrijpelijk. Daar trappen opdrachtgevers niet meer in; die willen weten wat het resultaat is van het evenement!

Bron: www.eventbranche.nl/nieuws/evenement-organiseren-de-10-meest-gemaakte-fouten-8727.html, geraadpleegd in november 2016

Kader 1.1

De belevingseconomie, waarin de ervaring van de consument of gebruiker centraal staat, dwingt ons om aan te sluiten bij de belevingswereld van de bezoeker door de bezoeker bijvoorbeeld te betrekken bij het ontwerp van die beleving. Hierdoor ontstaat een rijkere ervaring en dat schept een band. Daarnaast moet deze beleving ook nog eens meetbaar zijn. Wat kan een project precies opleveren? Hoe kan een evenement of een website het gedrag van de bezoekers beïnvloeden? Deze manier van werken en denken vind je terug in de organisatie van bedrijfsevenementen, beurzen en congressen, maar ook in de ontwikkeling van websites, games, theatervoorstellingen en grootschalige festivals. Om dit soort projecten flexibel en doelgericht te kunnen realiseren pakken organisaties ze meestal projectmatig aan.

1.1   Waarom projectmanagement?

Het sturen van projecten stelt specifieke eisen. Regelmatig resulteren projecten in een mislukking doordat de financiering niet rond komt, deadlines of kwaliteitsniveaus niet worden gehaald, budgetten worden overschreden, of communicatieproblemen de samenwerking dusdanig verstoren dat projecten moeten worden afgeblazen of het gewenste resultaat niet wordt behaald. Als je een project professioneel aanpakt, kunnen veel van deze problemen worden voorkomen. Dat kun je doen door een evenement op *projectmatige* wijze aan te pakken. Dit maakt het mogelijk snel en flexibel in te spelen op vragen uit de omgeving van de organisatie.

1.2   Wat is projectmanagement?

Management heeft betrekking op het sturen van allerlei processen in een organisatie. Hierbij kun je denken aan productieprocessen, communicatieprocessen, de stroom van schriftelijke en mondelinge informatie, samenwerking tussen mensen, en beheersing van bijvoorbeeld budgetten en tijd. De manager zorgt dat het bedrijfsproces zich blijft richten op de gekozen doelstelling van de organisatie (instelling, bedrijf, afdeling, groep). Hij is als een luchtverkeersleider die in een druk luchtruim de verkeersstromen coördineert en stuurt.

Een manager kan grofweg in twee soorten organisaties werken. De eerste soort is de permanente organisatie. In de culturele, de media- en de vrijetijdssector is dit bijvoorbeeld een poppodium, een productiebedrijf, een museum, een orkest, een sportorganisatie, een reisorganisatie of een conferentieoord. Buiten deze sectoren is dat bijvoorbeeld een ministerie, een fabriek, een school of een winkelorganisatie. De tweede soort is de *projectorganisatie*. Deze wordt opgezet voor het realiseren van een concreet product of resultaat binnen een bepaalde periode en heeft dus altijd een tijdelijk karakter. In de culturele en evenementenbranche zien we bijvoorbeeld festivals, theaterproducties, exposities, beurzen, publicaties en bedrijfsevenementen als projecten.

Met projectmanagement stuurt men de processen binnen zo'n tijdelijke organisatie. Het kenmerkt zich door het *systematisch* en *integraal* sturen van het (ontwikkelings)proces van een creatief idee (of opdracht) tot een concreet product of resultaat.

Een projectmanager moet uiteraard beschikken over vaardigheden op het gebied van projectmanagement. Hij moet het project bijvoorbeeld kunnen structureren en sturen, tijd en geld kunnen beheersen en het project kunnen afstemmen op de omgeving. Daarnaast zijn algemene managementvaardigheden van belang, zoals vergader- en onderhandelingsvaardigheden, het omgaan met opdrachtgevers en andere belanghebbenden, het samenwerken in een team, het motiveren van teamleden, het hanteren van conflicten, en effectief leidinggeven.

1.3   Een evenement als project

In Nederland worden jaarlijks zo'n 600.000 evenementen georganiseerd. Ze zijn er in alle soorten en maten, van een braderie tot een World Expo, van een pop-festival tot een experimentele theatervoorstelling en van een personeelsfeest tot een internationaal symposium. De manifestaties en festivals zijn in de zomermaanden niet bij te benen. Zowel online als offline wordt gesuggereerd dat wie wegblijft van leerzame conferenties, congressen, seminars of vrijetijdsbestedingen zoals festivals, markten en evenementen, zichzelf tekortdoet. Evenementen worden in allerlei sectoren ingezet, vaak met een specifiek doel. Denk aan de lancering van een nieuw album van een artiest of een nieuw product, een festival om meer publiek naar een theater te trekken, de opening van een nieuw gebouw, of een workshop om een nieuw product te introduceren. Steeds meer mensen krijgen vroeg of laat dan ook te maken met het opzetten en organiseren van evenementen. Een belangrijk kenmerk van een evenement is dat het een tijd- en plaatsgebonden gebeurtenis is. Voor de economie en het toerisme zijn evenementen van groot belang. Hierbij kan worden gedacht aan de spin-off van een mega-evenement als de Olympische Spelen. Ook in (sociaal-)cultureel opzicht en in het zakelijk leven hebben evenementen grote betekenis. Een evenement kan dus vele functies vervullen.

Omdat bijna ieder evenement binnen een vastgelegde periode en op een bepaalde plaats georganiseerd wordt, met een concreet en meetbaar resultaat, kunnen alle evenementen in principe projectmatig worden aangepakt.

1.3.1   Wat is een evenement?

Het woordenboek geeft bij evenement de betekenis 'voorval', maar ook 'gewichtige of merkwaardige gebeurtenis'. Dit zijn heel brede verklaringen, die voor ons doel wat specifieker gemaakt moeten worden.
Er zijn veel definities voor het fenomeen evenement te bedenken. De meeste definities in de vakliteratuur slaan op een beperkte groep evenementen. In een boek over bedrijfsevenementen staat bijvoorbeeld:

> Een evenement is een activiteit met een bijzonder karakter waarbij een groep genodigden aanwezig is.

Bron: Herlé

Gabriëlle Kuiper noemt in het *Basisboek eventmanagement* een evenement:

> Een georganiseerde gebeurtenis waar een vooraf bepaalde inhoud op een doordachte wijze wordt aangeboden aan een uitgekozen publiek, dat daarmee deelnemer aan deze gebeurtenis is geworden.

Om het hele scala aan evenementen te dekken is dus een ruime definiëring nodig. Wij kiezen voor de volgende definitie:

> Een evenement is een speciale, tijd- en plaatsgebonden gebeurtenis die door een initiatiefnemer (individu, groep of organisatie) bewust is gepland en die gericht is op een bepaalde doelgroep om met een bewust gekozen vorm een bepaald doel te realiseren.

Onder deze ruime definitie vallen, naast alle bedrijfs- en publieksevenementen, ook beurzen en congressen. Daarnaast worden hiermee zowel eenmalige als editie-evenementen gedefinieerd, maar ook brede, multidisciplinaire evenementen zoals veelvormige manifestaties (met bijvoorbeeld workshops, exposities, optredens, tv-opnames enzovoort) en juist heel specifieke of enkelvoudige evenementen.

Met betrekking tot de omvang van evenementen wordt wel de volgende indeling gemaakt:
– kleinschalig: tot circa 500 bezoekers per dag;
– middelgroot: circa 500-5000 bezoekers per dag;
– grootschalig: meer dan circa 5000 bezoekers per dag;
– mega: meer dan circa een miljoen bezoekers.

Berridge (2007) presenteert een categorisering die is ontleend aan de zogeheten *Event Management Body of Knowledge*, oftewel de EMBOK. De EMBOK betreft een inventarisatie van alle kennis die nodig en nuttig is inzake eventmanagement. Deze categorisering is voornamelijk gebaseerd op het doel van de bijeenkomst (zie figuur 1.1).

Het zal duidelijk zijn dat de vorm van het project afgestemd moet zijn op de inhoudelijke doelstelling van het project. Het is dus van groot belang deze doelstelling duidelijk voor ogen te hebben voordat je gaat kiezen voor de vorm van het project. Het kan bijvoorbeeld best zo zijn dat een opdrachtgever vraagt om een evenement, maar dat na de briefing blijkt dat de inhoudelijke doelstellingen van de opdrachtgever beter, sneller, effectiever of efficiënter behaald kunnen worden door het updaten van de website of door het ontwikkelen van een nieuwe applicatie.

Evenementen	Omschrijving
Zakelijke evenementen	Ieder evenement dat bedrijfsdoelstellingen ondersteunt, zoals marketing, klantrelaties, training, bedrijfscommunicatie enzovoort.
Fondsenwerving	Een evenement georganiseerd om fondsen, ondersteuning en/of bekendheid te werven.
Tentoonstellingen, exposities en beurzen	Een evenement waar verkopers en kopers en andere geïnteresseerden samenkomen om producten en diensten te tonen en te verkopen.
Vermaak- en vrijetijds-evenementen	Een eenmalig of terugkerend evenement, gratis of betaald, dat is georganiseerd om te vermaken.
Festivals	Een culturele viering, wel of niet religieus, voor en door het publiek.
Politieke evenemen-ten en overheids-evenementen	Een evenement van politieke partijen of overheidsinstanties.
Marketing-evenementen	Een commercieel georiënteerd evenement om verkopers en kopers samen te brengen of om aandacht te vragen voor een commercieel product.
Conventies	Het samenkomen van mensen om informatie uit te wisselen, te discussiëren, te leren en relaties te onderhouden.
Sociale evenementen	Een privégebeurtenis om samen met genodigden iets te vieren of te herdenken.
Sportevenementen	Een recreatieve of competitieve sportactiviteit om naar te kijken of aan deel te nemen.

Figuur 1.1   Event Management Body of Knowledge: categorieën van evenementen

1.3.2   Onderscheid tussen publieks- en bedrijfsevenementen

Als je kijkt naar de grote variatie aan evenementen in literatuur, kranten, vaktijdschriften en dergelijke, is het meest in het oog springende onderscheid dat tussen de bedrijfsevenementen enerzijds en de publieksevenementen anderzijds. De eerste zijn gericht op het realiseren van een bedrijfsdoelstelling en de tweede op algemene of ideële doelstellingen. Evenementen worden met name door het bedrijfsleven steeds meer gezien als een alternatief medium om te communiceren met doelgroepen en relaties. Evenementen, congressen en beurzen worden in dit verband ook wel de driedimensionale communicatiemedia genoemd. Naast het onderscheid dat samenhangt met de doelstelling kan er ook een onderscheid worden gemaakt op basis van het karakter van een evenement. Zo zijn er groepsreizen voor relaties met een sportief of educatief karakter, personeelsfeesten met een cultureel karakter en festivals met een feestelijk karakter. Het gaat hier om de sfeer of het 'sausje' dat over het evenement heen gaat.

De belangrijkste kenmerken van publieks- en bedrijfsevenementen zijn:

Publieksevenementen	Bedrijfsevenementen
– gericht op een publieks- of algemeen belang	– opgezet vanuit een bedrijfsbelang
– meestal weinig invloed op wie er komt, maar wel sterk gericht op een bepaalde doelgroep	– invloed op wie er komt (via uitnodiging)
– spelen in het vrijetijds-/toeristisch domein	– spelen in het businessdomein
– komen vaak voort uit een idee	– komen vaak voort uit een probleem of behoefte
– hebben soms een ideëel doel	– hebben vaak een direct/indirect commercieel doel
– de financiering is vaak het hoofdprobleem	– veelal is budget beschikbaar

Figuur 1.2   Schema kenmerken publieks- en bedrijfsevenementen

1.3.3   Enkele vormen van publieksevenementen

Lowlands, Deventer op Stelten, het Holland Festival, de Duitse oktoberfeesten, de lancering van een nieuwe smartphone, de straatbarbecue, bevrijdingsfestivals, de EO-jongerendag, de plaatselijke jaarmarkt. Op een vrije dag kom je bijna automatisch in aanraking met allerlei publieksevenementen: een gayparade op de grachten, massale kussengevechten op het dorpsplein, levende kerststallen, oogstfeesten, de Zwarte Cross, schoolmusicals, carnaval, Koningsdag, Halloween en natuurlijk Moederdag.

Deze publieksevenementen noemen we festivals, feesten, concerten, vieringen, ceremonies, huldigingen en optredens. Sommige van deze evenementen gaan ons persoonlijke leven aan, maar ze hebben ook vaak te maken met ons dorp, onze stad, de streek of het land, of hebben zelfs een mondiale uitstraling. Sommige hebben een planning van jaren nodig, zoals SAIL, terwijl andere 'volksfeesten' spontaan ontstaan. Soms zijn evenementen kleinschalig, zoals een straatfeest, soms hebben ze een mega-impact, zoals het Live Aid-benefietconcert in 1985.

Festivals

Een kenmerk dat in alle omschrijvingen van festivals terugkeert, is dat ze te maken hebben met een specifieke publieke plaats. Festivals spelen zich af in een openbare ruimte: een weiland wordt omgetoverd tot een dance-evenement, straten die normaal gevuld zijn met verkeer worden afgezet en versierd en er wordt op straat gedanst en gegeten. Die bewuste publieke plaats wordt dan afgezet, zoals bij een festivalterrein of door het aanbrengen van hekken, versieringen of promotiemateriaal die het festivalterrein markeren. De impact van een festival op een plaats of stad kan groot zijn doordat bijvoorbeeld de plaats of stad zichtbaar en blijvend van aanzien verandert. Denk bijvoorbeeld aan het hosten van de Olympische Spelen in een stad of land, wat over het algemeen nieuwe stadions of hotels oplevert, of aan wereldtentoonstellingen met blijvende iconen in grote steden, zoals de Eiffeltoren in Parijs. Een festival bestaat over het algemeen uit een verzameling van voorstellingen en is monodisciplinair van opzet, bijvoorbeeld het North Sea Jazz Festival en een straattheaterfestival zoals Deventer op Stelten, of multidisciplinair van opzet, zoals het Internationaal Theaterschool Festival of het Holland Festival. Of het zijn monodisciplinaire festivals met een multidisciplinaire randprogrammering, zoals theater en comedy op het muziekfestival Lowlands.

Culturele programma's
Onder culturele programma's kunnen activiteiten zoals stadswandelingen, monumenten- of stedenreizen en rondleidingen door musea worden verstaan. Dit soort programma's wordt georganiseerd door culturele instellingen, maar ook door reguliere reisorganisaties of culturele organisatiebureaus. Soms zijn het programma's met open inschrijving, maar vaak worden ze speciaal in opdracht van bijvoorbeeld een bedrijf opgezet. Ook wordt dit soort programma's soms gekoppeld aan (internationale) conferenties.

Attracties en markten
Tijdelijke attracties vormen vaak een onderdeel van een manifestatie. Ze worden meestal opgezet om mensen te vermaken, maar hebben daarnaast regelmatig een educatief doel. Ook musea en bezoekerscentra ontwikkelen steeds vaker educatieve of culturele attracties. In die gevallen staat het educatieve doel voorop, bijvoorbeeld bij een historische kermis, een oosterse markt of een nachtmis tijdens de kerstnacht. Evenals exposities kunnen attracties ook permanent zijn (bijvoorbeeld in een recreatiepark). Bij markten kan worden gedacht aan toeristische markten, kunstmarkten, folkloristische jaarmarkten, kaas- en vlooienmarkten, braderieën en pasar malams.

Voorstellingen
Deze evenementenvorm kenmerkt zich door beelden en optredens van mensen en groepen. Voorbeelden zijn:
– dans- en toneelproducties;
– concerten;
– film- en televisieproducties;
– gecombineerde voorstellingen.

Manifestaties
De manifestatie wordt gekenmerkt door een combinatie van verschillende evenementvormen, bijvoorbeeld een tentoonstelling met demonstraties, workshops en optredens. Tegenwoordig hebben manifestaties ook vaak interactieve en onlinecomponenten.

Herdenkingen

Bij herdenkingen kan worden gedacht aan eeuwfeesten en andere herdenkingen van historische betekenis, zoals bevrijdings- en Oranjefeesten.

Sportevenementen

Op het gebied van sport zijn er tal van evenementen, zoals een toernooi, een boksgala, een bekerfinale, een grand prix en een concours hippique. Soms is de consument als toeschouwer aanwezig en in andere gevallen kan hij zelf deelnemen.

Ondersteunende projecten

Het komt regelmatig voor dat een evenement wordt ondersteund door een ander evenement, bijvoorbeeld een conferentie door een lunchconcert, een congres door een beurs of expositie, en de opening van een expositie door een persconferentie. Een expositie in een museum gaat steeds vaker vergezeld van ondersteunende projecten, zoals speciale rondleidingen, een educatief programma, taxatiedagen, demonstraties of modeshows en tegenwoordig ook steeds meer interactieve onlineactiviteiten. In veel musea zijn *special events* niet langer slechts ondersteunend, maar vormen ze een vast onderdeel van het beleid. Dit geldt in sterke mate voor vaak grote instellingen met meer dan alleen een museale doelstelling, bijvoorbeeld het Centre Pompidou in Parijs of de Kunst- und Ausstellungshalle in Bonn.

Hybride evenementen

In een wereld die op alle vlakken steeds meer digitaal verbonden raakt, lijken evenementen niet meer van deze tijd. Nieuwe technologische toepassingen bieden evenementen echter meer kansen dan voorheen. Een hybride evenement is een combinatie van een traditioneel live-evenement en een virtueel evenement. Het beste van beide werelden komt bij elkaar in één beleving, waarbij een mix van traditionele en onlinemedia wordt gebruikt om de boodschap over te brengen.

Bij een hybride aanpak komen vraag en aanbod op een interactieve manier bij elkaar. De participatie en het bereik van de doelgroep worden enorm vergroot door verschillende middelen online en offline slim in te zetten en te combineren. Denk aan digitale schermen, social media, live videostreaming, de inzet van offline en online netwerkmogelijkheden en het gebruik van online tools zoals chat en voting. De slimme inzet van middelen begint al in het communicatietraject voorafgaand aan het evenement en zet zich voort tot lang na het evenement. Het bereik van het publiek wordt breder en door de interactie met de klant te vergroten blijft men langer geboeid en verbonden met het evenement en de boodschap.

 Op de website is uitgebreide achtergrondinformatie terug te vinden over verschillende soorten evenementen.

Als besloten wordt om een bepaald evenement projectmatig aan te pakken, houdt dat in dat er speciaal hiervoor een tijdelijke organisatie wordt opgezet. Voordat je een project gaat aanpakken, moet je dus eerst nadenken over de vraag of het wel een projectmatige aanpak nodig heeft en of het niet op een andere wijze gerealiseerd kan of moet worden. Om een project daadwerkelijk projectmatig te kunnen aanpakken moet het beschikken over de volgende kenmerken:

– het heeft een definieerbaar begin en einde;
– het is eenmalig;
– het is resultaatgericht;
– het is multidisciplinair (soms ook met mensen van buiten de eigen organisatie);
– het is organisatorisch ingewikkeld;
– het is risicovol (onzeker);
– de financiële en tijdkaders zijn scherp en/of beperkt;
– het is vanuit een centraal punt (leiding) te sturen;
– er is één opdrachtgever, intern (veelal directie) of extern.

Voldoet een idee voor een project aan een groot deel van deze kenmerken, dan is het raadzaam om te overwegen het projectmatig aan te pakken. Zo kan worden voorkomen dat de randvoorwaarden worden overschreden (budget, deadline) of dat het project mislukt.

1.4   Projectcategorieën

Ook de projectcategorie bepaalt de mate waarin een (evenementen)project om een professionele projectmatige aanpak vraagt. Behalve het onderscheid naar doelstelling, bijvoorbeeld commercieel of ideëel, kan bij alle projecten gekeken worden naar de mate van uniciteit. Gaat het werkelijk om een nieuw ontwerp of is het een herschikking of arrangement van bestaande of al eerder ontworpen onderdelen? Evenementenorganisatoren verkopen vaak maatwerk, maar dat wil niet zeggen dat het steeds om een geheel nieuw concept gaat. Een speciaal voor het personeel van een grote onderneming ontwikkeld personeelsweekend kan bestaan uit bijvoorbeeld een puzzeltocht, een survival, een ballontocht, een diner in een kasteel en een groot feest. Het totaalconcept is maatwerk, maar de onderdelen bestaan al en worden ingekocht.
Tot slot kan een onderscheid worden gemaakt tussen projecten die in opdracht worden ontwikkeld voor derden en projecten die op eigen initiatief voor de markt worden georganiseerd.

Elke projectcategorie vraagt om haar eigen aanpak. Soms ligt het accent op de ontwikkeling van het inhoudelijke concept, terwijl het bij een ander project primair kan gaan om het ontwikkelen van een product dat winst genereert. Bij weer een ander project kan de afstemming met de opdrachtgever veel aandacht vragen. Bij het opzetten van een (evenementen)project moet de projectverantwoordelijke zich steeds bewust zijn van dit onderscheid en van de consequenties die dit heeft voor de uitgangspunten en randvoorwaarden die worden vastgelegd. Dus ook deze criteria of randvoorwaarden kunnen een rol spelen bij een besluit om een project wel of niet projectmatig aan te pakken. De hiervoor genoemde projectcategorieën zijn in figuur 1.3 schematisch weergegeven in de kubus van Verhaar.

dimensie van primaire doelstelling

commercieel project (doel: geld verdienen)

inhoudelijk project (ander, vaak ideël doel)

arrangementproject
(uit bestaande componenten)

dimensie van uniciteit

ontwerpproject
(speciaal ontworpen)

opdrachtproject   marktproject
(vraag opdrachtgever)   (eigen initiatief)

dimensie van projecteigenaarschap

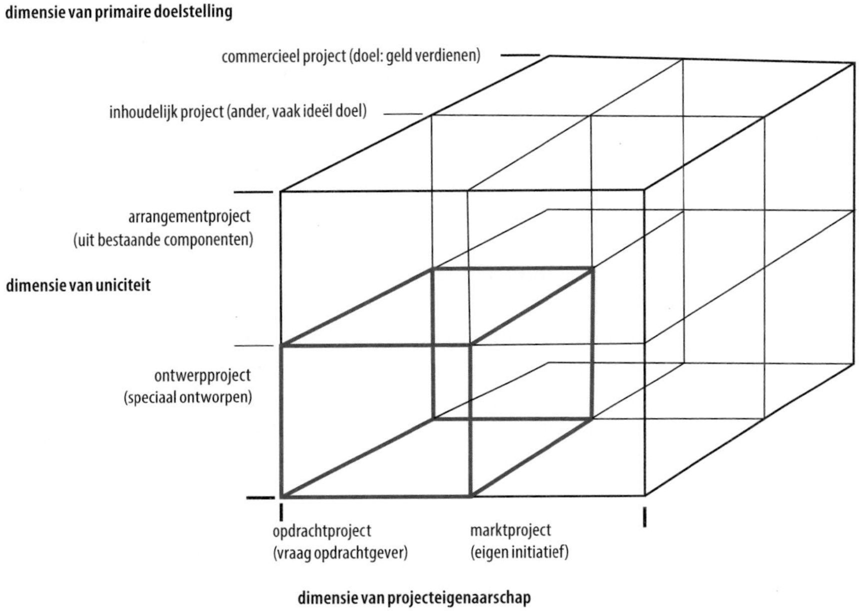

Figuur 1.3   Projectcategorieën in de kubus van Verhaar

Een evenement dat door een externe partij wordt georganiseerd ter gelegenheid van het driehonderdjarig bestaan van een universiteit is bijvoorbeeld een combinatie van inhoudelijk project, ontwerpproject en opdrachtproject. Een dergelijk project vraagt door zijn inhoudelijke doelstelling, uniciteit en het feit dat het in opdracht wordt ontwikkeld eerder om een gedegen projectmatige aanpak dan een personeelsdag die op eigen initiatief wordt 'geassembleerd' uit al bestaande elementen.

1.5 De voor- en nadelen van de projectmatige aanpak

Met betrekking tot de projectmatige aanpak kan een aantal voor- en nadelen worden genoemd.

Voordelen:
- flexibel (de routinematige aanpak daarentegen wordt gekenmerkt door starheid, logheid en weinig innoverend vermogen);
- slagvaardig;
- doelgericht (de improviserende aanpak daarentegen wordt gekenmerkt door stuurloosheid);
- innoverend.

Nadelen:
- veel zaken moeten speciaal voor het project worden uitgewerkt of opgezet; de projectmatige aanpak is daardoor soms inefficiënt en dus duurder;
- met de projectmatige aanpak is het soms moeilijker om te werken aan gerichte carrièreontwikkeling;
- werken in projecten is complex en relatief risicovol.

Vaak is er geen keus. De besproken nadelen hebben met name te maken met het per definitie tijdelijke karakter van een project. Een gebouw, filmproductie of festival is nu eenmaal vaak eenmalig.

Buiten Westen festival

Het project

2

Projecten kunnen op verschillende manieren ontstaan. In veel gevallen komen ze voort uit een 'probleem', er moet namelijk iets veranderen. Ook kunnen projecten het gevolg zijn van iemands behoefte om een idee of doel te verwezenlijken. Projecten kunnen tevens voortkomen uit het beleid van een instelling of bedrijf. En projecten kunnen op verschillende manieren worden aangepakt om de realisatie van het idee of de vraag te kunnen managen.

Leerdoelen

In dit hoofdstuk leer je meer over:
- welke startsituaties of vraagstukken je kunt tegenkomen bij projecten;
- de verschillende manieren om projecten aan te pakken, zoals:
  - experience design;
  - service design;
  - cocreatie;
  - design thinking;
  - value-based projectmanagement;
- de organisatorische aspecten van een (lineair) project;
- de hoofdrolspelers bij projecten;
- de organisatiestructuur van een project;
- het mogelijke spanningsveld tussen de permanente en de projectorganisatie.

Omdat in dit tweede hoofdstuk wordt ingegaan op het ontstaan, de aanpak en de organisatorische aspecten van een project, wordt in de casus hierna (zie kader 2.1) uiteengezet dat projecten niet alleen ontstaan vanuit een vastomlijnd plan, maar juist ook uit persoonlijke passies of idealen. Ook steden en regio's zetten evenementen zoals festivals om verschillende redenen in. Een voor de hand liggende reden is de promotie van de stad of de regio. Festivals worden bijvoorbeeld ingezet als een marketinginstrument om het imago van de stad te verbeteren en om toerisme te bevorderen. Het Oerol-festival is ontstaan door iemands behoefte om een idee te verwezenlijken, maar inmiddels zorgt het festival ervoor dat het toerisme op het eiland Terschelling jaarlijks flink toeneemt.

| Casus | Oerol, een typisch Nederlands topproduct inzake kwalitatief hoogstaand locatietheater, mét sterke economische impuls |

De eerste vijf jaar kreeg Oerol geen subsidie. Het begon met een idee van burgemeesterszoon Mulder, eigenaar van café De Stoep, en horecaman Piet Huisman voor een anarchistisch festival in juni van en voor vreemde hippies. 'Terschelling voor vogels' stond er op de eerste poster, tegen de zin van enkele wethouders. Mulder stak zijn eigen geld erin. Zijn woonkamer boven de kroeg was het organisatorisch centrum, in de slaapkamer huisde het financiële hart. De eilanders vonden in het begin die alternatieve theatermakers maar rare vogels; er liepen bijvoorbeeld plots naakte Japanners door hun tuin. Maar gaandeweg begonnen ze Oerol (Fries voor 'overal') steeds leuker te vinden. De ondernemers zagen ook buiten de bouwvak en Hemelvaart geld in het laatje stromen.

In 1987 kwam de eerste bescheiden subsidie van de gemeente Terschelling. In 1993 kwam de ondernemersvereniging met een garantiefonds en in 2004 sloot de provincie Friesland zich aan met structurele subsidie. De grootste erkenning kwam in 2010, toen de rechtbank oordeelde dat Oerol tot de BIS (basisinfrastructuur) toegelaten moest worden. 'Eindelijk erkenning door de theaterelite', vond ook Mulder.

Het festival had zich inmiddels ontwikkeld van straattheater- en muziekfestival tot aanjager van belangrijke ontwikkelingen binnen het locatietheater. Theater- en dansmakers ontdekten hoe het werken op locatie hun beeldend repertoire vernieuwde. Gerenommeerde groepen die jarenlang Oerol als te alternatief links lieten liggen, zagen mogelijkheden om hun successen op onverwachte plekken nieuw elan te geven.

Er kwam ook kritiek. Locatietheater zou aan zijn taks zitten. Alle locaties, van duinpan tot cranberryschuur en van vuurtoren tot manege, leken wel gebruikt. Oerol zou te veel op zijn succesformule teren. Maar de laatste jaren zochten jonge makers weer naar meer inhoudelijk avontuur. En Oerol bleef als plek veruit favoriet om een groot avontuurlijk ingesteld publiek te vinden voor jonge beloftevolle makers.

Wie een stap zet in het Oerol-hoofdkantoor in Midsland, zal de organisatie van dit dertigjarige multidisciplinaire festival op Terschelling nooit kunnen betichten van bovenmatige overhead. Het aftandse schoolgebouwtje van waaruit tien dagen lang het volledige festivalprogramma, inclusief artiesten, technici, vrijwilligers, pers en publiek, wordt aangestuurd, oogt meer als een veredeld clubhuis dan als een logistiek operationeel centrum. 'Ik wil geen superprofessioneel kantoor', zegt creatief directeur Joop Mulder. 'Bij Oerol gaat het om de artiesten en het samengaan van cultuur en natuur. Daar staan legio schouders onder. Wij trekken 55 duizend mensen naar Terschelling. Die zetten gemiddeld 600 euro per bezoeker om, 15 procent van de jaaromzet op Terschelling. Dat is 30 miljoen euro. Daarvan vloeien miljoenen aan belasting naar Den Haag. Als Oerol stopt, gaat 20 procent van de horeca op Terschelling failliet. In iedere hypotheek op dit eiland zit verdisconteerd dat je kunt verdienen tijdens Oerol.'

Bron: *De Volkskrant* (Embrechts, 2011), bewerkt door de auteurs

Kader 2.1

2.1 Denken vanuit de markt of vanuit het product?

Projecten ontstaan op verschillende manieren. Een wat traditioneel ingestelde programmeur bijvoorbeeld heeft een idee dat hij graag wil realiseren, maar stelt zich later pas de vraag voor wie het programma interessant kan zijn. In dit geval is er sprake van een *productgeoriënteerde* benadering, want de programmamaker begint met het product en zoekt daar een doelgroep bij. In de meeste gevallen echter komen projecten voort uit een bepaalde behoefte die we waarnemen in onze omgeving, bijvoorbeeld bij (potentiële) klanten, of uit een probleem waarmee wij of onze opdrachtgevers worden geconfronteerd. Dan begint het project met een vraag.

Bij projecten kunnen grofweg drie startsituaties worden onderscheiden:
1   Project op eigen initiatief:
    –   startvraag die is gebaseerd op een eigen idee van de initiatiefnemer (product);
    –   startvraag die is gebaseerd op een vraag in de omgeving (markt).
2   Project in opdracht:
    –   startvraag die is gebaseerd op een *concrete* vraag van een opdrachtgever (vraag).

In het voorbeeld van de programmeur wordt uitgegaan van een idee dat wordt omgezet in een *product* en waarbij later een *markt* wordt gezocht. Heel lang domineerde deze *productgeoriënteerde* benadering ook in het bedrijfsleven. Fabrikanten ontwierpen en vervaardigden producten die toch wel door een markt werden afgenomen. Toen het aanbod op allerlei gebieden veel groter werd, moesten de aanbieders van producten gaan strijden om de gunst van de klanten. Zij waren genoodzaakt om de oriëntatie op het product los te laten en zich in plaats daarvan te gaan oriënteren op de behoeften van de markt en van specifieke doelgroepen.

Een bloeiende entertainment-, culturele en vrijetijdssector is tegenwoordig ondenkbaar zonder *marktoriëntatie*, dat wil zeggen dat de vraag 'Wat wil onze (potentiële) klant?' centraal staat. In de culturele sector staat het product of de intrinsieke motivatie of het idee van een maker vaak nog centraal. Een theatermaker gaat immers bij het maken van een toneelproductie meestal uit van zijn eigen inspiratie en ideeën. Traditionele kunstenaars verzetten zich nogal eens tegen het idee dat hun werk bestaansrecht ontleent aan de functionaliteit of de waardering van de omgeving. Die waardering kan blijken uit de bereidheid van het publiek om juist dát programma op televisie te kijken of juist voor díé voorstelling te betalen, maar ook uit de bereidheid van de overheid of het bedrijfsleven om subsidies of sponsorgelden beschikbaar te stellen om het product te realiseren. Door zich te moeten bezighouden met het bestaansrecht van hun product voelen sommige kunstenaars zich beperkt in hun creatieve vrijheid. Het grote risico van de markt als uitgangspunt voor het ontwikkelen van een idee is inderdaad het verlies aan identiteit en autonomie. Wanneer een organisatie zich geheel laat leiden door de wensen van klanten en zich uitsluitend richt op zaken als hoge omzetten, kijkcijfers en bezoekcijfers, kan ze haar eigen identiteit verliezen.

Uit het voorgaande blijkt de eenzijdigheid van beide benaderingen. Bij *de productoriëntatie* is de eigen identiteit en autonomie gewaarborgd, maar kan het bestaansrecht minimaal zijn. Bij de *marktoriëntatie* is het bestaansrecht wel veilig, maar staat de eigen identiteit onder druk. De projectmatige benadering doet recht aan de identiteit en de vrijheid van initiatiefnemers, maar gaat er ook van uit dat het project zich richt op een maatschappelijke, sociale of commerciële behoefte en daardoor bestaansrecht heeft. Projectmatig werken gaat uit van een dynamisch evenwicht tussen beide.

De projectmatige aanpak is gebaseerd op het concept van afgewogen *product-marktcombinaties* (PMC's). Daarbij formuleert een organisatie haar eigen identiteit en ambitie én de grondslag voor haar bestaansrecht in een 'missie', met daaraan gekoppeld een 'imago'. De missie geeft aan wat de organisatie wil betekenen, en voor wie. Daarmee positioneert of onderscheidt de organisatie zich ten opzichte van concurrenten. In de praktijk zal de ene keer het *idee* voor een bepaald product er eerst zijn, waarna wordt gezocht naar mogelijke doelgroepen waarvoor het desbetreffende product interessant kan zijn. De andere keer vormt een *behoefte* of probleem uit de omgeving of markt het uitgangspunt en wordt daarbij een passende oplossing gezocht.

2.2   Aanpak van projecten

Projecten kunnen op verschillende manieren worden aangepakt. In dit geval is de vraag: Hoe kun je het proces van probleemoplossing of van het realiseren van een idee managen? Hiervoor is het in de eerste plaats van belang dat we inzicht krijgen in de aard van dat proces. In dit boek wordt de lineaire projectmanagementmethode uitgewerkt, waarin het resultaat van het project aan het begin van het traject helder wordt geformuleerd en in de daaropvolgende fasen planmatig wordt uitgevoerd. Voordat we het lineaire projectmanagementmodel in het volgende hoofdstuk gaan doorlopen en toepassen, worden twee andere manieren om projecten aan te vliegen beschreven, namelijk *design thinking* en *value-based of chaordisch projectmanagement*. De keuze voor een lineaire aanpak van een project is wat ons betreft namelijk een bewuste keuze. Elk soort project vraagt, afhankelijk van het doel en het gewenste resultaat, om een specifieke aanpak. Beide methoden kunnen ook geïntegreerd worden in onze lineaire aanpak. De design thinking-aanpak kan van waarde zijn binnen het creatieve proces van een lineair project, maar kan ook de aanpak van het project beïnvloeden door bijvoorbeeld onderdelen van het project eerst als prototype uit te testen voor het daadwerkelijk te produceren. Value-based projectmanagement beïnvloedt vooral het natuurlijke sociale proces, zoals vertrouwen creëren en samenwerken, dat natuurlijk ook een belangrijk aspect is binnen de lineaire aanpak van projecten.

2.2.1   Design thinking

In zijn boek *Change by Design* legt Tim Brown uit wat de verschillen zijn tussen een traditionele probleemaanpak en de aanpak van designdenkers. Het grootste verschil tussen de traditionele probleemaanpak en de aanpak van designdenkers is dat designdenkers niet alleen analytisch maar ook creatief denken, veel direct uitproberen en altijd kijken vanuit het perspectief van de uiteindelijke gebruiker. De minder creatieve mens of organisatie is gewend de zaken logisch-lineair te benaderen: 'Ik heb een probleem, ik analyseer het, bedenk een passende oplossing en voer deze uit.' Dergelijk analytisch denken verfijnt bestaande kennis, waardoor kleine verbeteringen kunnen worden aangebracht. Daar is niets mis mee, want het levert betere producten en bedrijfsvoering op, maar met deze aanpak verander je niet de regels van het spel. Analytisch denken werkt vooral goed als je het toepast op wat al bestaat. Tim Brown stelt dat de meeste mensen de zaken om zich heen te makkelijk als vaststaand feit aannemen. Maar wat je om je heen ziet, hoeft helemaal niet zo te zijn. Het is door mensen bedacht, dus waarom zou het niet anders en beter kunnen? Design thinking is gericht op doen, experimenteren en het vinden van praktische oplossingen.

Design thinking werkt vanuit een gestructureerde aanpak voor het genereren en doorontwikkelen van ideeën: het designproces. In deze designaanpak zitten telkens twee tegengestelde bewegingen:

- een uitwaaierende beweging, gericht op het onbegrensd bedenken van nieuwe ideeën, oplossingen en mogelijkheden (divergeren);
- een inperkende beweging, gericht op het selecteren en definiëren van de beste ideeën en het uitsluiten van onhaalbare mogelijkheden (convergeren).

Het designproces bestaat uit vijf fasen die je houvast geven in het proces, van het identificeren van een probleem tot het vinden en het bouwen van een oplossing. Het is een aanpak waarbij intuïtie en het vermogen om wat je waarneemt te interpreteren centraal staan. Het creatieve stadium is wat designers 'the fuzzy front end' noemen, het eerste warrige begin van een project, als alles nog duidelijk moet worden. Waar gaat het eigenlijk over? Wat is precies de vraag? Wat is het probleem, voor wie, waarom en waar? Wat is het belang en voor wie? Wie stelt die vraag eigenlijk, wat houdt hem bezig? Hoeveel tijd is er beschikbaar, wat mag het kosten? De echte designvraag is niet 'Wat is het probleem?', maar 'Hoe kunnen we...?' Het idee is dat er altijd wel een oplossing te vinden is, mits je de goede vraag stelt, en dat kan alleen door het verzamelen van zo veel mogelijk informatie (onderzoek).

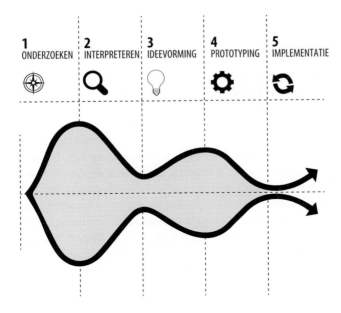

| 1 | 2 | 3 | 4 | 5 |
| ONDERZOEKEN | INTERPRETEREN | IDEEVORMING | PROTOTYPING | IMPLEMENTATIE |

Figuur 2.1   Fasen in het designproces (bron: IDEO)

De vijf fasen van design thinking zijn:

1 Onderzoeken
Als je zinvolle oplossingen voor organisaties en hun producten of diensten gaat creëren, is het van belang om uitgebreide kennis op te doen en inlevingsvermogen te hebben in wat voor hén belangrijk is. Een grondige voorbereiding is nodig om nieuwe ideeën te kunnen creëren.

2 Interpreteren
Observaties, veldwerk of gewoon een gesprek kunnen van grote waarde zijn. Deze duiden en omzetten naar bruikbare mogelijkheden voor het ontwerpen van een project is geen gemakkelijke taak. Gegevens, gedachten en meningen moeten worden gesorteerd.

3 Ideevorming
Het ontwikkelen van waardevolle ideeën door het inzetten van verschillende creativiteitstechnieken, zoals brainstormen of mindmappen. Soms geeft een 'gek' idee net dat vonkje voor visionaire frisse ideeën.

4 Prototyping
Experimenteren staat centraal bij design thinking en brengt de ideeën tot leven. Het ontwikkelen en bouwen van prototypes kan ideeën tastbaar maken, en tijdens de bouw wordt nieuwe kennis opgedaan. De bevindingen

worden vervolgens gedeeld en besproken met anderen om nieuwe inzichten te krijgen.

5 Implementatie
Implementeren vergt continu slijpen aan ideeën en het plannen van de volgende stappen. Ook het idee overbrengen aan anderen die kunnen helpen bij de verdere ontwikkeling is van belang voor de doorontwikkeling van het project en dat vergt tijd. De veranderingen zijn vaak subtiel en daarom is het van belang om het proces vast te leggen.

Design thinking blijkt niet voorbehouden te zijn aan 'creatievelingen' of 'designers'. Weliswaar zijn creatievelingen getraind om 'anders naar een situatie te kijken', maar design thinking is vooral een mindset om, met het toepassen van designmethodieken, complexe problemen op te lossen waar meer lineaire processen geen uitkomst (meer) bieden. Design thinking vereist dus empathie, kunnen omgaan met complexiteit en de durf (en ruimte) om fouten maken.

Ontwerpen is een creatief proces, een ontdekkingsreis waarin de verschillende fasen niet strak gescheiden zijn en door elkaar kunnen lopen. Alleen de deadlines, waar iedere ontwerper mee te maken heeft, blijven heilig. Design thinking kan je dus verder helpen bij moeilijke vraagstukken. Het is te leren en er zijn methoden en technieken beschikbaar die je verder kunnen helpen. Daarvoor moet je door een soort weerstand heen dat het verzamelen van wilde ideeën of veel experimenteren minder efficiënt zou zijn. De meeste organisaties hebben efficiency hoog in het vaandel staan en zijn bang dat het allemaal veel tijd kost. Maar het een hoeft het ander niet uit te sluiten. Design thinkers wijzen vooral op de winst die te behalen valt in het vage gebied van het ontstaan van nieuwe ideeën. Door veel meer te investeren in deze *fuzzy* fase wordt het rendement later hoger. Je kunt de eerste fase structureren door creatieve werkvormen te gebruiken en goed diepteonderzoek te doen. Daardoor worden keuzes scherper en vallen de sympathieke maar minder goede ideeën af ('kill your darlings'). Sla je die fase over, dan investeer je soms langdurig in kansloze nieuwe producten en projecten.

2.2.2 *Value-based of chaordisch projectmanagement*

In haar boek *Value-based Project Management* beschrijft Nicoline Mulder projecten eerder als chaos dan als orde. Planningen worden niet gehaald, van beheersing is geen sprake, en conflicten zijn eerder regel dan uitzondering. Kortom: chaos alom. Maar in die chaos is wel degelijk orde te herkennen. Gewoon een kwestie van anders kijken. Value-based projectmanagement – ook wel chaordisch projectmanagement genoemd – helpt daarbij.

Daar waar het op te leveren (deel)product SMART (zie stap 4 in hoofdstuk 4) te definiëren is, de condities stabiel en de ontwikkelingen voorspelbaar zijn, is het zaak de aandacht te richten op het beoogde resultaat. Resultaatgerichtheid triggert mechanismen zoals opleveren van hetgeen verwacht wordt, feedback toepassen binnen de grenzen van het beoogde, en het aanvaarden van dat beoogde resultaat. Resultaatgerichtheid levert dus het resultaat op dat je van tevoren concreet hebt omschreven. Dat is een lineaire gedachte.

Echter, in heel veel gevallen kunnen we het beoogde eindproduct niet specifiek omschrijven, en werken we in een zeer complexe en dynamische omgeving waarin van stabiliteit en voorspelbaarheid geen sprake is. Als we dan toch resultaatgericht te werk gaan, richten we onze aandacht op iets waarvan we helemaal niet weten of dat ook hetgeen is wat we straks gaan opleveren, gezien de vaagheid rondom het resultaat en in de omgeving. We gaan krampachtig proberen aan de condities te voldoen door de benodigde helderheid en overzicht te verschaffen, en doen daarbij tal van aannames.

Bij chaordisch projectmanagement is de volgorde omgekeerd: we nemen de complexiteit, onvoorspelbaarheid en vaagheid als uitgangspunt, accepteren het, omarmen het zelfs. Hoe kunnen we in zo'n omgeving een project 'managen'?

Chaordisch is een samentrekking van 'chaos' en 'orde'. Niet het streven naar of het zoeken van orde in de chaos, maar het zíén van orde in de chaos. We veranderen dus niets aan de vaagheid en complexiteit, maar kijken door een andere lens (anders dan die van behoefte aan helderheid en concreetheid in de lineaire wereld): de lens van de chaostheorie. Al kijkend door die lens zien we ordes. Ordes van een heel andere soort dan die we kennen van de lineaire logica. Het zijn ordes uit de chaostheorie die in natuurlijke omgevingen (dieren- en plantenrijk, maar ook bij kinderen en zelfs in informele sociale systemen zoals een voetbalclub of familie) heel vertrouwd zijn, maar die we, zodra het om 'managen' gaat, niet meer (willen) zien. Het woord managen zetten we hier bewust tussen aanhalingstekens, omdat er in chaordisch projectmanagement geen sprake is van managen van het project (het coördineren van activiteiten), maar eerder van faciliteren of zelfs volgen van het project.

In chaordisch projectmanagement beschouwen we een project als een complex systeem in een complexe omgeving: een organisatie van mensen en materialen met heel veel – onbekende – verbindingen met andere projecten, andere partijen en afdelingen, ontwikkelingen, technologieën, bewegingen, omgevingen enzovoort. Al die omgevingsaspecten hebben ook weer verbindingen, onderling en met weer nieuwe entiteiten. Eigenlijk staat dus alles met elkaar in verbinding, al weten we niet precies hóé. Door die immense complexiteit is het heel voorstelbaar dat een kleine verandering ergens in het geheel ook gevolgen heeft voor jouw project. Voorstelbaar, maar niet voorspelbaar. Want omdat we niet alle verbindingen kennen, of ons er niet van bewust zijn, kunnen we niet voorspellen welke verandering welk gevolg zal hebben. De lineaire oorzaak-gevolglogica is ontoereikend. Wat biedt wel hulp?

Complexe systemen zoals chaordische projecten, bezien door de lens van de chaostheorie, hebben allemaal vijf herkenbare ordes (universele basispatronen). Om te beginnen heeft elk project een *bewustzijn*: een mind, een sense die het project geurt en kleurt. Het is de ziel van het project. Het ene project is een echt taai, traag, stroperig project, terwijl het andere een vrolijk, luchtig, relaxed project is. Het zegt niets over het eindresultaat of over de kwaliteit, maar alles over de sfeer of cultuur van het project (bedenk maar waarom je fan bent van Ajax en niet van PSV). Dat bewustzijn kun je gebruiken om je project tot een succes te maken, maar daarover straks meer. Een tweede orde in chaordische projecten is de *verbondenheid*: elk project heeft tal van bekende en onbekende verbindingen, zowel binnen als buiten het project, die tezamen een geheel vormen. Het project als geheel staat weer in verbinding met andere projecten of systemen. Al weten we niet precies hoe al die verbindingen lopen – nog even los van het feit dat elke verbinding volop in beweging is –, we weten wel dát alles met elkaar verbonden is. Daardoor is de derde orde altijd aanwezig: de orde van de *onbepaaldheid*. Door al die (on)bekende verbindingen zijn er veel meer oorzaak-gevolgmogelijkheden dan alleen de lineaire 'van A naar B'-logica. Vanwege de verbondenheid kan een kleine verandering (die ogenschijnlijk niets met jouw project te maken heeft) grote gevolgen hebben voor jouw project. Maar omdat we lang niet alle relaties tussen entiteiten (projecten, mensen, ontwikkelingen, wetgeving enzovoort) kennen, kunnen we niet voorspellen wat er gaat gebeuren. Dat er iets gaat veranderen moge duidelijk zijn in zo'n dynamisch geheel. Daardoor vallen tijdens de looptijd van een project zaken af: delen van een project, mensen, aandachtsgebieden, ideeën. Met dezelfde snelheid komen er zaken bij: mensen die graag willen meewerken, nieuwe ideeën, een uitbreiding van de vraag. Dat is de vierde orde: de orde van *creatie en verval*. Laat het maar gebeuren, het regelt zich vanzelf. Wees bewust van wat er gebeurt, maar stuur het niet. Wat zo kan ontstaan is de vijfde orde: de orde van de *emergentie*. Daar waar mensen samenwerken, worden dingen mogelijk die niet ontstaan als iedereen los van elkaar zijn taak uitvoert. Een (project)organisatie krijgt zo een emergente eigenschap: een eigenschap die kan ontstaan omdat we samenwerken, en die niet ontstaat als we ons beperken tot onze eigen opdracht.

Deze vijf ordes – bewustzijn, verbondenheid, onbepaaldheid, creatie en verval, en emergentie – zijn zichtbaar in de dynamiek en complexiteit van je project. Ze vormen de bril waardoor je naar complexiteit en chaos kijkt. Het zijn geheel andere ordes dan die bij lineair projectmanagement (waar we ervan uitgaan dat een project op te delen is in deelprojecten, dat de wereld relatief stabiel is, dat we weten dat we het kunnen en wat en hoe we het gaan doen). Bij een ander perspectief met andere ordes heb je ook andere 'tools' nodig. Plannen en analyseren helpt niet. Evenmin als gedetailleerd budgetteren en draaiboeken maken. Om zo'n chaordisch project te laten groeien heb je tools nodig die verbindingen versterken, die ruimte bieden aan het onverwachte en die mensen hun vakmanschap laten aanboren. In het boek *Value-based Project Management* staan elf interventies die houvast bieden in zo'n chaordisch project. Interventies zijn processen die je bewust en met zorg en aandacht doet. Deze 'Project's Eleven' (als associatie op Ocean's Eleven: een samenwerking van elf vakmannen die een belangrijke klus te klaren hebben, gebaseerd op onderling vertrouwen) vormen een uitgebalanceerd samenspel waar je aandacht aan besteedt zolang je project in relatief rustig vaarwater verkeert.

Project's Eleven:
- Baseer de aanpak van het project op de projectwaarden.
- Richt je aandacht voortdurend op het hogere projectdoel.
- Ontwikkel een projectvisie en houd deze levend.
- Hanteer een ontwikkelbenadering met erkenning van vaagheid.
- Werk op basis van vertrouwen.
- Hanteer transformationeel leiderschap.
- Bewerkstellig de voorwaarden voor zelfsturing.
- Faciliteer creativiteit.
- Laat gebruikers van het begin af aan participeren.
- Houd de dialoog met belanghebbenden gaande.
- Werk resultaatgericht, maar alleen daar waar het past.

Zolang je project lekker loopt, besteed je aandacht aan deze elf interventies. Zij zorgen er vervolgens voor dat mensen loyaal zijn aan je project, zich committeren aan het hogere doel, focussen op wat echt belangrijk is en het beste laten zien van wat hun professionaliteit te bieden heeft. Deze en andere mechanismen (zoals vertrouwen, verantwoordelijkheid nemen, en creativiteit en resultaatgerichtheid op het juiste moment) worden automatisch getriggerd door de Project's Eleven. 'Automatisch' wil hier zeggen dat wetenschappelijk aangetoond is dat er een reactie tussen de interventie en het mechanisme bestaat die van nature optreedt (voor bronverwijzingen, zie Mulder, 2013). Denk bijvoorbeeld aan het automatisch inhouden van snelheid als je een rood verkeerslicht ziet. Zo ga je in panieksituaties automatisch de goede beslissingen nemen als je weet waartoe dit project dient. Als er iets onverwachts gebeurt waardoor je oorspronkelijke plan helemaal overhoop gegooid wordt en er chaos ontstaat, hoef je niet in paniek te raken, maar weten jij en de mensen om jou heen (weer automatisch) wat zij moeten doen. Tijdens paniek of chaos hoef je dus niet in te grijpen. Dat noemen we het loslaten tijdens de chaos. Die chaos heeft een functie. Doordat het project op zoek gaat naar een nieuwe balans, na de transformatie van de situatie vóór de chaos in de nog onbekende situatie die daarna zal ontstaan, is het beter bestand tegen dynamieken en complexiteit. Dat noemen we groeien in projectvolwassenheid.

In *77 Werkvormen voor projectmanagement: voor houvast ten tijde van orde en chaos in complexe projecten* (2017), beschrijft Nicoline Mulder de elf interventies die je helpen in chaordische projecten en geeft zij voor elke interventie tal van werkvormen die ook goed toe te passen zijn in de lineaire projecten die worden beschreven in dit boek.

2.2.3   Experience design, service design en cocreatie

De omloopsnelheid van technologische toepassingen is hoog. Steeds worden er interactievere toepassingen ontwikkeld waarmee gebruikers en organisaties nog beter en sneller bediend worden. Daarvoor worden steeds nieuwe werkvormen bedacht, zoals cocreatie, waarbij de eindgebruiker (in dit geval bijvoorbeeld de evenementenbezoeker) zelf input levert en zo dus meehelpt met de invulling, het thema of het concept van het project.

Dergelijke toepassingen worden ingezet om een moment van betrokkenheid te creëren, een zogeheten *touchpoint*. In de wereld van *product design* heet deze benadering *experience design*. Het denken vanuit de beleving van de gebruiker noemen we *service design* en *cocreatie*. Er wordt veel onderzoek gedaan naar de manieren waarop producten en diensten kunnen aansluiten op de wensen van gebruikers. Bij service design draait het erom de beste service te bepalen en diensten te ontwikkelen waardoor consumenten optimaal van een dienst gebruik kunnen maken. Een manier om ervoor te zorgen dat gebruikers zich betrokken voelen bij een product, dienst of omgeving is door hen te betrekken wanneer deze ontworpen wordt. Dit noemen we cocreatie.
Hiervoor zijn kennis van de doelgroep en contact met de doelgroep van groot belang. De evenementenorganisator moet weten welke activiteiten in het programma moeten worden opgenomen, de tv-producent moet weten welke content opgenomen moet worden en beide moeten daarom inzicht hebben in het proces van het creëren van belevenissen. Dit speelt op verschillende niveaus: de beleving van het publiek tijdens het evenement, de structuur van de programmering, de timing van effecten, de sturing van de concentratie en het verleggen van de focus en de thematiek.
Er zijn meerdere invullingen mogelijk van het gebruik van experience design bij evenementen en alle andere mogelijke projecten in de creatieve sector, waaronder het maken, vormgeven, bedenken, bouwen en regisseren van belevingen. Er kunnen allerlei tools en technieken uit experience design worden ingezet, zoals journey mapping, experience mapping, user-centered experience design, creative concepting, media concepting, storyboarden en storytelling.

2.3   Organisatie van projecten

In deze paragraaf wordt ingegaan op de organisatorische aspecten van een (lineair) project. Eerst wordt aandacht besteed aan de hoofdrolspelers bij projecten. Vervolgens wordt de eventuele verstrengeling van de organisatiestructuur van een project met de structuur van een permanente organisatie beschreven, en komt de manier waarop de organisatie van een zelfstandig project kan worden gestructureerd aan bod. Tot slot wordt ingegaan op de afstemming tussen de organisatiecultuur van een projectorganisatie en die van een permanente organisatie.

2.3.1   Opdrachtgever

We kunnen te maken hebben met opdrachtgevers van buiten en opdracht-gevers van binnen de eigen organisatie. Als het gaat om externe projecten, zal er sprake zijn van een externe opdrachtgever. Bij interne projecten heeft het management of het bestuur meestal de rol van opdrachtgever.

Zelden is een externe opdrachtgever professioneel op het gebied van project-management. De rol van de opdrachtgever gaat verder dan die van de initiator of financier. Een uitgangspunt bij projectmanagement is dat een opdrachtgever gedurende het hele proces betrokken is bij het project. Hij stuurt het proces door zich te laten informeren en door beslissingen te nemen die nodig zijn voor een goede voortgang. Een 'goede' opdrachtgever verbindt zich emotioneel aan een project en durft gecalculeerde risico's te nemen.

Waar mogelijk heeft het eenhoofdige opdrachtgeverschap de voorkeur; dit bevordert de snelheid van sturing op het project en houdt de projectorganisatie flexibel. Hoe meer mensen vinden dat zij 'het laatste woord' hebben, hoe groter de kans dat tegenstrijdige opdrachten worden verstrekt of dat in afwachting van een beslissing niets wordt gedaan. Degene die het meest in aanmerking komt voor het opdrachtgeverschap, is de persoon die wil dat een probleem wordt opgelost of een kans wordt benut en die bevoegd is om beslissingen te nemen. In grotere organisaties wordt het opdrachtgeverschap vaak neergelegd bij een *gedelegeerd opdrachtgever*. Deze zal dan als dagelijks opdrachtgever functione-ren. Deze situatie zien we vaak bij grotere productiebedrijven, waar *gedelegeerd producenten* de dagelijkse verantwoordelijkheid dragen voor projecten. Het 'gedelegeerd' opdrachtgeverschap kan bij organisatieoverstijgende projecten worden vervuld door een stuurgroep. In alle gevallen waarin meer organisaties gezamenlijk verantwoordelijkheid en risico voor het proces en het eindresultaat van het project dragen, is het aan te bevelen om dit in een samenwerkingsover-eenkomst vast te leggen. Dit geldt dus ook voor coproducties.

2.3.2   Opdrachtnemer

Van een opdrachtnemer is sprake bij opdrachtprojecten, dat wil zeggen pro-jecten die voor externe opdrachtgevers worden gerealiseerd. Dus bij lang niet alle projecten is sprake van een opdracht*nemer*. Vaak vervult het management de rol van opdrachtnemer (bijvoorbeeld een tv-producent); denk aan een pro-ductiebedrijf. In grotere organisaties kunnen ook projectcoördinatoren of accountmanagers deze rol toebedeeld krijgen. Bij de opdrachtnemer berust de eindverantwoordelijkheid voor het project namens de uitvoerende organisatie. Bij opdrachtprojecten is het dus de opdrachtnemer die de projectleider aan-stuurt.

2.3.3 Projectleider

De projectleider is verantwoordelijk voor de totstandkoming van het project-resultaat. De taken en bevoegdheden zijn sterk afhankelijk van de rol die de opdrachtgever en/of opdrachtnemer hem toebedelen/toebedeelt. Hierna wordt de bevoegdheid van de projectleider nog eens beschreven en worden de eerdergenoemde varianten kort toegelicht (*projectleider* en *projectmanager*).

De *projectleider* is, zoals gezegd, verantwoordelijk voor het realiseren van het projectresultaat. De randvoorwaarden worden echter door de leiding van de permanente organisatie bepaald en daarover moet periodiek worden gerapporteerd. De projectleider geeft leiding aan de projectorganisatie, die kan bestaan uit mensen van diverse afdelingen die voor een bepaalde periode en voor een gedeelte van hun werktijd worden ingezet voor het project. Soms zijn ook mensen van buiten de permanente organisatie in de projectorganisatie opgenomen. De projectleider krijgt de operationele bevoegdheid over de projectmedewerkers voor zover het hun werk aan het project betreft. Deze situatie wordt in figuur 2.6 weergegeven in de projectmatrixstructuur. Wanneer in een organisatie meerdere projecten tegelijkertijd plaatsvinden, is aandacht voor multiprojectmanagement van belang. Op de website vind je hierover meer informatie.

De *projectmanager* heeft de meeste bevoegdheden. Hij beslist over alles wat het project betreft en is daarvoor integraal verantwoordelijk. Medewerkers worden tijdelijk, voor hun inbreng in het project, losgemaakt van hun eigen afdeling in

Milkshake festival

de permanente organisatie. Ook bij zelfstandige projecten, waar de leiding van het project alle bevoegdheden heeft, bijvoorbeeld omdat zij de initiatiefnemer is, is sprake van projectmanagerschap.

Als de relatie tussen de permanente en de projectorganisatie wordt gestructureerd, moet daarbij dus duidelijk worden aangegeven wat de machtspositie van de leider van het project is. Dit kan op basis van de voorgaande beschrijvingen en op de website vind je een test om de organisatiecultuur te analyseren. Vanuit welk perspectief de drie kernfuncties opdrachtgever, opdrachtnemer en projectleider opereren, wordt weergegeven in figuur 2.2.

Opdrachtgever (intern of extern)	Opdrachtnemer (bij extern project)	Projectleider
Sturing op:	**Sturing op:**	**Sturing op:**
– inhoudelijk doel (effecten van het gebruik van het resultaat)	– doel (leuk werk, omzet, winst)	– resultaat
– resultaat	– resultaat	– plan van aanpak
– voorwaarden (KOFTIG)	– voorwaarden (KOFTIG)	– beheersaspecten (KOFTIG)
– consequenties	– consequenties	
– risico's (van het project voor de eigen organisatie)	– risico's (van het project voor de eigen organisatie)	
Georiënteerd op: doel en resultaat	**Georiënteerd op:** opdracht/contract	**Georiënteerd op:** werk
Managementtaken:	**Managementtaken:**	**Managementtaken:**
– schept voorwaarden in de eigen organisatie	– schept voorwaarden in de eigen organisatie	– realiseert resultaat
– let op draagvlak		– beheerst de voorwaarden
Heeft te maken met:	**Heeft te maken met:**	**Heeft te maken met:**
– belanghebbenden	– capaciteitsbronbeheerders	– projectmedewerkers
– opdrachtnemer	– projectleiders	– leveranciers
– beleidsbeïnvloeders	– multiprojectmanagers	– derden
– probleemeigenaren		– afnemers/gebruikers
– stuurgroep/eindmanagement		
– financiers		
– (eind)gebruikers		
– beheerders		
– capaciteitsbronbeheerders		

Figuur 2.2   Verschil in perspectief tussen de drie kernfuncties

De projectleidersrol bij een evenementenproject wordt vaak vervuld door de *evenementenmanager* of *eventmanager*. Voor de professionele eventmanager staat het integrale ontwikkel- en realiseringsproces van een evenementenproject centraal, van het eerste idee tot het concrete evenement, inclusief de nazorg en de evaluatie. Figuur 2.3 geeft aan dat de evenementen(project)manager daarbij in veel richtingen stuurt.

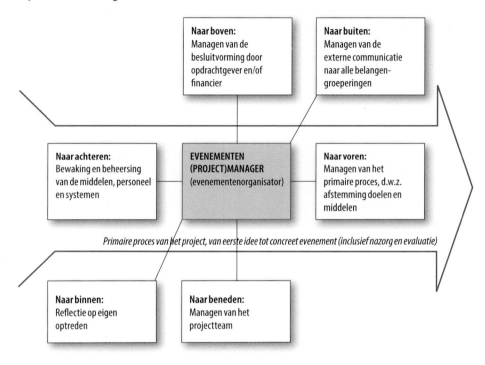

Figuur 2.3   De evenementenmanager stuurt in veel richtingen

2.4   Organisatiestructuur

Om het totale pakket aan activiteiten van een organisatie beheersbaar te maken, worden samenhangende activiteiten bij elkaar gevoegd tot groepen, zoals afdelingen, teams, werkgroepen, directie of bestuur. Het gaat hier dus om het in kaart brengen van de verdeling van *taken, verantwoordelijkheden* en *bevoegdheden*. Projectorganisaties kunnen op zichzelf staan, bijvoorbeeld wanneer door diverse mensen of groepen een festival wordt opgezet en voor dit eenmalige doel een projectteam wordt samengesteld. Zoals gezegd kunnen projecten ook zijn ingebed in een permanente organisatie, bijvoorbeeld een tentoonstellingsproject binnen een museum of een sportevenement binnen een sportorganisatie.

2.4.1   Projectorganisatie en permanente organisatie

Veel projecten worden gerealiseerd binnen een permanente organisatie, bijvoorbeeld een sportevenement binnen een bedrijf of een tentoonstelling binnen een museum. Vaak ontstaan er binnen organisaties problemen bij het van start gaan van een project. Deze problemen worden veroorzaakt door het spanningsveld tussen de verticale, op continuïteit gerichte permanente organisatie en de meer horizontale, tijdelijke en op resultaat gerichte projectorganisatie.

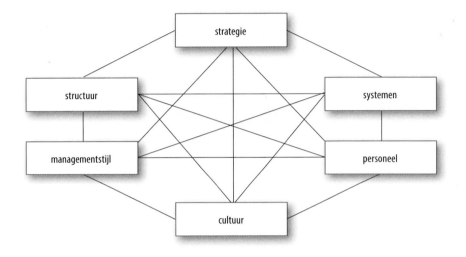

Figuur 2.4   De zes onderling samenhangende organisatieaspecten van het ESH-model

Voor een beter begrip van een organisatie zijn er tal van modellen ontwikkeld. In figuur 2.4 wordt het zogenoemde ESH-model (ESH staat voor evenwicht, samenhang en heterogeniteit) weergegeven, dat is afgeleid van het 7-S framework van McKinsey. Het model gaat ervan uit dat we naar zes aspecten van de permanente organisatie kunnen kijken. Door de onderlinge samenhang daarvan zal verandering van een van deze aspecten vrijwel altijd van invloed zijn op de andere. Alvorens aan de hand van het model de verschillen tussen de permanente organisatie en de projectorganisatie duidelijk te maken, lichten we hier de zes aspecten van het ESH-model kort toe:

1   Structuur: de verdeling van de formele en informele taken, verantwoordelijkheden en bevoegdheden binnen de organisatie en de coördinatiemechanismen. Vaak wordt de organisatiestructuur gevisualiseerd door middel van een organisatieschema of organigram.
2   Cultuur: het stelsel van impliciete en expliciete patronen van denken, voelen en handelen die worden gedragen door de mensen die samen de organisatie vormen.

3 Management(stijl): de kenmerkende gedragspatronen van het management op alle niveaus binnen de organisatie, voortkomend uit taakopvatting en mens- en maatschappijvisie.

4 Personeel: de typen mensen binnen de organisatie en hun vermogens en vaardigheden, ook wel aangeduid met de term *human capital*.

5 Systemen: de informatie- en communicatiesystemen en communicatieprocessen binnen de organisatie ten behoeve van het functioneren van de organisatie: sturend en bijsturend.

6 Strategie: de manier waarop (en het geheel van middelen waarmee) vooraf gestelde doelen bereikt kunnen worden.

Aan de hand van deze zes aspecten wordt in figuur 2.5 het spanningsveld tussen de permanente en de projectorganisatie in beeld gebracht.

permanente organisatie		projectorganisatie
verticaal	structuur	horizontaal
hiërarchisch		coördinatie
slingerend		stromend
activiteitengericht	management/personeel	resultaatgericht
ondernemend		afmakend
jaarplanning	systemen	projectplanning
afdelingsbegroting		deelprojectbudgetten
het kan steeds beter		goed is goed genoeg
voorkomen precedenten	cultuur	ad hoc reageren
routine		situationeel
clubgeest		teamgeest
continuïteit	strategie	**tijdelijkheid**

spanning

Figuur 2.5   Het spanningsveld tussen de permanente en de projectorganisatie

2.4.2   Inbedding van de projectorganisatie in de permanente organisatie

De traditionele structuur van een permanente organisatie is meestal nog sterk hiërarchisch en wordt weergegeven door middel van een organigram, de bekende 'kerstboom' of 'piramide'. Wanneer een project wordt gerealiseerd binnen een hiërarchisch gestructureerde permanente organisatie, treedt een organisatorische complicatie op. De structuur van de projectorganisatie loopt namelijk dwars door deze hiërarchie heen. Als geen duidelijkheid bestaat over taken, verantwoordelijkheden en bevoegdheden, kunnen hierdoor spanningen ontstaan. Een projectmedewerker heeft bijvoorbeeld zowel te maken met zijn afdelingsmanager (lijnmanagement) als met de projectleider(s) van het project of de projecten waarbij hij betrokken is. Zolang hij aan het project werkt, heeft hij dus twee bazen.

Als permanente organisaties regelmatig projecten realiseren, kan de project-matrixorganisatie de relaties tussen de permanente organisatie en tijdelijke projecten daarbinnen structureren. In dit concept blijft de verticale hiërarchische organisatie (piramide) bestaan, maar wordt daaraan de projectdimensie toegevoegd. In het organisatieschema wordt deze dimensie horizontaal getekend, waardoor een matrix ontstaat. Deze matrix impliceert dus een dubbele machtsstructuur. Zowel het afdelingshoofd in de permanente organisatie als de projectleider valt rechtstreeks onder de leiding van de permanente organisatie en beiden hebben hun eigen verantwoordelijkheid. Door middel van de projectmatrixstructuur worden de taken, verantwoordelijkheden en bevoegdheden verduidelijkt van medewerkers die binnen permanente organisaties aan projecten werken.

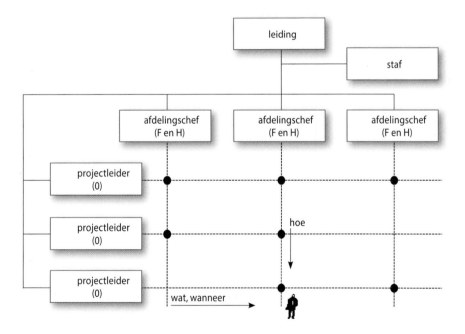

Figuur 2.6   Het model van de projectmatrixorganisatie

In grote organisaties, waarin nagenoeg alle primaire processen als een project of productie worden aangepakt (denk bijvoorbeeld aan productiebedrijven voor televisieprogramma's of grote evenementenorganisaties zoals ID&T), wordt vaak de projectdimensie in de projectmatrixorganisatie verzwaard en worden programmaleiders en/of eventmanagers boven een aantal projectleiders geplaatst. Programmaleiders of eventmanagers zijn in dat geval verantwoordelijk voor een bepaald programma of evenement.

Tot slot is het van belang te wijzen op de tendens dat de traditionele hiërarchische structuur van permanente organisaties langzaam wordt vervangen door lossere en meer eigentijdse structuren. De activiteiten binnen organisaties worden in toenemende mate uitgevoerd door zogenoemde *zelfsturende* teams. Daarmee ontstaat een heel andere organisatorische omgeving voor een project. De zelfsturende teams binnen permanente organisaties richten zich op de activiteiten met een continu karakter, daarnaast richten de projectteams zich meer op het realiseren van tijdelijke doelen en producten. In zo'n nieuwe situatie heeft de projectmatrixstructuur niets meer te bieden. Dan zal binnen de organisatie gezocht moeten worden naar nieuwe vormen van afstemming tussen beide soorten 'gelijkwaardige' teams.

2.5 Organisatiestructuur van het project

Hiervoor is uiteengezet hoe de inbedding van een projectorganisatie in een permanente organisatie kan worden gestructureerd. Nu gaan we verder in op de structurering van de projectorganisatie zelf. Het gaat hier zowel om projecten binnen permanente organisaties als om zelfstandige projecten. Bij het organiseren van de werkzaamheden binnen een project gaat het erom dat structuur wordt aangebracht in personele bezetting, taken en verantwoordelijkheden.

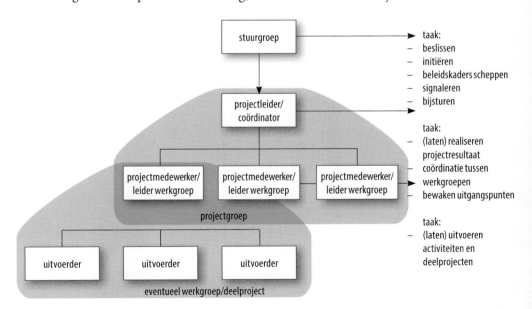

Figuur 2.7   Het stuurgroep-werkgroepmodel

Bij sommige projecten kan worden volstaan met het samenvatten van taken, verantwoordelijkheden en bevoegdheden in een taakverdelingsschema. Bij wat complexere projecten is structurering volgens het stuurgroep-werkgroep-model aan te bevelen (zie figuur 2.7). Deze aanbeveling is van toepassing op projecten waar wordt gewerkt met verschillende werkgroepen of departementen. Ook organisatieoverstijgende projecten kunnen worden gestructureerd volgens de principes van het stuurgroep-werkgroepmodel. Zie ook bijlage A1 Taakverdelingsschema in het boek en op de website.

Nadat de grondvorm van de organisatiestructuur van het project is vastgelegd, is het vaak nog noodzakelijk dat ook de taken, verantwoordelijkheden en bevoegdheden van de individuele projectmedewerkers worden verduidelijkt. Dat kan door het maken van een taakomschrijving voor iedere medewerker. Zie daarvoor bijlage A2 Taakomschrijving in het boek en op de website. Bij het toewijzen van taken is het van belang dat wordt gestreefd naar integrale takenpakketten. Het verdient de voorkeur dat mensen integrale verantwoordelijkheid krijgen voor (deel)resultaten, bij een manifestatie bijvoorbeeld voor de workshops, voor de officiële opening, enzovoort. Bij te specialistische taken is het gevaar groot dat mensen zich op hun eigen eiland terugtrekken.

Ten slotte moet worden opgemerkt dat het effectief functioneren van een projectorganisatie meer vereist dan het structureren van de organisatie en het maken van formele afspraken. Ook andere aspecten spelen daarbij een rol, zoals leiderschap, teambuilding, omgaan met conflicten en stress, en vergader- en onderhandelingsvaardigheden.

Het project-managementmodel

3

Werk kan op veel manieren worden aangepakt. Op basis van de helderheid over het doel, het op te leveren product, het opdrachtgeverschap en de omgeving waarin het project zich afspeelt, kan worden gekozen voor de juiste aanpak. Het op professionele wijze realiseren van een project is niet eenvoudig. Mensen die beginnen aan een 'project' worstelen vaak met de vraag waar te beginnen, welke onderwerpen aandacht vragen en welke niet, en hoe gedetailleerd dat dan moet.

Management heeft betrekking op het sturen van processen. De manager van een project geeft leiding aan het samenwerkingsproces tussen alle betrokkenen en stuurt de processen binnen een project aan. Bekijk op de website een video over dit onderwerp. De projectmanager geeft vorm aan de besluitvorming, stuurt het inhoudelijke ontwikkelproces van idee tot resultaat, en zorgt dat dit gebeurt binnen de vastgestelde randvoorwaarden op het gebied van tijd, geld en kwaliteit. Wie zich met projectmanagement gaat bezighouden, moet de aandacht dus richten op het sturen van het gezamenlijke creatieproces, vanaf het eerste idee tot en met de realisatie van het eindproduct, inclusief de evaluatie. Projecten zijn immers veelal ingewikkelde processen waarbij meerdere partijen betrokken zijn en veel aspecten op elkaar inwerken. Als projectmanager moet je daarom zoeken naar een manier om deze complexiteit hanteerbaar te maken. We spreken dan over het structureren van het projectproces.

Leerdoelen

In dit hoofdstuk leer je:
– de grondvorm kennen van het projectmanagementmodel;
– de verschillende functionele trajecten van het projectmanagementmodel te onderscheiden.

Modellen zijn er vooral om mensen snel inzicht te geven in iets wat nieuw voor hen is. In kader 3.1 wordt ook nog eens benoemd dat niet alleen het model, maar ook de mensen die met het model moeten werken en de manier waarop het model wordt toegepast van belang zijn voor het succes van een project.

| Voorbeeld | Een succesvol project is mensenwerk |

De menskant van projecten bevat vier onderdelen die met elkaar samenhangen in een sociale projectdynamiek:

1 De ik-kant. Het gaat om de persoonlijkheidsstructuur en competenties van de individuele functionarissen. Is iemand geschikt voor de functie?
2 De wij-kant (het projectteam). Hoe is het team samengesteld? In welke teamfase bevindt het team zich? Hoe moet de projectmanager in de verschillende teamfasen leidinggeven?
3 De zij-kant. Hierbij gaat het erom de gebruiker mee te krijgen in de verandering en gaat het om de juiste communicatie met de stakeholders.
4 De cultuur-kant. Heeft de organisatie de passende cultuur om projecten uit te voeren?

Door onzekerheid, complexiteit, de continu veranderende omgeving en de communicatie met de vele stakeholders, maar ook door de beperking in tijd en middelen worden hoge eisen gesteld aan het project in het algemeen en aan de projectmanager in het bijzonder. Voor de projectmanager gaat het om zaken als leidinggeven, beslissen, richting aangeven en het maximale uit het team halen. En natuurlijk het realiseren van het projectresultaat binnen de gestelde normen tijd, kosten en kwaliteit.

Succesfactoren van projectmanagers
Op basis van literatuuronderzoek en het testen van ervaren projectmanagers is een norm opgesteld voor de persoonlijkheidskenmerken en de competenties. Een projectmanager is extravert, treedt op de voorgrond en legt gemakkelijk contact, staat open voor nieuwe ideeën, is een professioneel verandermanager en bereikt zijn resultaten, vaak door flexibel gedrag te tonen, te luisteren naar zijn projectleden en te toetsen of bereikte resultaten voldoen aan de verwachtingen van de opdrachtgever en de stakeholders. Hij houdt rekening met het belang van anderen, maar moet ook de projectresultaten realiseren. Natuurlijk is het belangrijk om een project goed te beheersen vanuit het oogpunt van scope, kwaliteit, geld en tijd. Maar dan moeten de mensen wel willen, kunnen en vooral iets doen. De mensen in het project, de mensen om het project heen en de mensen die de resultaten van het project gebruiken of erdoor beïnvloed worden. Als die in flow komen, komt ook de projectleider in zijn rol.

Waar gaat het meestal fout?
Mislukte projecten zijn meestal terug te leiden naar het feit dat mensen onvoldoende in staat zijn om samen te werken, te leren, te veranderen en te leiden in de specifieke projectcontext. De samenwerking is te oppervlakkig, te versplinterd of staat bol van onderlinge krachtmetingen. Er is onvoldoende aandacht en tijd om te leren vanuit de praktijk. In die praktijk is de leider onvoldoende actief als het gaat om het inhoudelijk en relationeel verbinden en inspireren. En onbewust is er weerstand tegen de veranderingen die het gevolg zijn van het project of van de gevolgde werkwijze. Een oplossing voor deze problemen bestaat niet, maar er zijn wel meerdere succesfactoren te benoemen: aandacht voor de belevingswereld van anderen en authentiek leiderschap, waarbij het gaat om het authentiek verbonden zijn met je eigen belevingswereld, je inleven in de beleving van anderen, de aandacht richten op cocreatie en op het grotere ecosysteem, de maatschappij.

Bron: IPMA Projectie Magazine 03-2015, geraadpleegd in december 2016

Kader 3.1

Een eerste stap om structuur aan te brengen in een projectproces is het bepalen van de min of meer natuurlijke mijlpalen of deadlines. Zo kun je het proces opdelen in logische fasen en tussentijds bijsturen op basis van de resultaten aan het eind van elke fase. Dat doe je door je te verplaatsen naar het moment waarop het resultaat van het project opgeleverd moet worden, bijvoorbeeld de dag van het evenement, de opening van een expositie of de lancering van een website. Vervolgens kijk je vanaf het moment dat het resultaat opgeleverd moet worden terug in de tijd en stel je vast hoeveel tijd er nog beschikbaar is om het projectresultaat te behalen.

De tweede stap is het onderscheiden van de verschillende trajecten en aspecten die binnen het proces een rol spelen. Hierbij kun je bijvoorbeeld denken aan 'geld' en 'communicatie'. In dit hoofdstuk wordt een concept uitgewerkt dat uitgaat van de structurering van een (evenementen)project via de twee hiervoor genoemde stappen. Kort gezegd komt het op het volgende neer: als je het projectproces voorstelt van idee naar resultaat, kun je het proces structureren door de processen op te delen in logische eenheden. Eenheden die te maken hebben met het grip houden op de tijd enerzijds en eenheden die te maken hebben met het aansturen van de inhoud van het project anderzijds.

Het projectmanagementmodel dat in dit hoofdstuk wordt uitgewerkt, moet overigens gezien worden als houvast en niet als een keurslijf. Je kunt steeds je eigen praktijksituatie als uitgangspunt nemen. De aard van het project of de specifieke situatie waarin het project wordt gerealiseerd kan vragen om een andere structurering.

3.1   Grondvorm van het projectmanagementmodel

Een van de kenmerken van een planmatige aanpak van een project is de fasering. De grondvorm van de projectmatige aanpak wordt schematisch weergegeven in figuur 3.1. Alle activiteiten binnen de pijl worden in meer of mindere mate gefaseerd uitgevoerd. Dat maakt het managen van het proces mogelijk. Een ander kenmerk van de projectmatige aanpak is dat op de overgang van elke fase een beslismoment is opgenomen. Op zo'n moment wordt op basis van het resultaat van die fase (vaak gepresenteerd als rapport, ook wel beslisdocument genoemd) door de opdrachtgever goedkeuring gegeven voor de start van de volgende fase.

Projectmanagement

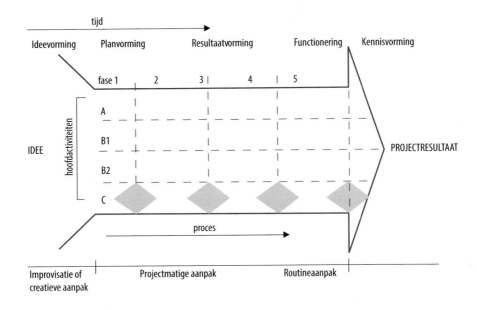

Figuur 3.1   Schematische weergave van het projectmanagementmodel

Gefaseerd sturen van de trajecten

Om een project goed tussentijds te kunnen sturen en/of te managen wordt het projectproces in stappen opgedeeld (gefaseerd). Dit houdt in dat alle activiteiten die noodzakelijk zijn om het projectresultaat te bereiken in logische stappen worden verdeeld. Deze activiteiten monden in elke fase uit in een tussentijds faseresultaat dat getoetst kan worden aan de uitgangspunten en randvoorwaarden die in de vorige fase (bijvoorbeeld door de opdrachtgever) zijn vastgesteld. Deze evaluaties per fase maken het voor jou als projectleider mogelijk om tussentijds bij te sturen. Elk goedgekeurd faseresultaat (beslisdocument) vormt het uitgangspunt voor de volgende fase.

Hierna wordt elke projectfase nader gedefinieerd, met daarbij een korte beschrijving van het faseresultaat waarmee de desbetreffende fase wordt afgesloten. De gehanteerde benamingen voor de projectfasen zijn algemeen van aard, dus zo veel mogelijk van toepassing op allerlei typen projecten. Bij specifieke projecten kan hiervan uiteraard worden afgeweken. Ook kan het in bepaalde gevallen zinvol zijn om bepaalde fasen samen te voegen of een fase juist verder op te splitsen. In de B-bijlagen zijn voor verschillende soorten projecten fasemodellen, als een soort checklist, opgenomen. De bijlagen zijn ook digitaal terug te vinden op de website.

3.2   De vier trajecten van het projectmanagementmodel

In deze paragraaf behandelen we de vier trajecten in het projectproces en de verschillende beslisdocumenten per fase.

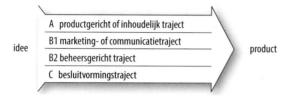

idee

A productgericht of inhoudelijk traject

B1 marketing- of communicatietraject

B2 beheersgericht traject

C besluitvormingstraject

product

Figuur 3.2   De vier trajecten van het projectproces

3.2.1   Het productgerichte of inhoudelijke traject

Het productgerichte of inhoudelijke traject omvat alle activiteiten die verricht moeten worden om het concrete product, bijvoorbeeld een festival, te realiseren. Het gaat dus om alle inhoudelijke aspecten, gericht op het concept van het evenement, zoals de (rand)programmering van bijvoorbeeld een festival. Bij culturele projecten waarbij het artistieke aspect centraal staat, zoals een theater- of filmproductie, wordt dit inhoudelijke proces vaak opgesplitst in een artistiek traject en een technisch of organisatorisch traject.

Binnen het inhoudelijke traject kunnen vervolgens soms *deelprojecten* ontstaan, die in min of meer zelfstandige deelresultaten tezamen het eindresultaat vormen. Hier kan bijvoorbeeld worden gedacht aan een hoofdpodium met live acts, een tent met stand-upcomedy, een workshop muziek maken, en vuurwerk als afsluiting van een festival. Daarnaast kan sprake zijn van *ondersteunende projecten*, die geen onderdeel uitmaken van het hoofdresultaat. Hierbij kun je denken aan de videoregistratie van een festival, een catalogus bij een tentoonstelling, een 'making of'-video bij een filmproductie of een onlinegame tijdens een congres.

3.2.2   Het marketing- en communicatietraject

Vervolgens wordt per fase het marketing- en communicatietraject beschreven. Elke organisatie moet zorgen voor draagvlak in de omgeving en zal daarvoor een *missie* moeten formuleren. Daarmee geeft de organisatie aan wát zij wil betekenen en voor wíé. Door middel van de missie positioneert de organisatie zich in haar omgeving, dat wil zeggen dat zij zich onderscheidt van andere organisaties. Het formuleren van een projectmissie is dan ook essentieel voor de organisatie van een (evenementen)project.

Nadat het project zich inhoudelijk heeft gepositioneerd door middel van de missie, kan het vervolgens aan de slag met de vraag: Welk beeld willen wij neerzetten met ons product (profilering)? Met andere woorden, wat is ons *imago* of de uitstraling van het project? Dit wordt ook wel de *imagopositionering* genoemd. Voor de externe communicatie van een project zijn de volgende vragen van belang:

– Kennen wij onze doelgroep (in het geval van een evenement zijn dat de bezoekers)?
– Wat is het profiel van de bezoeker of de doelgroep?
– Hoe ziet het koop-, gebruiks- en consumeergedrag van de beoogde doelgroep eruit?
– Bereiken wij met onze promotie de potentiële bezoeker en/of klant en zo niet, welke middelen kunnen wij inzetten om dat te verbeteren?

Tevens moet bij alle externe ontwikkelingen worden bekeken welke invloed die kunnen hebben op kansen en bedreigingen van het evenement.

Marketing- en communicatietraject bij een (evenementen)project

Veel evenementen moeten, net als elk ander product, in de markt worden gezet. Wanneer een (evenementen)project wordt ontwikkeld binnen een instelling of bedrijf, is soms al een eerste marktonderzoek of marktverkenning verricht vóór de start van het project. Er ligt al een vraag of een behoefte, of men veronderstelt dat deze er is. Op basis hiervan wordt een concept ontwikkeld.

Als eerste stap in het ontwikkeltraject van een (evenementen)project moet het project worden gepositioneerd. Hierbij staan drie fundamentele vragen centraal:

1   Hoe willen wij het project inhoudelijk positioneren? Met andere woorden, wat wil dit project betekenen en voor wie? Dit wordt duidelijk door het formuleren van de projectmissie, waarmee het project zich onderscheidt van andere projecten.
2   Hoe zien eventuele subsidiegevers of andere maatschappelijke stakeholders het project? Het gaat hier over de legitimering. Met andere woorden, in hoeverre sluiten we met ons project aan op maatschappelijke thema's en waar relevant op het beleid van de subsidiërende overheden?
3   Welke uitstraling kiezen wij voor het project? Met andere woorden, welke perceptie willen wij dat de potentiële bezoeker ervan heeft, hoe willen we overkomen? Dit doen we door het imago van het project te omschrijven, waardoor het zich verder onderscheidt. Dit wordt ook wel de imagopositionering of profilering genoemd.

Wanneer, op basis van de positionering van het project, een basisconcept is ontwikkeld, kan dat vervolgens door middel van een SWOT-analyse (zie stap 6 in hoofdstuk 4 en figuur 4.7) worden getoetst.

Naast de marketing komen bij publieksevenementen (bijvoorbeeld een festival, congres, theaterproductie of manifestatie) nog verschillende communicatieactiviteiten aan de orde.

Zo moet als volgende stap binnen het marketing- en communicatietraject de communicatiestrategie worden geformuleerd. Hierbij gaat het om twee vragen:

1   Met wie (communicatiedoelgroep) moet met welk doel/effect (communicatiedoelstelling) gecommuniceerd worden? Dit wordt ook wel het communicatieveld genoemd.

2   Hoe willen wij het evenement of projectresultaat communiceren? Met andere woorden, met welke boodschap gaan we naar buiten treden om bij de desbetreffende communicatiedoelgroepen de bijbehorende communicatiedoelstellingen te bereiken?

Na het vaststellen van de communicatiestrategie worden een marketingplan (bij marktprojecten), een communicatieplan en eventueel een fondsenwervingsplan (inclusief sponsoring) ontwikkeld. Het marketingplan geeft aan hoe het projectresultaat in de markt gezet gaat worden. Hiervoor wordt gebruikgemaakt van de marketingmix (vijf of zeven P's; zie stap 4 in hoofdstuk 4).

Het communicatieplan is de nadere uitwerking van de communicatiestrategie. Hier gaat het om de vraag: Op welke wijze en met welke communicatie-instrumenten willen wij onze communicatiestrategie uitvoeren en dus met de doelgroepen communiceren? Hierbij maken we gebruik van instrumenten uit de communicatiemix. Het fondsenwervingsplan geeft aan op welke wijze de fondsenwerving en/of de sponsoring wordt aangepakt. Als het communicatieplan is opgesteld, volgt het maken en uitvoeren van het communicatieactieplan. Hierin wordt aangegeven wie wanneer welke concrete promotie-, pr- en fondsenwervingsactiviteiten met welke middelen gaat uitvoeren.

De laatste stap in het communicatietraject wordt vaak gevormd door (promotie- en pers)acties op de dag van het evenement en door een publieksonderzoek of social media-monitoringonderzoek om erachter te komen wat de bezoekers vonden van het evenement. Dit heb je vaak nodig om verschillende stakeholders, zoals sponsors, subsidiënten of gemeenten, te overtuigen van het effect, de beleving of de merkwaarde van het evenement.

Overige activiteiten die te maken hebben met het communicatietraject (en waarvoor meestal een eigen actieplan of draaiboek wordt gemaakt) zijn het maken van een website, het verzorgen van de openingsplechtigheid, de première, persconferenties enzovoort, en serviceverlening aan de klant, gebruiker of bezoeker (onder andere klachtenbehandeling).

De hiervoor genoemde stappen zijn per projectfase verder uitgewerkt in het stappenplan in hoofdstuk 4, 5 en 6.

3.2.3 Het beheersgerichte traject

Het beheersgerichte traject richt zich op het beheersen van zes beheersaspecten: kwaliteit, organisatie, faciliteiten, tijd, informatie en geld. Deze beheersaspecten kun je gemakkelijk onthouden als KOFTIG.

Het realiseren van projecten gaat vaak gepaard met grote onzekerheden. Op veel vragen kan bij de start van een project nog geen antwoord worden gegeven. Hoeveel gaat het project kosten? Hoe hoog worden de inkomsten? Is het project wel haalbaar? Hoe moet het worden gefinancierd? Zijn de noodzakelijke mensen en middelen wel (op tijd) beschikbaar? Is het project wel op tijd klaar? Is een geschikte locatie beschikbaar? Halen we de vereiste kwaliteit?

De beheerscyclus

Het principe van iets beheersen, of het nu gaat om geld, tijd of iets anders, is eenvoudig. Net als het ontwikkelingsproces van bijvoorbeeld een gebouw of evenement verloopt het beheersproces cyclisch. In dat cyclische proces is een aantal stappen te onderscheiden (zie figuur 3.3).

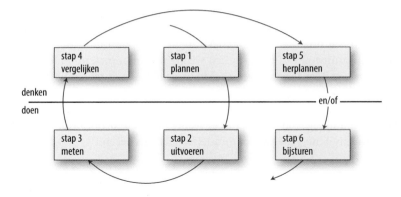

Figuur 3.3   De beheerscyclus is van toepassing op elk beheersproces

Hier worden de stappen uit figuur 3.3 kort toegelicht.

⊙ Stap 1

Plannen: aan het begin van het beheersproces worden uitgangspunten of normen vastgesteld voor elk van de zes eerdergenoemde beheersaspecten, bijvoorbeeld in de vorm van een budget (beheersaspect geld) of een deadline (beheersaspect tijd), dit alles eventueel met de nodige marges.

⊙ Stap 2

Uitvoeren: tijdens de werkzaamheden gedurende het project wordt tijd besteed, geld uitgegeven, kwaliteit gerealiseerd, in teamverband samengewerkt, enzovoort.

Stap 3

Meten: tijdens en na afloop van elke fase moeten de tot dan toe ontwikkelde resultaten met betrekking tot de beheersaspecten gemeten worden. Zo zal bijvoorbeeld de voortgang van het werk moeten worden gemeten (beheersaspect tijd), maar moet ook het verloop van de kosten en inkomsten nauwgezet worden gevolgd (beheersaspect geld) en moet de samenwerking regelmatig worden geëvalueerd (beheersaspect organisatie).

Stap 4

Vergelijken: de gemeten feiten moeten worden getoetst. Deze toetsing vindt plaats aan de normen, uitgangspunten en randvoorwaarden die in stap 1 (plannen) als toetssteen zijn vastgesteld. Wanneer hierbij met betrekking tot één of meer van de beheersaspecten afwijkingen worden geconstateerd, moet worden geanalyseerd wat de oorzaak daarvan is. Op basis van deze conclusies zal moeten worden besloten of de uitvoering moet worden bijgestuurd óf dat de planning moet worden aangepast.

Stap 5

Herplannen: normen en randvoorwaarden die tijdens het plannen (stap 1) zijn vastgesteld, moeten worden aangepast. Dit kan bijvoorbeeld inhouden dat bezuinigingen worden doorgevoerd, dat de deadline wordt verschoven of dat de kwaliteitsnormen worden bijgesteld.

Stap 6

Bijsturen: ook kan worden besloten de normen te handhaven, maar de uitvoering bij te sturen. Zo kunnen bijvoorbeeld meer mensen worden ingezet om de vastgestelde deadline toch te halen.

De zes beheersaspecten (KOFTIG)

Het zal duidelijk zijn dat de zes beheersaspecten heel nauw met elkaar samenhangen en dat bij de bewaking en bijsturing de consequenties voor alle andere aspecten in het oog moeten worden gehouden. Als bijvoorbeeld een deadline niet gehaald dreigt te worden (beheersaspect tijd), kan er worden besloten om meer mensen in te zetten (beheersaspect organisatie), wat echter weer gevolgen kan hebben voor het budget (beheersaspect geld). Ook kan worden besloten om het tijdsprobleem op te lossen door een concessie te doen aan bijvoorbeeld het afwerkingsniveau (beheersaspect kwaliteit). Omdat het beheersaspect geld een risicovol onderdeel is van de beheersaspecten, wordt dit in het stappenplan per fase in een specifiek hoofdstuk behandeld.

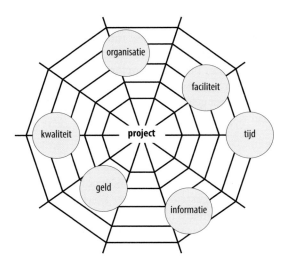

Figuur 3.4   Het spinnenweb van de zes beheersaspecten (te onthouden als KOFTIG)

Hierna wordt per beheersaspect (in de KOFTIG-volgorde) de beheersdoelstelling omschreven.

Kwaliteitsbeheersing heeft als doel ervoor te zorgen dat:
– het kwaliteitsniveau van het product of resultaat tussentijds kan worden bewaakt, bijvoorbeeld door bij aanvang van het project kwaliteitsnormen vast te stellen of procedures vast te leggen voor het beoordelen van de kwaliteit;
– alle projectactiviteiten volgens de doelstelling worden uitgevoerd;
– de kwaliteit van het eindproduct voldoet aan de kwaliteitseisen die door de opdrachtgever/klant worden gesteld, eventueel door tussentijdse bijsturing;
– de daarvoor benodigde menskracht en middelen beschikbaar zijn.

Organisatiebeheersing heeft als doel ervoor te zorgen dat:
– iedereen in elke fase weet wat zijn taken, verantwoordelijkheden en bevoegdheden zijn, bijvoorbeeld door middel van een opzet voor de projectorganisatie. Vaak is het nodig om deze opzet per fase aan te passen omdat er steeds nieuwe disciplines bij komen en weggaan; met name wanneer veel met vrijwilligers wordt gewerkt, is het verloop groot. De juiste motivatiemethodiek is daarbij van belang. Het motiveren van alle medewerkers is een belangrijke rol van de projectleider;

- de communicatie en samenwerking tussen de mensen die bij het project zijn betrokken, goed verlopen, bijvoorbeeld door een duidelijke overlegstructuur en effectieve communicatie;
- het product van het project kan worden overgedragen aan de opdrachtgever, gebruiker of klant;
- het leiderschap van de projectleider effectief is.

Faciliteitenbeheersing heeft als doel ervoor te zorgen dat:
- facilitaire eisen worden geformuleerd;
- op tijd kan worden beschikt over een locatie die aan de eerder gestelde eisen voldoet, inclusief de noodzakelijke aansluitingen, vergunningen, verzekeringen enzovoort;
- op tijd kan worden beschikt over andere facilitaire voorzieningen die noodzakelijk zijn voor het realiseren van het projectresultaat, bijvoorbeeld geluids- en lichtapparatuur, catering, bewaking, schoonmaak, transport en vuilafvoer. Hiervoor worden de nodige inventarisaties gedaan, offertes opgevraagd en contracten afgesloten;
- de relevante juridische randvoorwaarden in kaart worden gebracht (denk aan auteursrechten en dergelijke);
- op tijd kan worden beschikt over de nodige vergunningen en voldaan wordt aan wettelijke eisen (denk aan horecavergunning, Hinderwetvergunning enzovoort);
- de daarvoor benodigde financiële middelen en menskracht beschikbaar zijn.

Tijdbeheersing heeft als doel ervoor te zorgen dat:
- de voortgang van de projectactiviteiten kan worden bewaakt, bijvoorbeeld door tijdsplanningen, draaiboeken en 'to do'-lijstjes te maken en regelmatig voortgangsbesprekingen te houden:
- het projectresultaat op tijd kan worden opgeleverd of kan gaan functioneren, eventueel door tussentijdse bijsturing;
- de daarvoor benodigde capaciteiten (mensen, geld, locatie, hulpmiddelen) beschikbaar zijn.

Informatiebeheersing heeft als doel ervoor te zorgen dat:
- de juiste projectinformatie op het juiste moment op de juiste plek is;
- de projectactiviteiten eenduidig worden uitgevoerd en het projectresultaat steeds eenduidig wordt geformuleerd;
- er richtlijnen voor de interne projectinformatie worden geformuleerd. Deze dienen onder andere om de tussenresultaten van het project eenduidig vast te leggen in verslagen en beslisdocumenten en ze goed te keuren overeenkomstig de gemaakte afspraken;

- de beslisdocumenten, besprekingsverslagen en andere informatiedragers op de juiste tijd en plaats beschikbaar zijn en dat steeds bekend is welke de laatst geldende zijn;
- de distributie van de informatiedragers is geregeld. Internet biedt nieuwe mogelijkheden om de interne informatievoorziening te stroomlijnen;
- bekend is door wie en op welke wijze documenten mogen worden gewijzigd;
- de nodige juridische stukken (denk aan contracten, leveringsvoorwaarden, juridische procedures en voorschriften, enzovoort) worden opgesteld.

Informatiebeheersing is met name van toepassing bij complexe projecten. Deze genereren namelijk enorme hoeveelheden informatie, waardoor (centrale) distributie noodzakelijk is van onder andere rapportages, richtlijnen, kaders, normen, procedures, checklists en draaiboeken.

Geldbeheersing heeft als doel ervoor te zorgen dat:
- een raming van de projectkosten wordt omgezet in een budget (zie hoofdstuk 4 en 5);
- het kostenverloop gedurende het proces kan worden bewaakt door na alle fasen een nieuwe begroting te maken en door een budgetbewakingssysteem op te zetten (in hoofdstuk 5 en 6 wordt ingegaan op budgetbewaking; zie ook bijlage A7);
- de projectkosten binnen het projectbudget blijven en/of aanvullende financiering wordt geregeld, eventueel door tussentijdse bijsturing;
- de geplande opbrengsten/financieringen, ter dekking van de projectkosten, worden gehaald;
- het geplande rendementsniveau van het eindproduct tot stand komt (indien beoogd).

3.2.4   Het besluitvormingstraject

Het einde van elke fase van een project wordt gemarkeerd door een beslismoment. Daarop kan, afhankelijk van de situatie, een beslisdocument worden opgesteld als resultaat van de voorafgaande fase. Het zal duidelijk zijn dat wanneer de beslissing om door te gaan naar de volgende fase door het projectteam zelf kan worden genomen, minder aandacht hoeft te worden geschonken aan het schrijven van het beslisdocument dan wanneer de beslissing genomen moet worden door een externe opdrachtgever.

Op elk beslismoment een beslisdocument
De drie echte beslisdocumenten zijn het *projectvoorstel*, het *projectplan* en het *productieplan* (ook wel uitvoeringsprogramma of draaiboek(en) genoemd). Ter afronding van het project wordt ook nog een *evaluatieverslag* gemaakt, waarin onder meer de financiële eindafrekening is opgenomen.

Een beslisdocument bestaat meestal uit vijf delen:

1 *Kerngegevens* van het project, zoals locatie, datum van het evenement, opdrachtgever enzovoort.

2 *Projectinhoud.* Dit deel geeft een beschrijving van het product van het project (inhoud van het evenement) zoals het tot dan toe is ontwikkeld. Naarmate het project de realisatie nadert, zal de beschrijving concreter worden.

3 *Projectaanpak.* Dit is een beschrijving van de projectweg en de projectaanpak, dat wil zeggen van de activiteiten die nog verricht moeten worden om het evenement te realiseren. Voor de eerstvolgende fase is deze beschrijving van de aanpak gedetailleerd en voor de daaropvolgende fasen globaler. In de productiefase van bijvoorbeeld een festival kan de beschrijving de vorm van een draaiboek hebben (zie het voorbeeld van een format productieplan in hoofdstuk 6 en op de website).

4 *Projectmarketing en -communicatie.* Dit deel geeft een beschrijving van de communicatieplannen die tot dan toe zijn ontwikkeld en van de communicatieactiviteiten die nog verricht moeten worden. Ook deze zijn voor de eerstvolgende fase gedetailleerd en voor de daaropvolgende fasen globaler. Het betreft hier alle publieks- en klantgerichte activiteiten, maar ook de activiteiten die zich richten op sponsors, fondsen en subsidiegevers.

5 *Zakelijke randvoorwaarden.* In dit laatste deel staan de beheersplannen voor elk van de beheersaspecten: kwaliteit, organisatie, faciliteiten, tijd, informatie en geld (KOFTIG). In deze plannen staat per beheersaspect wat de toetsnorm is voor de eerstvolgende fase. Voor het aspect tijd is dit bijvoorbeeld een tijdschema, voor het aspect geld een goedgekeurde kostenraming of -begroting, en voor het aspect organisatie het organisatieschema of een taakverdelingsschema. Ook hier wordt steeds gedetailleerd gewerkt voor de volgende fase en globaler voor de daaropvolgende fasen.

Per fase zijn uitgebreide formats opgenomen voor het projectvoorstel, het projectplan en het productieplan, die je als afsluiting van ieder hoofdstuk in dit boek kunt terugvinden. Je vindt deze documenten ook in de C-bijlagen en op de website.

In de stappenplannen (zie hoofdstuk 4, 5, 6 en 7) worden de functie en inhoud van de beslisdocumenten beschreven. Vaak wordt na elke fase het tussentijdse faseresultaat (in een beslisdocument) teruggekoppeld naar de opdrachtgever. Soms delegeert de opdrachtgever aan de projectleider de bevoegdheid om aan het einde van een fase, binnen de afgesproken marges, zelf de beslissing te nemen om door te gaan of niet. Er kan dan bijvoorbeeld worden afgesproken dat slechts wordt teruggekoppeld wanneer de vastgestelde marges worden overschreden of alleen vlak voordat de productiefase begint. Dit wordt wel het go-/no-go-moment genoemd, omdat dit het laatste moment is waarop een project kan worden afgeblazen zonder zeer grote gevolgen. Afspraken hierover moeten expliciet in de projectopdracht worden opgenomen om misverstanden te voorkomen. In het geval dat de projectleider zelf de beslissing kan nemen over het doorgaan naar de volgende fase, zal er minder sprake zijn van gemarkeerde beslismomenten. De fasen lopen dan waarschijnlijk natuurlijker in elkaar over.

3.3   Het uitgewerkte projectmanagementmodel

In paragraaf 3.1 werd de grondvorm van het projectmanagementmodel gepresenteerd. Deze laat zien dat het projectresultaat wordt gerealiseerd door middel van een proces waarbinnen vier trajecten of deelprocessen te onderscheiden zijn. In verband met de tussentijdse sturing van deze processen werd een fasering aangebracht. In de paragrafen daarna werden de vier trajecten van het projectproces nader uitgewerkt. Als we de uitwerkingen van de voorgaande pagina's verwerken in de grondvorm van het projectmanagementmodel, komen we tot het uitgewerkte model in figuur 3.5.

Het hier weergegeven projectmanagementmodel is de kern van de methode. In de hoofdstukken word je middels een stappenplan door de verschillende fasen geleid. De *fasemodellen* die in de B-bijlagen van dit boek zijn opgenomen, zijn ook gebaseerd op de structuur van dit projectmanagementmodel en kunnen als checklist worden gebruikt bij concrete projecten.

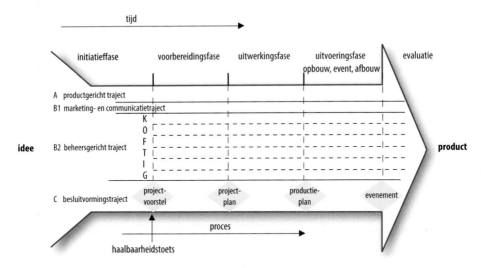

Figuur 3.5   Het uitgewerkte projectmanagementconcept voor een evenementenproject

Op deze plaats willen wij nog een keer onze waarschuwing uit de inleiding van dit hoofdstuk herhalen. Gebruik het gepresenteerde projectmanagementconcept als houvast, maar laat je er niet door beperken. Durf het, waar nodig, aan te passen aan jouw praktijksituatie.

Figuur 3.6   Het uitgewerkte projectmanagementmodel voor een evenementenproject ▶

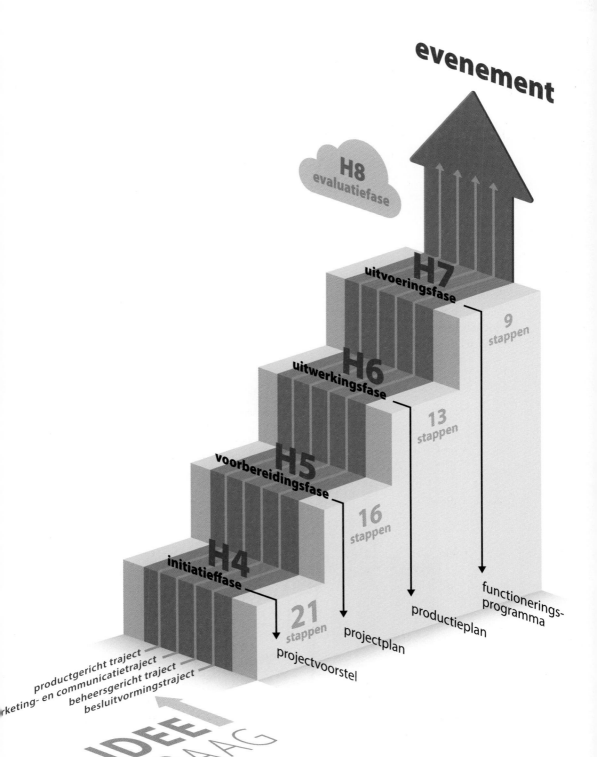

evenement

H8
evaluatiefase

uitvoeringsfase **H7**

9
stappen

uitwerkingsfase **H6**

13
stappen

voorbereidingsfase **H5**

16
stappen

initiatieffase **H4**

21
stappen

functionerings-
programma

productieplan

projectplan

projectvoorstel

productgericht traject
marketing- en communicatietraject
beheersgericht traject
besluitvormingstraject

IDEE
VRAAG

evenement

H8
evaluatiefase

uitvoeringsfase H7

9
stappen

uitwerkingsfase H6

13
stappen

voorbereidingsfase H5

16
stappen

initiatieffase H4

21
stappen

projectplan

productieplan

functionerings-
programma

projectvoorstel

productgericht traject
marketing- en communicatietraject
beheersgericht traject
besluitvormingstraject

IDEE
VRAAG

Het projectvoorstel

4

Het projectvoorstel is de aanloop van het project. In deze initiatieffase wordt de basis gelegd voor de projectmatige aanpak. Aan het einde van deze fase moeten alle betrokkenen een helder beeld hebben van het gewenste projectresultaat en de aanpak. In het projectvoorstel worden belangrijke keuzes gemaakt, zodat aan het eind van deze fase iedereen weet hóé het project er in grote lijnen uit gaat zien, op wíé het is gericht en *welk effect* of *functie* het moet hebben. Ook is dan duidelijk met wie er gecommuniceerd moet worden en waarover, en wat de *zakelijke consequenties* van het project zijn. Hierbij kun je denken aan het budget, de beschikbare tijd, de eisen met betrekking tot de faciliteiten en de opzet van de projectorganisatie. In dit eerste *beslisdocument* zijn alle *uitgangspunten* en *randvoorwaarden* beschreven waaraan het verdere verloop van het project wordt getoetst. De opdrachtgever kan op basis van het projectvoorstel een besluit nemen of hij verder wil gaan met het project. Als dat zo is, is het de basis voor de projectopdracht.

Leerdoelen

Na het afronden van dit hoofdstuk ben je in staat om:
- op basis van inhoudelijke doelstellingen een basisconcept te ontwerpen;
- op basis van de gewenste doelgroepen een marketingstrategie te ontwerpen;
- de kwaliteitseisen, organisatieopzet en facilitaire randvoorwaarden te beschrijven;
- het tijdpad van het project in kaart te brengen;
- de interne en externe informatievoorziening in kaart te brengen;
- een kostenraming voor het project te maken;
- een projectvoorstel voor een project op te leveren.

In de casus hierna (zie kader 4.1) wordt het voorbeeld beschreven van een groep mensen die iets heftigs meemaken in de eigen omgeving. Het laat hen niet los, ze denken erover na, praten er met elkaar over, krijgen een ingeving en beginnen daardoor een project vorm te geven. Als de wens eenmaal is ontstaan om een project vorm te geven, zijn mensen blijkbaar in staat om spontaan de nodige creativiteit te genereren en kan het allemaal snel gaan.

| Casus | Het ontstaan van een evenementenproject – 'Sensation is een ijzersterk concept' |

Het succesverhaal van Miles Stutterheim is bekend. Hij groeit op in Landsmeer, duikt vanaf zijn 14de in het Amsterdamse nachtleven, besluit zich te richten op het organiseren van feesten en schopt het tot miljonair. Hij zakt twee keer voor zijn eindexamen vwo en zet dan een koeriersbedrijf op. Het geld dat hij daarmee verdient, investeert hij in het geven van feesten met jeugdvrienden Irfan van Ewijk en Theo Lelie (de 'I' en de 'T' uit ID&T). In 1992 vat hij het plan op om in de Utrechtse Jaarbeurs het examenfeest te orga- niseren dat hij zelf nooit heeft gehad. Vader Stutterheim en de vader van Van Ewijk willen hun het startkapitaal lenen, mits ze met een goed doortimmerd businessplan komen.

Op dit eerste feest maken ze 80.000 gulden winst. Moeder Norma zit bij de toiletten, boven in een kamertje tellen de twee vaders de horeca-inkomsten. Verder doen de jon- gens alles zelf met hun vriendengroep, tot en met het schoonmaken van de hal na afloop. Behalve Lelie dan, die liever naar bed gaat en meteen na het feest wordt uitgekocht. In twintig jaar tijd groeit ID&T, mede door een fusie met Q-dance in 2007, uit tot een bedrijf dat zich volledig specialiseert in het organiseren van dancefeesten en -festivals, zo'n zes- tig per jaar, in 26 landen.

Een kleine drie maanden na de eerste Sensation in 2000 krijgt de vriendengroep van ID&T een enorme klap te verwerken als Miles Stutterheim (24) met zijn Porsche tegen een boom crasht en overlijdt. Zijn begrafenis is volledig in het wit, met housemuziek. Het is een periode waarin de vrienden niet weten of ID&T het gaat overleven. Bij de eerstvol- gende Sensation, in 2001, is de dresscode wit, als eerbetoon aan Miles. Tot ieders grote verbazing houdt 99 procent van de bezoekers zich hieraan en is Sensation White gebo- ren. Eric Keijer, al jaren productieleider van Sensation: 'Die dresscode was in het begin een gok. Op de begrafenis van broer en collega Miles Stutterheim in 2000 was iedereen in het wit. Als knipoog naar hem bedachten we daarom in het tweede jaar de slogan "Be part of the night, dress in white". Tot onze verbazing kwam vrijwel iedereen in het wit, fantastisch natuurlijk.'

Ook het buitenland kreeg in de loop der jaren lucht van 'the world's leading dance event'. Mede dankzij het grote aantal internationale bezoekers op de Nederlandse versies besloot organisator ID&T zich over de grens te begeven. In 2005 vond Sensation White ook in Duitsland en België plaats. In 2005 startte organisator ID&T met Sensation Interna- tional, een tournee over de wereld, gebaseerd op een vereenvoudigde versie van Sensa- tion White 2005 zoals deze in Amsterdam te zien was. De eerste editie van deze Sensation International werd op 15 april 2005 gehouden in het Antwerpse Sportpaleis. Ondertussen zijn er al zestig Sensation-shows gehouden in Europa, Australië, Zuid-Amerika en Azië.

Bron: http://night-report.blogspot.nl/2005/07/het-succes-van-sensation-verklaard.html en http://nikkinikster.files.wordpress.com/2012/06/idt.pdf, geraadpleegd op 30 april 2014, bewerkt door de auteurs

Kader 4.1

Bij projectonderwijs binnen instellingen voor hoger onderwijs noemt men het projectvoorstel soms ook wel *startdocument*. In de praktijk wordt het project- voorstel vaak gemaakt door een initiatiefnemer, die meestal in een later sta- dium als projectleider gaat optreden. Maar het komt ook voor dat dit voorwerk wordt gedaan door een team. Ook kan het projectvoorstel, eventueel in aangepaste vorm, worden ingezet bij het schrijven van een subsidieaanvraag of een sponsorverzoek. In het hoger onderwijs wordt het projectvoorstel meestal opgesteld door een studententeam, dat daarna het project verder gaat ontwikkelen en soms zelfs gaat uitvoeren.

Ook wanneer een project 'op eigen initiatief' wordt ontwikkeld of wanneer het gaat om een relatief eenvoudig project, is het zinvol om een projectvoorstel te maken. Het is altijd belangrijk om vooraf alle uitgangspunten en randvoorwaarden, zowel inhoudelijk als zakelijk, voor alle betrokkenen helder op papier te hebben.

4.1   Project-start-up

Bij omvangrijke ontwikkelprojecten waarbij meerdere disciplines zijn betrokken, zoals evenementen of bijvoorbeeld het ontwikkelen van een website, is het aan te bevelen om het project op te starten met een project-start-up (PSU) of kick-off. De PSU of kick-off is een bijeenkomst waarin de leden van het projectteam en andere belanghebbenden hun inzichten, verwachtingen en belangen met betrekking tot het project met elkaar bespreken. Je kunt een PSU-bijeenkomst bovendien gebruiken om draagvlak voor het project te krijgen bij externe partijen en stakeholders, zoals toekomstige cliënten en gebruikers, maar ook (politieke) besluitvormers. In de praktijk wordt een PSU-bijeenkomst vaak georganiseerd wanneer het project daadwerkelijk van start gaat. Dat is in de beroepspraktijk meestal pas wanneer het projectvoorstel door de opdrachtgever is goedgekeurd, dus aan het begin van de volgende fase, ook wel de voorbereidingsfase genoemd.
Bij zeer omvangrijke projecten wordt aan het begin van élke volgende fase een PSU-bijeenkomst georganiseerd. Op die momenten schuiven namelijk meestal weer andere mensen en partijen aan, waarbij ook weer betrokkenheid en draagvlak moeten worden gecreëerd.

Bij onderwijsprojecten die door een studententeam worden uitgevoerd, wordt geadviseerd om de eerste bijeenkomst met het team in te richten als een *PSU-bijeenkomst*. Die vindt meestal plaats aan het begin van de initiatieffase, dus direct nadat de opdracht is verstrekt of het idee is ontstaan. Tijdens deze eerste bijeenkomst wordt de opdracht of het idee besproken en kunnen verwachtingen worden uitgesproken met betrekking tot het project en de onderlinge samenwerking en kunnen samenwerkingsafspraken op papier worden gezet (zie kader 4.2). Ook kunnen in deze eerste bijeenkomst de functies binnen het projectteam worden verdeeld. Bij een projectteam dat werkt aan een leerproject kan bijvoorbeeld gedacht worden aan de volgende functies: projectleider, conceptontwikkelaar, projectsecretaris, financieel expert, eindredacteur, *teambuilder* enzovoort.

| Voorbeeld | Voorbeeldlijst van samenwerkingsafspraken |

- De communicatie is open en eerlijk.
- We luisteren naar elkaars mening.
- We geven ook de wat stillere mensen de ruimte.
- We respecteren elkaars ervaring.
- Irritaties stellen we aan de orde door eerlijke feedback.
- Iedereen komt op tijd op afspraken.
- Verhinderingen worden op tijd doorgegeven.
- We beëindigen vergaderingen op tijd.
- Iedereen neemt deel aan de vergaderingen.
- Bij de besluitvorming streven we steeds naar consensus.
- De rol van de notulist wisselt iedere vergadering.
- Mobiele telefoons worden tijdens vergaderingen uitgezet.
- Contact met de opdrachtgever verloopt via de projectleider.
- We maken voldoende gelegenheid voor informele contacten.
- Na elke fase evalueren we het teamfunctioneren en geven elkaar eerlijke feedback.
- Iedereen is persoonlijk verantwoordelijk voor handhaving van deze samenwerkingsafspraken.
- Ieder teamlid committeert (verbindt) zich expliciet aan de projectopdracht en aan de samenwerkingsafspraken.
- Ieder teamlid spreekt een ander teamlid aan wanneer deze onvoldoende commitment toont.
- Een team kan aan een teamlid een gele kaart geven (waarschuwing) en/of een rode kaart (verwijderen uit het team).

Kader 4.2

Beschrijf tot slot alle tijdpadafspraken en de inhoud en probeer samen aan de hand van een fasemodel (zie B-bijlagen) de deadlines van de op te leveren beslisdocumenten van het project per fase in kaart te brengen.

Stappenplan voor het projectvoorstel

In het volgende deel van dit hoofdstuk wordt stap voor stap beschreven hoe je een projectvoorstel kunt formuleren. We raden aan om het format voor een projectvoorstel aan het einde van dit hoofdstuk (ook digitaal beschikbaar op de website) er naast te houden en om na iedere stap aan de hand van het format de desbetreffende paragraaf in het projectvoorstel te formuleren. Als je in een team aan het projectvoorstel werkt, kun je de stappen eventueel verdelen, maar we raden sterk aan om de eerste stappen samen te formuleren, zodat alle teamleden hetzelfde beeld hebben van het resultaat van het project en dit uitdragen in de formulering en opzet van de rest van het projectvoorstel.

4.2 Het inhoudelijke traject

Het productgerichte of inhoudelijke traject omvat alle activiteiten die verricht moeten worden om het concrete product, zoals een festival, tentoonstelling, theatervoorstelling of nieuwe game, te realiseren. Het gaat dus om alle inhoudelijke of conceptuele aspecten van het project. Een creatief project begint meestal met een *vraag* of een vaag *idee* dat eerst nader onderzocht moet worden. Als initiatiefnemer heb je bijvoorbeeld het volgende idee: ik wil een evenement organiseren om allochtone en autochtone jongeren op een informatieve wijze kennis te laten maken met elkaars leefwereld. Of: ik wil een regionaal sporttoernooi realiseren. Ook kan een opdrachtgever je een vraag voorleggen of een opdracht geven, bijvoorbeeld: kom met een voorstel voor een project waarin een nieuw product wordt gelanceerd. Of: ontwikkel een voorstel voor een happening waarin het grote publiek kan kennismaken met de mogelijkheden van een nieuwe app. Of het nu gaat om een eigen idee of om een idee van een opdrachtgever, de eerste stap komt erop neer dat het team zich gaat verdiepen in de opdracht of het projectidee.

Startsituatie

❍ Stap 1
Stel de stand van zaken vast. Om wat voor soort project gaat het eigenlijk? Analyseer de startsituatie van het project en oriënteer je op de achtergronden van het project en op de opdracht of het projectidee.

In hoofdstuk 2 en in de casus aan het begin van dit hoofdstuk (zie kader 4.1) wordt beschreven hoe projecten kunnen ontstaan. Om de juiste aanpak van het project te kunnen identificeren raden we aan om bij de aanvang van een project te checken met wat voor soort project je te maken hebt. Met andere woorden, is de aanleiding van het project een idee dat of ingeving die jij of je opdrachtgever wil(t) gaan realiseren? Dit stappenplan is namelijk vooral van toepassing op dat type projecten. Als niet een idee maar een probleem of een symptoom van een probleem ten grondslag ligt aan het project, zul je voor aanvang van deze fase eerst een onderzoek uit moeten voeren om het project op de juiste manier aan te kunnen pakken.

Kijk vervolgens om wat voor categorie het gaat bij dit project:
- Gaat het om een ontwerpproject (dus met een exclusief ontwerp voor dit specifieke project) of om een compositieproject (opgebouwd uit bestaande componenten die al bestaan of die je kunt inkopen)?
- Gaat het om een commercieel project (primair bedoeld om winst mee te maken) of om een ideëel project (met een niet-commerciële, inhoudelijke doelstelling)?
- Gaat het om een project in opdracht (bijvoorbeeld bij een leerproject vanuit de opleiding of een stagebedrijf) of om een project op eigen initiatief?

In grote lijnen komt deze stap neer op het doen van onderzoek naar en het beschrijven van de directe aanleiding van dit project en het uitvoeren van een situatie- of probleemanalyse.

Methoden die je bij een *situatieanalyse of probleemverkenning* kunt toepassen, zijn bijvoorbeeld:

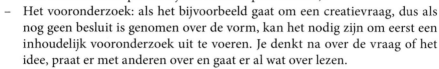

–   Eerste analyse aan de hand van de zes vragen van Kipling (wat, waar, wanneer, waarom, wie en hoe?). Let op: deze vragen moeten betrekking hebben op de opdracht of het idee, nog niet op het eindproduct, dus op het evenement zelf.
–   De mindmaptechniek: dit is een creatieve techniek om alle factoren in kaart te brengen die met het realiseren van een idee te maken hebben (voorbeelden van het creatieproces zijn te vinden op de website).
–   Het vooronderzoek: als het bijvoorbeeld gaat om een creatievraag, dus als nog geen besluit is genomen over de vorm, kan het nodig zijn om eerst een inhoudelijk vooronderzoek uit te voeren. Je denkt na over de vraag of het idee, praat er met anderen over en gaat er al wat over lezen.

Als er na deze analyse nog vragen onbeantwoord zijn gebleven, is het vaak raadzaam om door middel van een debriefing met de opdrachtgever aanvullende antwoorden te krijgen. Tijdens de debriefing kun je enerzijds aan de opdrachtgever terugkoppelen hoe het team de vraag of opdracht heeft opgevat en eventueel nog een aantal vragen stellen ter verduidelijking.

Doelen van een debriefing:
–   checken of je de opdracht goed begrepen hebt;
–   in de eerste fase duidelijk krijgen wat de belangrijk(st)e aspecten van de opdracht zijn;
–   inzicht krijgen in de mogelijke kwaliteitseisen van de opdrachtgever;
–   tijdens het ontwikkelen van het project toetsen of de oplossing nog steeds voldoet aan de opdracht;
–   mogelijke onduidelijkheden ophelderen, eventueel door het stellen van vragen aan de opdrachtgever;
–   inzage krijgen (voor de opdrachtgever, maar ook het eigen team) in de manier waarop het team met de opdracht omgaat.

Een helder geformuleerde debriefing voorkomt veel misverstanden en dus problemen tijdens de ontwikkeling en realisatie van een project. De volgende vragen kunnen je helpen bij het analyseren van de startsituatie van het project en zijn te gebruiken bij het voorbereiden van de debriefing (een digitale versie van deze debriefing is terug te vinden op de website):

–   Wie of wat is de opdrachtgever?
–   Wat is de aanleiding of voorgeschiedenis van het project?
–   Wat is het idee of de vraag?
–   Wat is het doel van de opdracht?
–   Wat wil de opdrachtgever met deze opdracht bereiken?
–   Wat is de (beoogde) doelgroep?

– Wat zijn de kernwaarden van het bedrijf en wat is de eventuele relatie tussen het project en de kernwaarden van het bedrijf?
– Wat is de gewenste beleving, zoals de *look* en *feel*, en de sfeer van het bedrijf?
– Wat is het budget en wat de tijdsplanning?
– Succesindicatoren, ofwel wanneer is er sprake van succes, gezien vanuit:
  • de opdrachtgever;
  • de klant of gebruiker, dus bijvoorbeeld bezoekers van het evenement;
  • het team?
– Wat wil de opdrachtgever uiteindelijk met het (evenementen)project bereiken?
– Wie is gebaat bij het realiseren van het project (bekende gebruikers, een anonieme doelgroep of andere stakeholders)?
– Zijn er al anderen die zich met het vraagstuk bezighouden of bezighielden?
– Zijn we in staat om het probleem/de vraag zelf aan te pakken?
– Hoe ziet de organisatorische omgeving van het project eruit, om wat voor afdeling, bedrijf of branche gaat het hier?
– Is er sprake van samenwerkings- en/of strategische partners?
– Heeft het project een relatie met andere projecten?
– Moet het project (eventueel samen met andere projecten) een bijdrage leveren aan een hoger doel?
– Wie gaat optreden als contactpersoon voor de projectleider?
– Heeft deze contactpersoon de bevoegdheden van een opdrachtgever?
– Hoe uniek, groot, riskant is het project? Ook deze vraag is relevant voor de mate waarin het project professioneel moet worden aangepakt.

Als je je voldoende hebt georiënteerd, moet je je in dit stadium nog een laatste vraag stellen: Is dit project wel iets voor ons, is het een haalbare vraag, hebben we genoeg expertise in het team om een adequaat plan te ontwikkelen of kan beter iemand anders zich hiermee bezighouden? Wanneer je deze vraag positief beantwoordt, ga je verder met de volgende stappen om deze fase uiteindelijk af te sluiten met een gedegen projectvoorstel.

4.2.1   Formuleren van de vraagstelling

In de vorige stap is de situatie verhelderd waarin de vraag of het idee van de opdrachtgever of van jou als initiatiefnemer speelt. De volgende stappen leiden tot de 'probleemdefinitie'. Deze definitie bestaat uit twee onderdelen. Allereerst ga je definiëren wat jij of de opdrachtgever eigenlijk met het project wil(t) bereiken (*doelstelling* of het 'waarom' van het project). Vervolgens ga je formuleren hoe de *startvraag* of de *opdracht* aan het projectteam of de opdrachtnemer precies gaat luiden (*vraagstelling* of opdracht, ook wel het 'wat' van het project).

▶ Stap 2

Geef een beknopte maar duidelijke formulering van de startvraag en de doelstellingen van het evenementenproject.

Stel dat de overheid signaleert dat jongeren onder de 16 jaar steeds meer alcohol drinken en dat dit hun gezondheid ernstig kan schaden en dat de overheid daar iets aan wil doen. Of stel dat de bezoekersaantallen van een bepaald twee-jaarlijks evenement structureel teruglopen en dat de organisatoren dat willen ombuigen. Of denk je in dat een producent van licht alcoholische dranken een nieuw product wil lanceren onder de doelgroep 'jongeren'. Of stel dat je een student bent die helemaal enthousiast is over yoga en new age en regelmatig denkt: wat zou het prachtig zijn als mijn medestudenten hierover meer zouden weten. In dit soort situaties is duidelijk welk probleem opgelost moet worden (doelstelling) of wat de opdrachtgever of initiatiefnemer eigenlijk wil bereiken met het project. De doelstellingen worden verder uitgewerkt in inhoudelijke doelstellingen in stap 4.

Als je de algemene doelstelling voor ogen hebt, is de volgende stap dat je de opdracht of de startvraag van het project formuleert. De startvraag of opdracht is het echte startpunt voor de opdrachtnemer of het projectteam. Naast een opdracht voor een project kunnen door de opdrachtgever ook andere acties worden ondernomen om de doelstelling te verwezenlijken. Zo kan de overheid, naast een evenement dat bedoeld is om jongeren bewust te maken van de schadelijke gevolgen van alcoholgebruik op jeugdige leeftijd, bijvoorbeeld ook een mediacampagne opzetten, een voorlichtend boekje publiceren of een conferentie over deze problematiek organiseren.

Hier volgen enkele voorbeelden van een startvraag of opdracht voor een project:
- Ontwikkel een tentoonstelling waarin het publiek kan kennismaken met de gevaren van social media (creatievraagstuk).
- In hoeverre sluit het bestaande concept van de Huishoudbeurs nog aan op de nieuwe generatie (vernieuwingsvraagstuk)?
- Hoe kunnen we de gevaren van alcoholgebruik onder de aandacht van jongeren brengen (vormgevingsvraagstuk)?
- Is het mogelijk een evenement te organiseren dat ertoe bijdraagt dat het toenemende probleem van burn-out onder jonge mensen afneemt (vormgevingsvraagstuk)?

Bij projecten die voor een bepaalde *anonieme* doelgroep worden ontwikkeld, kun je er niet mee volstaan de doelstelling van de opdrachtgever te kennen. Het gaat dan om (ideële of commerciële) *publieksevenementen*, zoals het opzetten van een straattheaterfestival, het ontwikkelen van een musicalproductie of het organiseren van een ondernemersbeurs. Het is in dat geval bijvoorbeeld ook van belang om na te denken over wat de doelgroep (en eventuele lokale overheden, subsidiegevers of sponsors) eigenlijk wil.

Als we het in paragraaf 2.1 genoemde onderscheid tussen *productoriëntatie*, *marktoriëntatie* en *vraagoriëntatie* combineren met het hiervoor gemaakte onderscheid tussen de *creatievraag* en de *vormgevingsvraag*, komen we tot zes manieren waarop een project van start kan gaan. Deze startsituaties zijn in tabel 4.1 weergegeven.

	1 Ideeproject Idee van mij over een product vormt het uitgangspunt.	**2 Marktproject** Probleem of vraag buiten mij (markt) vormt het uitgangspunt.	**3 Opdrachtproject** Concrete vraag van klant/opdrachtgever vormt het uitgangspunt.
a Creatievraag (basisvorm is nog niet duidelijk)	**a2 Product-georiënteerde creatievraag** Ik wil me uiten en zoek daarvoor een vorm. Daarna ga ik kijken voor wie het product mogelijk iets kan betekenen. (Zowel projectresultaat als doelgroep is nog niet duidelijk.)	**a1 Markt-georiënteerde creatievraag** Ik word gecon-fronteerd met een behoefte of probleem in de omgeving/markt en zoek daarvoor een passend antwoord of product. (Projectresul-taat nog niet duidelijk, maar de doelgroep wel duidelijk.)	**a3 Klant-georiënteerde creatievraag** Ik word gecon-fronteerd met een concrete vraag van een klant of opdracht-gever en zoek daarbij een passend antwoord of product. (Projectresultaat is nog niet duidelijk, maar de doelstelling en eventueel doel-groep wel.)
b Vormgevings-vraag (basisvorm is duidelijk)	**b2 Product-georiënteerde vormgevings-vraag** Ik heb een duidelijk idee of beeld van het product of project-resultaat dat ik wil realiseren. Daarna ga ik kijken wie daarin mogelijk geïnteres-seerd is. (Projectresul-taat is wel duidelijk, maar doelgroep nog niet.)	**b1 Markt-georiënteerde vormgevings-vraag** Voor dat probleem uit de omgeving heb ik een duidelijk beeld van het product of projectresultaat dat ik wil realiseren om aldus het probleem op te lossen. (Zowel projectresultaat als doelgroep is duide-lijk.)	**b3 Klant-georiënteerde vormgevings-vraag** Ik heb een duidelijk beeld van het product of het projectresultaat dat moet worden gerealiseerd om aan de vraag of het idee van de opdrachtgever te beantwoorden. (Zowel projectresul-taat als doelgroep is duidelijk.)

Figuur 4.1   Overzicht van startsituaties van een project

In de eerste fase van de projectmatige aanpak, de initiatieffase, zullen we reke-ning moeten houden met deze verschillen in de startsituatie. Als duidelijkheid bestaat over het resultaat waarop het project zich gaat richten (als we te maken hebben met een vormgevingsvraag), kunnen we daarop aansluiten met de projectmatige aanpak. Als de startvraag daarentegen een creatievraag is (als er wel een vraag is, maar nog geen beeld van het projectresultaat), gaat hier nog een creatieve stap aan vooraf. In die voorbereidende stap moeten eerst alternatieve oplossingen worden geïnventariseerd en daaruit moet een keuze worden gemaakt. Een van de belangrijkste criteria waaraan een project moet voldoen om in aanmerking te komen voor de lineaire projectmatige aanpak, is namelijk dat er een duidelijk beeld moet bestaan over het eindresultaat.

4.2.2   Formuleren van de inhoudelijke uitgangspunten

In de vorige stappen is duidelijk geworden waarom het project wordt opgezet en hoe de opdracht of de *vraagstelling* aan de opdrachtnemer of het projectteam is geformuleerd.
In de volgende stap ga je de opdracht of vraagstelling vertalen naar *inhoudelijke uitgangspunten* voor het project: wat je met het project wilt bereiken en voor wie, maar ook welke sfeer je project moet uitstralen, wat de afbakening van het project is, hoe het project kan aansluiten bij de kernwaarden van de opdrachtgever en welke aanvullende eisen er gesteld zijn.

◉ Stap 3
Formuleer, als antwoord op de startvraag of opdracht, de projectmissie: wat wil het project gaan betekenen voor wie (projectpositionering)?

Zoals hiervoor al was te lezen, is bij publieksgerichte projecten, zoals een festival of televisieprogramma, niet (alleen) de doelstelling van de opdrachtgever bepalend voor het projectresultaat, maar zijn ook (of vooral) de doelstellingen van de doelgroep(en) waarop het project zich richt dat. Bij de projectmissie gaat het erom wat men van het project kan verwachten in relatie tot de vraag- of probleemstelling.

Niet alleen organisaties kunnen een missie formuleren. Ook voor projecten dienen een projectmissie en een projectimago te worden geformuleerd. De missie van het project is de toetssteen van alle activiteiten die daaruit voortvloeien. Daarbij formuleert een project zijn eigen kernwaarden, zoals identiteit, ambitie én de grondslag voor zijn bestaansrecht in een 'missie', met daaraan gekoppeld een 'imago'. De missie geeft aan wat het project wil betekenen, en voor wie. Daarmee positioneert of onderscheidt zij zich ten opzichte van de missie van concurrenten. In elke missie zijn steeds twee elementen te onderscheiden, te weten een globale beschrijving van de doelgroepen en een globale beschrijving van de functie(s) die voor die doelgroep(en) wordt (worden) vervuld. Vervolgens zegt het imago iets over hoe het project zich wil profileren, met andere woorden, wat het wil uitstralen.

De missie van een project moet zich altijd verhouden tot de missie en/of kern-waarden van de opdrachtgever. De missie van bijvoorbeeld een centrum voor beeldende kunst kan zijn: 'Wij willen de culturele waarden binnen de regio in stand houden en verder ontwikkelen door een laagdrempelig centrum te zijn dat:
– inspeelt op de behoeften van zowel kunstenaars die hun werk willen tonen aan een algemeen publiek als van het publiek dat zowel actief als passief in kunst wil participeren;
– functioneert als ontmoetingsplaats voor kunstenaars en het publiek.'

Aan deze missie is het imago gekoppeld. De keuze voor laagdrempeligheid geeft namelijk aan welke uitstraling het centrum wil hebben. Binnen het centrum kan een project worden ontwikkeld met bijvoorbeeld de volgende missie: 'Dit project wil een kunstveiling realiseren waarbij professionele kunstenaars uit de regio speciaal voor de veiling geproduceerde gebruiksvoorwerpen veilen ten behoeve van de regionale bevolking.'
Het imago, waarmee iets over de uitstraling van het project wordt gezegd, kan dan als volgt worden geformuleerd: 'De sfeer van de kunstveiling moet "verma-kelijk" en "voor het hele gezin" zijn.'
In de praktijk zal de ene keer het *idee* voor een bepaald product er eerst zijn, waarna wordt gezocht naar mogelijke doelgroepen waarvoor het desbetreffende product interessant kan zijn. De andere keer vormt een *behoefte* of probleem uit de omgeving of markt het uitgangspunt en wordt daarbij een passende oplos-sing gezocht.

Met het formuleren van de missie wordt het project gepositioneerd (inhoude-lijke positionering). De missie geeft antwoord op de vraag: Voor wíé wil het project(resultaat) wát betekenen? Tevens worden daarmee de eerste grenzen van het project aangegeven, dus wat het project wel is en wat niet. Iedereen weet dan wat van het resultaat van het project mag worden verwacht, en wat niet. De projectmissie moet kernachtig worden geformuleerd.

Voorbeelden van missies, gerelateerd aan mogelijke vraagstellingen, zijn:
– De grootschalige manifestatie, waarin vooraanstaande mediabedrijven par-ticiperen, gaat het grote publiek op een laagdrempelige en ervaringsgerichte manier laten kennismaken met de nieuwste mogelijkheden van event-apps.
– Het project gaat voor het bestuur van de Huishoudbeurs een integrale doorlichting uitvoeren en komt met een advies over het concept van het evenement.
– Het project gaat het idee van een straattheaterfestival, gericht op de bewo-ners van het centrum en het winkelende publiek, ontwikkelen en realiseren.
– Het conferentieproject wil managers van grote bedrijven bewust maken van de maatschappelijke gevolgen van de steeds toenemende werkdruk.

Aan elke missie kan nog iets worden toegevoegd over de uitstraling of het imago (de *profilering* van het project). Met andere woorden, hoe willen we dat het evenement overkomt? Wordt het bijvoorbeeld een evenement voor de elite of een laagdrempelig buurtfeest? Hier volgen, ter illustratie van de hiervoor genoemde missies, enkele keuzemogelijkheden voor de uitstraling van een evenementenproject:

- Bij de manifestatie over event-apps kan bijvoorbeeld worden gekozen voor een laagdrempelige of juist een specialistische uitstraling.
- Bij het Huishoudbeurs-advies kan bijvoorbeeld worden gekozen voor een snelle, een collegiale of een zeer grondige doorlichting.
- Bij het straattheaterfestival kan worden gekozen voor een imago als gezellig, vermakelijk en kwalitatief hoogstaand of voor een imago dat het aantrekkelijk is voor het hele gezin.
- Bij het conferentieproject voor managers kan worden gekozen voor een traditionele conferentie in rood pluche, maar ook voor een technologisch-industriële conferentie in een fabriekshal.

Met de *projectmissie* en het *projectimago* wordt duidelijk wat je aan de bezoeker, deelnemer of gebruiker gaat beloven en wordt de basis gelegd voor het ontwikkelen van het project en wordt het project (*maatschappelijk*) gelegitimeerd. Met het formuleren van de *projectmissie*, het *projectimago* en de *projectlegitimering* is voor iedere betrokkene duidelijk geworden wat in essentie van het project mag worden verwacht. De componenten 'wat' en 'voor wie' uit de projectmissie kunnen vervolgens nog verder worden uitgewerkt in respectievelijk *doelgroep(en)* en bijbehorende *inhoudelijke doelstelling(en)*.

⊙ Stap 4

Formuleer per doelgroep de inhoudelijke doelstelling(en) van het project: wat moet er aan het eind van het project bij of voor de verschillende doelgroepen zijn bereikt of welke functie moet het project bij hen vervullen?

Bij evenementen, apps en conferenties die voor een bepaalde gebruikers- of consumentengroep worden ontwikkeld, is de inhoudelijke doelstelling vrij eenvoudig te bepalen. In veel gevallen wordt deze al door de opdrachtgever of initiatiefnemer beschreven. Bij projecten voor een anonieme doelgroep moet grondiger worden nagedacht over de doelstelling. Bij commerciële projecten, bijvoorbeeld een beurs voor ondernemers, een congres voor managers of een musicalproductie, is de doelstelling van de opdrachtgever of initiatiefnemer het genereren van winst of het krijgen en delen van kennis. Bij een theaterproductie staat meestal de creatie op zich centraal, maar wil de maker ook vaak een boodschap overbrengen. De ontwikkelaar van een nieuwe app wil naast de oplossing voor een gebruiker deze ook betrekken bij de innovatie van producten. Naast de eigen doelstelling moet uiteraard aandacht worden besteed aan de doelstellingen en verwachtingen van de congres- of beursdeelnemers, het evenementenpubliek, de bezoekers van de musical of de theatervoorstelling en de gebruikers van de nieuwe app. Een bedrijf kan bijvoorbeeld aan een beurs deelnemen om producten direct te verkopen aan het beurspubliek, om een nieuw product te lanceren of om naamsbekendheid te creëren.

Waarde creëren

Het project heeft doelstellingen nodig die gemeten kunnen worden, zodat het projectteam kan aantonen dat het project waarde heeft gecreëerd. Waarde, anders dan economische of financiële waarde, wordt bijvoorbeeld gecreëerd als een gedragswijziging bij de deelnemers, bezoekers of gebruikers wordt gerealiseerd. Het projectteam moet zich dan dus gaan afvragen bij wie het project welke gedragswijziging moet gaan veroorzaken. Dat kan door het ontwikkelen van een ROI-model ('return on investment') voor het project. De basis voor het ROI-model leg je in deze eerste fase door het formuleren van meetbare inhoudelijke doelstellingen en het identificeren van de doelgroepen. Op de website vind je een filmpje waarin het ROI-model wordt toegelicht.

ROI staat voor het rendement van het project, uitgedrukt in een percentage van de totale kosten van het project. In een wiskundige formule ziet dat er zo uit: ROI = gecreëerde waarde – gemaakte kosten.
Voor een commercieel bedrijf kun je de gecreëerde waarde eenvoudig uitdrukken in economische waarde (de financiële opbrengsten). Zo zal op een medisch congres de introductie van nieuwe en goedkopere behandelingen voor kankerpatiënten een positieve impact hebben op de uitgaven van zorgverzekeraars. Bij culturele of maatschappelijke instellingen is dat moeilijker, maar kan de sociale of culturele impact van een project wel in kaart worden gebracht (maatschappelijke, sociale of culturele waarde). Zo kan de oprichting van een nieuw buurthuis met een scholingsprogramma in een achterstandswijk ervoor zorgen dat jongeren van de straat blijven en een nieuw vak leren (maatschappelijke waarde), maar kan dit ook economische waarde hebben omdat er bijvoorbeeld minder vernielingen in de buurt plaatsvinden.

Om de ROI van het project vast te kunnen stellen doorloop je de volgende stappen:

1 Doelgroep bepalen: op wie wil of moet je je richten?

Onderzoek welke partijen belang hebben bij het project; dit worden ook wel de stakeholders van je project genoemd. Je kunt de waarde pas bepalen als je weet voor wie je die waarde kunt creëren. Denk na over wie de bezoekers, deelnemers of gebruikers zijn en focus op die doelgroepen om de ROI van het project te verhogen.

Het gaat dus om het nader specificeren van de 'wie', genoemd in de missie, in de doelgroep(en) of (het) marktsegment(en). Deze stap kan alleen in samenhang met de *inhoudelijke doelstelling* van het project worden gezet. Bij het bepalen van de doelgroepen kan worden gedacht aan:

- een onderscheid in hoofd- en subdoelgroepen, bijvoorbeeld:
  - algemeen publiek;
  - gezinnen met kinderen;
  - wijkbewoners;
  - in cultuur geïnteresseerden;
  - toeristen;
  - deskundigen;
  - kinderen onder de 10 jaar;
  - jongeren;
  - senioren;
  - scholieren;
- een omschrijving van het profiel van de doelgroep(en), met aspecten als:
  - het referentiekader;
  - het (opleidings)niveau enzovoort;
  - een schatting van de omvang van de verschillende doelgroep(en);
  - de lifestyle van de verschillende doelgroepen;
    - mate van betrokkenheid bij het project;
    - communityvorming;
    - koopgedrag;
    - gedrag op social media;
  - toon, dynamiek en stijl, overtuigingen;
- een doelgroepenanalyse op basis van geografische, sociaaleconomische, psychografische, technologische en politieke kenmerken (DESTEP);
- en specifiek nog voor conferentieprojecten:
  - een voorlopige deelnemerslijst (hoofd- en subdoelgroepen);
  - een nadere analyse van deze lijst (vermoedelijke motieven, verwachtingen en belangen, verwachte/gewenste aantallen, herkomst, meereizende partners, collega's);
  - welke eventuele niet-deelnemende *influentials* van belang zijn.

2 Inhoudelijke doelstellingen formuleren

De inhoudelijke doelstellingen worden ingezet om de waarde van een project aan te kunnen tonen. Het formuleren van meetbare inhoudelijke doelstellingen is van belang, zodat het project achteraf geëvalueerd kan worden, en met het team en een opdrachtgever bepaald kan worden of het project succesvol is geweest. De inhoudelijke doelstellingen zijn eigenlijk de beloftes die je doet middels het project en langs welke meetlat het resultaat daarvan gemeten wordt. Om doelstellingen meetbaar te kunnen maken moeten deze SMART worden geformuleerd:

S = specifiek (*specific*); dit houdt in dat duidelijk is waar het om gaat door het beantwoorden van de 'w'-vragen: wie, wat, waar, wanneer en waarom.

M = meetbaar (*measurable*); meetbaarheid is een vereiste. Er moet dus een getal in de doelstelling voorkomen, bijvoorbeeld 'verbetering van 10 procent ten opzichte van vorig jaar' of '300 bezoekers'. Een doelstelling zoals 'meer winst maken' is wel meetbaar, maar zegt eigenlijk niets. Wil het project € 1 opleveren of 20 procent meer dan voorheen?

A = haalbaar (*achievable*); dit houdt in dat er draagvlak moet zijn voor het project en dat dit draagvlak moet passen binnen de andere doelstellingen van het project.

R = realistisch (*realistic*); onrealistische doelstellingen zijn niet alleen onhaalbaar, maar ook nog eens demotiverend. Stel dus doelen die haalbaar zijn.

T = tijdgebonden (*time bound*); dit wil zeggen dat de doelstelling binnen een specifieke tijd moet worden behaald.

Een voorbeeld van een niet-SMART geformuleerde doelstelling is:
'Het ontwikkelen van een lesbrief voor de jeugd over de Marokkaanse vrouw.'

Een voorbeeld van een SMART geformuleerde doelstelling is:
'Het schrijven van een tweebladige lesbrief voor de jeugd tussen 8 en 12 jaar met als doel minimaal 75 procent van deze bezoekerscategorie door het bezoek aan de expositie op 20 mei 2018 op een speelse wijze te informeren over de positie van de Marokkaanse vrouw in de Nederlandse samenleving.'

Wanneer de doelstellingen juist gedefinieerd en meetbaar gemaakt zijn, is het voor een opdrachtgever of het eigen team helder wat de verwachtingen zijn en kan tevens de ROI tijdens het project gemeten worden. Dit is behalve voor opdrachtgevers ook belangrijk voor bijvoorbeeld sponsors (zie stap 26 en 27 in het projectplan).

Het is heel belangrijk de (leer)doelen van het project duidelijk te formuleren. Wat wil je meegeven aan de bezoeker, deelnemer of gebruiker van het project? Dit kan een beleving, informatie, kennis, maar ook een set aan vaardigheden zijn. Deze doelen moet je formuleren, zodat je bijvoorbeeld verandering in gedrag kunt gaan meten. En door te achterhalen wat de opdrachtgever met het project wil bereiken, kunnen die doelstellingen later worden geëvalueerd. Gebruik hiervoor de ROI-piramide (zie figuur 4.2). Per doelgroep bepaal je de SMART-doelstelling(en) per niveau, van hoog naar laag.

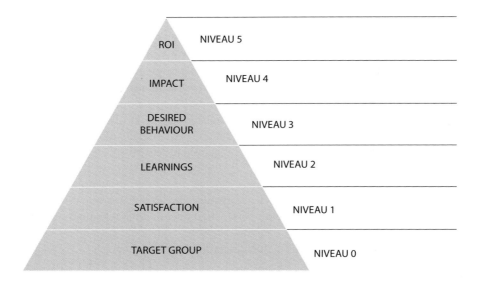

Figuur 4.2   ROI-piramide (bron: experiencemarketing.nl)

Voor je met het model aan de slag gaat, is het dus belangrijk de doelgroepen in kaart te hebben (deelnemers, sprekers, sponsors enzovoort). Het is de bedoeling om per doelgroep van boven naar beneden doelstellingen te formuleren volgens de ROI-piramide (niveau 5, 4, 3, 2, 1, 0), zodat na het project op basis van de geformuleerde doelstellingen van onder naar boven gemeten kan worden wat het resultaat en dus de waarde is geweest van het project.

De volgende randvoorwaarden zijn noodzakelijk om ROI te kunnen veroorzaken, bepalen en meten:
–   *Creëer waarde:* waarde wordt pas gecreëerd als een project een (gedrags) verandering bij de bezoeker, deelnemer of gebruiker realiseert. Een verandering in kennis en houding is vaak niet genoeg. Wat moeten de deelnemers na het bijwonen van je evenement bijvoorbeeld anders doen dan daarvoor? Wat moeten deelnemers leren en ervaren tijdens een evenement om hun gedrag te veranderen? Als de antwoorden op deze vragen vertaald kunnen worden naar het evenement, creëer je waarde. Een voorbeeld hiervan is: We willen dat de bezoekers na dit evenement meer gerecycled plastic gebruiken.
–   *Optimale omgeving:* creëer een omgeving waarin mensen kunnen leren en gestimuleerd worden om in beweging te komen. Hierbij is het belangrijk dat de bezoekers, deelnemers of gebruikers geprikkeld worden informatie tot zich te nemen, zich vaardigheden aan te leren en een positieve houding te creëren tegenover de gedragsverandering die de opdrachtgever of de eigen organisatie wil veroorzaken. De omgeving moet bijdragen aan het overdragen van je boodschap.

– *Meten is weten:* meet na of zelfs al tijdens je project de doelstellingen. Meet de tevredenheid van je bezoekers, deelnemers of gebruikers en andere stakeholders. Wat hebben ze geleerd en weten ze het in de praktijk toe te passen? Is hun gedrag merkbaar veranderd? Door de ROI te meten zijn de resultaten te definiëren. De ROI is de waarde van het resultaat van de acties van de deelnemers van het project minus de kosten van het project (soms ook uitgedrukt als percentage van de kosten van het project).

Als de ROI van een project *niet* gemeten wordt, is dat een gemiste kans om het succes en de fouten van het project in kaart te brengen. En of de bestedingen van een opdrachtgever of bijvoorbeeld een sponsor hebben geleid tot het gewenste effect. Met de ROI-methode wordt het rendement helder in kaart gebracht en kunnen de afwegingen en keuzes binnen een project duidelijk verantwoord worden
(bron: experiencemarketing.nl).

Naast de ROI kan een project ook 'spin-off' veroorzaken die een bepaalde waarde heeft. Een kermis kan bijvoorbeeld economische spin-off hebben voor de middenstand van een stad, en een museum dat een festival organiseert krijgt wellicht te maken met spin-off in de vorm van extra omzet voor het museumcafé. Ook kan sprake zijn van sociale of culturele spin-off. Het in kaart brengen van de spin-off is onderdeel van het ROI-model.

Samenvattend zeggen de inhoudelijke doelstellingen dus iets over twee met elkaar samenhangende elementen, te weten het *gewenste effect* dat het projectresultaat bij de doelgroep(en) moet hebben, en de *functie* die het project moet vervullen om dat effect te bereiken.

◉ Stap 5
Beschrijf op welke wijze het project wordt afgebakend.

Met het formuleren van de projectmissie is het project al globaal afgebakend. In deze stap worden de grenzen van het project verder duidelijk gemaakt. Het gaat hierbij om de vraag: Welke fasen (lengteafbakening) en welke onderdelen (breedteafbakening) horen niet meer bij het project?
Gaat het bijvoorbeeld alleen om het maken van een plan (bijvoorbeeld een plan voor een festival), gaat het ook om de uitwerking daarvan in een productieplan of behoort ook de uitvoering van het uitgewerkte plan tot het project? Soms omvat het project nog meer. Zo kan bijvoorbeeld het maken van een blauwdruk voor een volgende editie van het project ook worden opgenomen in het project. Het gaat hier dus om de vraag: Waarop sluit het project aan en waar eindigt het precies? Met andere woorden, wat hoort er nog wel en wat hoort er niet meer bij? Een heldere afbakening van het project is van zeer groot belang, zeker bij projecten die tijdens een stage of in het kader van het afstuderen in het hoger onderwijs moeten worden uitgevoerd.

4.2.3 Inhoudelijke en zakelijke uitgangspunten

▶ Stap 6

Inventariseer en beschrijf de eisen en criteria (zowel inhoudelijk als zakelijk) waaraan het project en eventueel het ontwikkelproces van het project onvoorwaardelijk moeten voldoen.

De eisen en criteria kunnen door de opdrachtgever worden meegegeven in de opdracht of briefing, maar kunnen ook voortvloeien uit de gekozen doelgroep en de inhoudelijke doelstelling of uit de specifieke omstandigheden (het gaat hier dus nog niet om de consequenties en randvoorwaarden die je zelf kunt bedenken, zoals hoeveel het project kost en wanneer het klaar moet zijn; die komen later aan de orde).

Bij de *zakelijke eisen en criteria* kun je denken aan:
– Het project mag niet meer kosten dan ...
– Het moet gefinancierd worden uit het budget van de afdeling ...
– Het moet kostendekkend zijn.
– Het moet door de eigen medewerkers ontwikkeld en/of gerealiseerd kunnen worden.
– Er mogen slechts vrijwilligers voor aangetrokken worden.
– Het moet op het eigen terrein of in het eigen gebouw kunnen plaatsvinden.
– Is het project (inter)nationaal? Welke voertaal/-talen worden er gesproken?
– Zijn vooraf een bepaalde duur, tijdstip, plaats en vereiste accommodatie voor het project bepaald?
– Heeft de opdrachtgever randvoorwaarden gegeven voor de exploitatie van het project?

Met betrekking tot de *inhoudelijke eisen en criteria* kan het gaan om drie soorten eisen:
– *Functionele eisen.* Daarbij is de vraag: Welke wensen of eisen kunnen worden geformuleerd met betrekking tot de prestatie van het eindproduct? Functionele eisen worden meestal gesteld door de opdrachtgever. Hij kan bijvoorbeeld de eis stellen dat een evenement op een bepaalde locatie moet plaatsvinden of dat er op het evenement gebruik moet worden gemaakt van Twitter, dat weer operationele eisen stelt (namelijk dat er een goede internetverbinding aanwezig moet zijn).
– *Operationele eisen.* De vraag is dan: Welke eisen en wensen gelden er met betrekking tot het projectresultaat? De operationele eisen komen meestal van de toekomstige gebruikers of vanuit de verwachtingen van de doelgroep, of hangen samen met de omstandigheden. Zo brengt een vuurwerkshow automatisch met zich mee dat deze later op de avond moet plaatsvinden, is een bevrijdingsfestival gekoppeld aan een bepaalde datum en zal een straattheaterfestival niet gauw in de winter worden georganiseerd.

PROJECTVOORSTEL

– *Ontwerpeisen*. Hier gaat het om de vraag: Welke wensen of eisen zijn te formuleren ten aanzien van het realiseren van het project? Ontwerpeisen komen in de meeste gevallen van de opdrachtgever of van de ontwikkelaars en ontwerpers van het project. De opdrachtgever kan bijvoorbeeld stellen dat er rekening moet worden gehouden met faciliteiten voor slecht weer. Ook kan hij bijvoorbeeld vooraf bepalen dat een festival moet plaatsvinden op een moeilijk bereikbaar plein in de binnenstad. Dat stelt eisen aan de omvang van de voorzieningen die je wilt gebruiken en aan het transport.

Let op: In sommige gevallen is het nodig om deze eisen en criteria nader uit te werken. Bij complexere technische projecten (zoals de ontwikkeling van websites of apps, popconcerten of grote theaterproducties) moeten bijvoorbeeld de technische specificaties nader worden geformuleerd en moet hiervoor zichtbaar tijd worden opgenomen in de voorbereidingsfase.

4.2.4   Het ontwikkelen van een basisconcept

In de volgende stappen worden de inhoudelijke en zakelijke uitgangspunten uit de vorige paragraaf in een aantal substappen vertaald naar een *basisconcept* voor het project. Wanneer je niet te maken hebt met een creatievraag of, met andere woorden, als de vorm van het evenement al is bepaald (dus als al vooraf vaststaat dat het een conferentie, festival, expositie of concert moet worden), kunnen de volgende stappen globaler worden doorgenomen. Eventueel kunnen deze stappen toch worden gebruikt om de reeds vooraf (bijvoorbeeld door de opdrachtgever) gekozen evenementvorm te toetsen, te beargumenteren en/of ter discussie te stellen en op grond daarvan alsnog een tegenvoorstel over een andere vorm te doen aan de opdrachtgever.
In andere gevallen is voor de aanvang van de initiatieffase wel al de inhoudelijke doelstelling geformuleerd, maar is nog niet vastgesteld waardoor deze bereikt kan worden. Als bijvoorbeeld aan het team is meegegeven dat van een inhoudelijke doelstelling moet worden uitgegaan die zegt dat er informatie overgedragen moet worden, kan dat op verschillende manieren, bijvoorbeeld door een lezingencyclus, een tentoonstelling of een videopresentatie. In die gevallen moeten de volgende stappen dus wel gezet worden.

● Stap 7
Inventariseer mogelijke producten of oplossingsmogelijkheden die in aanmerking komen om de inhoudelijke doelstelling(en) te realiseren.

Hier gaat het onder meer om de vraag: Welke concepten, producten of oplossingen passen bij de inhoudelijke doelstelling en voldoen eveneens aan de projecteisen? Past bijvoorbeeld een expositie, een publicatie, een conferentie, een app, een videoproductie of nog een andere vorm of ander product in de inhoudelijke doelstelling die of dat ontmoeting en informatie-uitwisseling beoogt tussen collega's uit verschillende landen?

Het ontwikkelen van alternatieve producten of oplossingsmogelijkheden is een creatief proces dat onder andere vraagt om goede informatie en communicatie, een creatieve instelling, een open sfeer en een vrije uitwisseling van gedachten. Creatieve technieken om nieuwe ideeën te genereren zijn bijvoorbeeld verbaliseren (brainstorming, brainwriting), visualiseren/verbeelden, vrij associëren, synectics en morfologische analyse. Op de website vind je nog meer informatie over het creatieve proces.

In veel gevallen zal de basisstructuur van de opzet van de projectorganisatie gedurende de loop van het gehele project hetzelfde blijven. Per fase zal echter moeten worden gekeken of er disciplines bij komen en/of er disciplines terugtreden omdat zij hun bijdrage hebben geleverd. In deze stap kan ook naar voren komen dat de door de opdrachtgever gewenste vorm, zoals een evenement, niet de meest passende is om de desbetreffende inhoudelijke doelstelling te vervullen bij een bepaalde doelgroep, maar dat gekozen moet worden voor een andere vorm, bijvoorbeeld voor het ontwikkelen van een website. Dit kan door middel van deze stap onderbouwd worden richting de opdrachtgever.

▶ Stap 8
Maak uit de geïnventariseerde alternatieve vormen of oplossingen een beargumenteerde keuze. Doe dat op grond van de inhoudelijke doelstelling en de projecteisen.

De vraag is: Welke vorm (evenement, festival, theaterproductie, app, website enzovoort) is het meest geschikt om de functie uit de inhoudelijke doelstelling te vervullen en daarmee het gewenste effect bij de (hoofd)doelgroep te bereiken? Om dit te bepalen is het noodzakelijk dat:
– de gewenste en ongewenste consequenties van elk alternatief worden onderzocht;
– alternatieven naar kwaliteit worden gerangschikt;
– men beschikt over een kritische instelling;
– het gespreksklimaat open en goed is.

De keuze kan onder andere worden gebaseerd op c.q. worden getoetst aan:
– projecteisen;
– relevante informatie;
– ervaring;
– uitvoerbaarheid;
– mate van risico (onzekerheid);
– beschikbare tijd, middelen en mogelijkheden.

PROJECTVOORSTEL

❯ Stap 9

Inventariseer inhoudelijke, technische en andere consequenties die onlosmakelijk met de gekozen vorm samenhangen. Het gaat hier dus nog niet om de vraag wat het project moet gaan kosten of hoelang het gaat duren. Deze beheersaspecten komen later aan de orde. Denk nu ook verder na over de ROI, ROO en spin-off.

Het gaat hier om de vraag wat de keuze voor de vorm of oplossing zoal met zich meebrengt. Maar ook waaraan in ieder geval moet worden voldaan om deze vorm te realiseren (kritische succesfactoren van de gekozen vorm).
Hierbij moet je denken aan consequenties in de meest brede zin. Bijvoorbeeld: als in de vorige stap besloten is dat de inhoudelijke doelstelling te bereiken is door het maken van een videoproductie waarbij bestaande muziek of filmfragmenten worden gebruikt, of als besloten is om een fototentoonstelling te organiseren, dan is de consequentie dat de kosten van de (auteurs)rechten in kaart moeten worden gebracht. Bij de kritische succesfactoren kan worden gedacht aan een bepaalde *financiering* of een bepaalde *deskundigheid*, *accommodatie*, *vergunning* of *eigendomsverwerving* die voor de realisatie van het project noodzakelijk is. Wanneer niet kan worden voldaan aan kritische succesfactoren, heeft dat direct invloed op de haalbaarheid van het project.
In stap 6 vond een eerste oriëntatie plaats op de ROI, ROO en de spin-off van het project. In de meeste gevallen kan daarover pas in deze stap echt worden nagedacht, omdat nu meer bekend is over de vorm.

❯ Stap 10

Definieer het voorlopige pakket van 'losse' product-marktcombinaties (PMC's) van het project. Met andere woorden, ga na welke programma- of projectonderdelen deel moeten uitmaken van het project om de verschillende inhoudelijke doelstellingen bij de diverse doelgroepen te bereiken.

In stap 6 zijn de SMART geformuleerde inhoudelijke doelstellingen vastgelegd. Op basis van die inhoudelijke doelstellingen kan nu de inhoud van het project worden gedefinieerd. Dat doen we door te bekijken welke ondersteunende activiteiten, producten of onderdelen aan het project gekoppeld moeten worden om bij alle doelgroepen het gewenste effect te kunnen bereiken.
Het hele pakket van 'losse' PMC's zorgt ervoor dat de inhoudelijke doelstelling voor elke doelgroep wordt bereikt. In de volgende stap (het basisconcept) worden de losse onderdelen uit de PMC een samenhangend geheel. Het pakket van PMC's moet duidelijk maken welke functie ieder deelproduct gaat vervullen en welk effect (inhoudelijke doelstelling) dit heeft op één of meer (sub)doelgroepen. De PMC kan worden gepresenteerd in een product-marktmatrix zoals in het schema in figuur 4.3 is weergegeven.

(Sub)doelgroep →	Onderdeel of product →	Gewenste functie/effect
voor de hoofddoelgroep	een tentoonstelling	voor informatieoverdracht
voor schoolgroepen	een lesbrief	ter educatie
voor beroepsgroepen	lezingen	ter verdieping
voor jongere kinderen	een puzzeltocht	ter educatie en vermaak

Figuur 4.3   Voorbeeld van een PMC-pakket van een expositieproject

● Stap 11

Breng de verschillende programmaonderdelen of deelproducten onder in een samenhangend basisconcept voor het project. Hiermee is het projectresultaat voor iedereen eenduidig gedefinieerd.

Het basisconcept is het inhoudelijke resultaat van de initiatieffase. Met het concept wordt duidelijk hoe het project eruit gaat zien. Dat wil zeggen dat alle onderdelen of deelproducten zowel inhoudelijk als in de uiterlijke vormgeving een eenheid vormen. In deze stap gaat het erom logische samenhang te creëren tussen de losse onderdelen van het project, zoals bijvoorbeeld de verschillende onderdelen van een evenement die nodig zijn om het gewenste effect te bereiken (zie in de vorige stap het PMC-model). Via de projectmissie belooft het project als geheel van betekenis te zijn voor de doelgroep(en). Niets is er dus 'zomaar' of omdat het 'gewoon zo leuk is'. Een controlevraag in dit stadium van het project is dan ook of alle keuzes die zijn gemaakt in de opzet, organisatie en programmering van het project te onderbouwen zijn vanuit de inhoudelijke doelstellingen van het project, die weer gelinkt zijn aan de kwaliteitseisen en kernwaarden van de opdrachtgever.

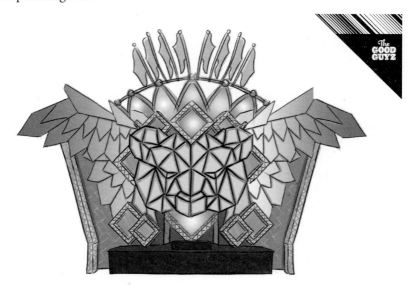

Conceptueel ontwerp podium Amsterdam Open Air Festival 2016

Het basisconcept laat het project tevens onderscheidend zijn ten opzichte van andere projecten. Dit vloeit mede voort uit de projectmissie die het evenement positioneert ten opzichte van andere projecten, zoals evenementen, theatervoorstellingen, tentoonstellingen en dergelijke. Tenslotte wil je met een basisconcept natuurlijk proberen het project *uithoudingsvermogen* te laten hebben. Met andere woorden, de betrokkenheid van bezoekers of deelnemers mag niet vluchtig zijn. Mensen moeten blijven hangen, terug willen komen en eventueel uitkijken naar een herhaling van het project. De waarde van een project wordt niet alleen bepaald door de bedoelingen van de initiatiefnemer, maar vooral door de manier waarop het door de gebruikers, bezoekers of deelnemers wordt beleefd. Het is daarom van groot belang dat het concept in een later stadium als het ware 'leven wordt ingeblazen'. Het moet *belevingswaarde* krijgen om de doelgroep zo te prikkelen dat deze de moeite neemt om te komen of erbij betrokken te raken, en achteraf tevreden op het bezoek of de bijdrage kan terugkijken.

Hier volgen mogelijke aanknopingspunten voor het ontwikkelen van samenhang tussen de verschillende onderdelen van het basisconcept:
– Zoek naar een *thema* voor het project dat de inhoudelijke doelstellingen van het project ondersteunt.
– Maak gebruik van storytelling, bijvoorbeeld door het inzetten van een *metafoor*; dat is een centraal idee of beeld dat de inhoud van het project ondersteunt.
– Kijk of de aard en de vorm of de locatie van het project aanknopingspunten bieden voor samenhang binnen het basisconcept.
– Zoek naar een logische samenhang in de tijd.
– Zoek naar bindende elementen in het eigen karakter, het imago of de uitstraling die het project moet krijgen.

De omschreven uitgangspunten worden vaak uitgedrukt in een statement, een korte kernachtige zin (te vergelijken met een slogan) die de essentie van het project exact weergeeft. Voorbeelden zijn: 'Vijftig jaar later gaan we de bevrijding kleur geven' en 'Met het historisch festival achteruit de toekomst in'. Intern kan het statement ook een functie vervullen, zoals bijvoorbeeld aan alle betrokkenen een eenduidig sfeerbeeld van het eindresultaat geven tijdens het ontwikkelings- en productieproces. Dit statement speelt vaak ook een belangrijke rol in de communicatie met de omgeving, met name om het imago van het project te vestigen. De uitgangspunten worden gebruikt voor een globaal programma van het eindresultaat (het basisconcept).

Als voorbeeld geven we een basisconcept van een betrekkelijk traditionele conferentie. Het is gebaseerd op de volgende uitgangspunten:
– vierdaags, inclusief de avonden;
– met een duidelijke kop, romp en staart;

- doelgerichte zelfwerkzaamheid van de deelnemers, afgewisseld met tussentijdse impulsen van buiten;
- de natuurlijke dynamiek van de dag volgend, dat wil zeggen: 's ochtends
actief naar binnen gericht, 's middags manifesteren naar buiten en 's avonds
passief ontvangend en beschouwend.

Het globale programma of basisconcept voor een conferentieproject kan eruitzien zoals in figuur 4.4 is weergegeven. Het basisconcept als geheel, maar ook
elk afzonderlijk onderdeel ervan wordt in het projectvoorstel gemotiveerd en in
enkele zinnen toegelicht. In de volgende stap wordt uitgelegd hoe je een sfeerschets kunt maken om een nog duidelijker beeld van het project neer te zetten.
In de volgende fase, de voorbereidingsfase, wordt het basisconcept verder ver-
fijnd tot een gedetailleerd programma of plan. Elk onderdeel wordt dan tot in
detail beschreven. Dit alles vormt de kern van het volgende beslisdocument,
het *projectplan*.

Ochtend		Eerste werkgroepsessie	Tweede werkgroepsessie	Afsluitende werkgroepsessie
		(vleugel A)	*(vleugel A)*	*(vleugel A)*
Middag	officiële opening	plenaire rapportage	plenaire rapportage	plenaire rapportage
	(blauwe zaal)	(grote zaal)	(grote zaal)	(blauwe zaal)
Avond	lezingen 1 + 2	lezingen 3 + 4	lezing 5	
	(grote zaal)	(grote zaal)	(grote zaal)	
	zondag 14/9	*maandag 15/9*	*dinsdag 16/9*	*woensdag 17/9*

Figuur 4.4   Voorbeeld van een globaal programma (basisconcept) voor een conferentie-
              project

Met deze stap is dus duidelijk geworden hoe het project en de eventuele onderdelen er *in grote lijnen* uit kunnen gaan zien. Let wel, het gaat hier nog niet om
een duidelijk plan met exacte specificaties zoals tijden, maten en namen (van
bijvoorbeeld sprekers of artiesten). Deze invulling komt pas aan de orde in de
volgende fasen (voorbereidingsfase en productiefase).

Let op: Het kan ook voorkomen dat het projectvoorstel het karakter moet
hebben van een offerte voor een wat complexer project, of dat de opdrachtgever voordat het basisconcept wordt ontwikkeld groen licht wil geven voor de
inhoudelijke uitgangspunten. In die gevallen maakt het basisconcept dus nog
geen deel uit van het (dan afgeslankte) projectvoorstel. Dat betekent dus dat
stap 11 (ontwikkelen van het basisconcept) nog niet in de initiatieffase wordt
uitgevoerd, maar pas aan het begin van de voorbereidingsfase.

◗ Stap 12

Maak een sfeerschets van het project dat je zojuist in het basisconcept hebt omschreven.

In het projectvoorstel zal het gepresenteerde basisconcept moeten worden onderbouwd door de gemaakte keuzes te motiveren. Het is aan te bevelen om aan het basisconcept een sfeerschets toe te voegen. Dat is een levendige beschrijving van de manier waarop de ontwikkelaars van het project denken dat het projectresultaat door de toekomstige gebruiker, bezoeker of deelnemer beleefd gaat worden. Zo'n sfeerschets is vooral van groot belang om een levend beeld te krijgen van live producten zoals evenementen. De sfeerschets kan worden beschreven vanuit een ik-figuur of een derde persoon die op weg gaat naar het evenement, of zelfs als de *state of mind* voor het evenement. Eerst beschrijf je die persoon, dus wie is 'Niels', hoe oud is hij, welke hobby's heeft hij en waarom besluit 'Niels' naar het evenement te gaan? Vervolgens ga je met 'Niels' mee op de fiets, met de bus of met de auto naar het evenement. Wat ziet 'Niels' als hij aankomt? Wat maakt hij mee? En zo verder.

4.3   Het marketing- en communicatietraject

In de initiatieffase wordt aandacht besteed aan de eerste stappen van het marketing- en communicatietraject, de marketingstrategie. Hierin worden de positionering en profilering van het project, de omgevingsanalyse (in bijvoorbeeld een SWOT-analyse), het communicatieveld (doelgroepen en doelstellingen) en de communicatiestrategie (boodschap) beschreven. Deze elementen zijn een belangrijk onderdeel van het projectvoorstel. In figuur 4.5 vind je de eerste fase van het marketing- en communicatietraject schematisch weergegeven; een en ander wordt verder uitgewerkt in de daaropvolgende stappen.

In de volgende paragrafen werken we de eerste marketingstappen uit die onderdeel zijn van het projectvoorstel en wordt het project aan de hand van het basisconcept getoetst aan 'de markt'. Zo'n toets moet een indicatie geven van de markttechnische haalbaarheid van het evenement. Ook moet nu al worden nagedacht over de externe communicatie: *met wie* moet *waarover* en *met welk doel* gecommuniceerd worden om het evenement te realiseren (communicatiestrategie)?

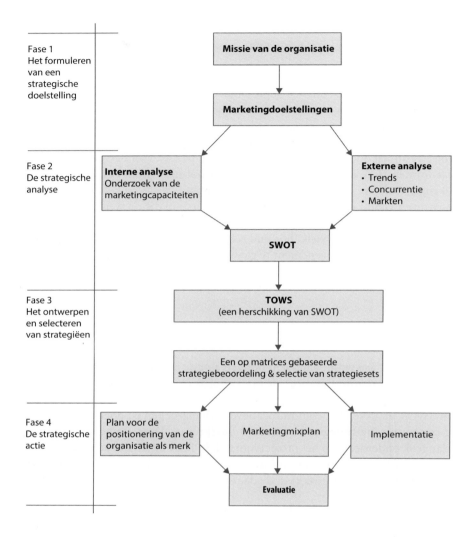

Figuur 4.5   De structuur van een strategisch marketingplan (bron: Cashman, 2007)

We hebben de volgende gegevens nodig om de marketingstrategie te kunnen formuleren:

- kennis over de wensen en behoeften van verschillende doelgroepen;
- selecteren van de juiste doelgroepen bij het juiste aanbod;
- zorgen dat benaderde doelgroepen met de juiste verwachtingen komen;
- doelgroepen helpen bij het realiseren van een succesvolle ervaring.

▶ Stap 13

Kies de positionering van het project, voer een SWOT-analyse uit, benoem de strategische issues uit de SWOT-analyse.

In de vraagstelling van het project is duidelijk omschreven wat aan het project-team wordt gevraagd. Nu moet het projectresultaat (product), als eerste stap in het marketing- en communicatietraject, worden gepositioneerd. Bij de positio-nering van een project staan drie fundamentele vragen centraal:

1 Inhoudelijke positionering: hoe willen wij het project positioneren? Met andere woorden, wat wil dit project betekenen en voor wie? Dit doen wij door het formuleren van de projectmissie, waarmee het project zich onder-scheidt van andere gelijksoortige projecten. Bijvoorbeeld: het evenement 'Art-4-U' is een ontmoetingsplek voor jongeren, waar ze actief en vanuit de eigen belevingswereld aan de slag gaan met lokale makers om de betrokken-heid met de lokale kunst en cultuur in Amersfoort te versterken.

2 Legitimering: hoe ziet de eventuele subsidiegever of andere maatschappe-lijke stakeholders het project? Het gaat hier over de legitimering. Met andere woorden, in hoeverre sluiten we met ons project aan op het beleid van de sub-sidiërende overheid en/of op maatschappelijke items? Als we met ons project willen aansluiten op het beleid van de subsidiënt, dat zich bijvoorbeeld richt op educatie of vernieuwing, dan zullen we daar ook in de communicatiestra-tegie (communicatieboodschap) rekening mee moeten houden.

3 Imagopositionering (of profilering): welke uitstraling kiezen wij voor het project? Met andere woorden, welke perceptie willen wij dat de klant heeft van het project, hoe willen we overkomen? Dit doen we door het imago van het project te omschrijven, waardoor het zich verder onderscheidt. Bij het imago gaat het vaak om sfeer- of belevingsaspecten van het evenement. Mogelijke imago's zijn: jong, modern, sportief, snel, dynamisch, voor het gezin, voor iedereen, exclusief, experimenteel, educatief, rustig, eigentijds, cool, vernieuwend of gezellig.

Wanneer door het ontwikkelen van een basisconcept een globaal beeld is ont-staan van het projectresultaat (product), is het van belang dit te toetsen. De SWOT-analyse is een hulpmiddel om op een systematische manier de interne sterke en zwakke punten van het project en de kansen en bedreigingen uit de omgeving weer te geven. SWOT staat voor de Engelse componenten Strengths, Weaknesses, Opportunities en Threats. Een SWOT-analyse geeft inzicht in alle factoren die in een bepaalde situatie van belang zijn. Dit inzicht kan als uit-gangspunt dienen voor het vaststellen van te ondernemen acties.

Stap	Activiteit	Centrale vraag	Uitwerking	In fase
13	Positionering kiezen a Inhoudelijke positionering kiezen (project-missie of mission statement).	Wat willen we met het project beteke-nen en voor wie? Welke uitstraling kiezen we voor het project?	Een mission state-ment geeft antwoord op de volgende vragen: – Welk doel willen we bereiken? – Op welke manier doen we dat?	Initiatieffase (project-voorstel of offerte).
	b Imagopositio-nering kiezen (projectimago).	Aan welke maat-schappelijke vraag of aan welk overheids-beleid willen we het project verbinden?	– Waarom willen we dit? – Wat is hier onder-scheidend/uniek aan? – Voor wie doen we dit en wat hebben zij eraan?	
	c Legitimering kiezen.	Waar moet een mis-sion statement aan voldoen: – onderscheidend; – inspirerend/ bruikbaar; – richtinggevend; – te onthouden (kort en krachtig); – geen pr/realistisch; – dekkend (alle acti-viteiten zijn hierop terug te voeren).		

Figuur 4.6   Schematische weergave van de positionering van een project

Bij het maken van een SWOT-analyse ga je als volgt te werk: Breng de sterkten en zwakten van het project en van de (project)organisatie in kaart (interne ana-lyse). Breng vervolgens de kansen en bedreigingen in de markt en de ruimere omgeving in kaart (externe analyse). Trek daaruit conclusies, met andere woor-den: wat zijn de *strategische issues* waarmee rekening moet worden gehouden? Wat ga je op grond daarvan ondernemen?

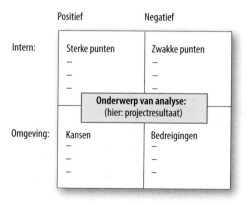

Figuur 4.7   Grondvorm van de SWOT-analyse

Formuleer het onderwerp van analyse

Zet het projectresultaat met een trefwoord in het midden van een vel papier of
het bord.

Brainstorm over de vier componenten

– Sterke punten: de interne kenmerken, gedragingen of aspecten van presta-
ties die sterke punten vormen van het projectresultaat.
– Zwakke punten: de interne kenmerken, gedragingen of aspecten die zwakke
punten vormen.
– Kansen: gebeurtenissen, ontwikkelingen, tendensen, factoren en veranderingen in de omgeving die positieve mogelijkheden bieden voor het projectresultaat.
– Bedreigingen: gebeurtenissen of veranderingen in de omgeving die belem-
merend kunnen werken op het projectresultaat.

De SWOT-analyse bestaat in feite uit een interne en een externe analyse. De
interne analyse richt zich primair op de sterke en zwakke kanten van het projectresultaat zelf. Daarnaast kan in deze analyse ook de interne organisatie
worden betrokken. Met andere woorden, er kan worden gekeken of de (project)
organisatie voldoende is toegerust om met het projectresultaat een bepaalde
marktpositie te verwerven, te behouden en uit te breiden. Hierbij moeten de
sterke en zwakke punten worden geïnventariseerd met betrekking tot onder
andere de competentie van de medewerkers, het marketingbeleid en de financi-
ele positie van de (project)organisatie.

Bij de externe analyse moet allereerst worden gekeken naar kansen en bedreigingen in de meso-omgeving: de partijen in de directe omgeving van de (project)organisatie waarop zij min of meer invloed kan uitoefenen. Gedacht kan
worden aan onder andere conjunctuur, trends, afnemers/markt, toeleveranciers, vergelijkbare projecten, media, regelgevende en subsidiërende overheids-
organisaties.

Het al dan niet slagen van projecten valt of staat met de mate waarin ze worden
geaccepteerd door degenen die er belang bij hebben. Bij opdrachtprojecten gaat
het dan met name om de opdrachtgever en de toekomstige gebruikers. Bij eigen
projecten, waar externe klanten (kijkers, bezoekers, deelnemers, publiek) op af
moeten komen, is het noodzakelijk te weten wat zij verwachten. Het evenement
moet worden afgestemd op de behoeften en verwachtingen van de doelgroep.
Er moet als het ware in de huid van de consument worden gekropen voordat
een product in de markt wordt gezet. Het is vaak raadzaam om in dit stadium
een marktverkenning (vraagzijde) uit te voeren. Soms moet hiervoor een gedegen marktonderzoek plaatsvinden. Vaak echter kan dat op een vrij eenvoudige
manier, bijvoorbeeld door een aantal potentiële of vaste klanten te bellen, hun
voor te leggen welk product je wilt gaan ontwikkelen en te vragen of ze in dit
product zijn geïnteresseerd. Praat ook met anderen over het initiatief. Met
andere woorden, probeer na te gaan of er voldoende vraag of belangstelling zal
zijn voor het projectresultaat. Bij grote evenementen is het in dit stadium ook

van belang de aanbodzijde van de markt in kaart te brengen. De vraag is dan: Wat gebeurt er al in het land of in de wereld op dit gebied en welke trends en patronen zijn er waar te nemen?

Behalve in de meso-omgeving dienen ook de kansen en bedreigingen in de macro-omgeving te worden geïnventariseerd. Deze omgeving bestaat uit onbeheersbare variabelen, zoals politiek-juridische, economische, sociaal-culturele, technische en demografische ontwikkelingen.

Valhalla 2015

Stap	Activiteit	Centrale vraag	Uitwerking	In fase
13	SWOT-analyse uitvoeren.	Heeft het projectresultaat (product) levenskansen in markt en omgeving? M.a.w.: breng de strategische issues in kaart (haalbaarheidsvraag):	Per gekozen strategie: – meetbare doelstellingen formuleren (wat moet wanneer en door wie uitgevoerd worden en welk effect willen we bereiken?); – effectmeting uitdenken en inplannen.	Initiatieffase (initiatief-rapport, offerte of project-voorstel).
	Trendanalyse: algemene trends in kaart brengen.	– technologische ontwikkelingen; – demografische ontwikkelingen; – politieke ontwikkelingen; – economische ontwikkelingen.		
	Concurrentie-analyse.	– Een concurrent is een organisatie die zich op hetzelfde soort klanten- en gebruikersbehoeften richt als je eigen organisatie.	– Iedere concurrent is ook een potentiële samenwerkingspartner.	
	Marktanalyse: wat is een markt? 'Een markt is een verzameling mensen die er een bepaald belang bij hebben als ze op enige wijze met je organisatie in contact komen of daarbij betrokken zijn' (Cashman, 2007).	– Hoe ziet de markt voor ons evenement eruit? – Hoe ontwikkelt die zich? – Is er sprake van verschil-lende segmenten? – Wat zijn de belangrijkste kenmerken van deze segmenten? – Welke wensen en behoef-ten leven er bij deze segmenten? – Hoe zijn deze segmenten het beste te bereiken?	Hoe maak je een markt-analyse: – bestaand onderzoek gebruiken (bijvoorbeeld SCP, CBS); – kwantitatief onderzoek doen (enquête, kassaregistratie, turven); – kwalitatief onderzoek doen (diepte-interviews, groepsdiscussies, observaties).	
	Marktsegmentatie. Het gaat dus bijna nooit om 'ieder-een', maar om die doelgroepen die interesse (zouden kunnen) hebben in deze specifieke organisatie. Combinaties van verschillende crite-ria zijn het meest waardevol.	Waarom marktsegmentatie: – Als je iedereen op dezelfde manier benadert, voelt niemand zich aangesproken. – Verschillende groepen gaan om verschillende redenen wel of niet naar kunst en cultuur: daar kun je op inspelen. Methoden om te segmen-teren: – op basis van bestaand onderzoek in combinatie met 'gevoel'; – op basis van clusteranalyses van publieksgegevens of onderzoeksgegevens.	Wat ga je precies segmen-teren? Opties: – het publiek dat je al bereikt; – iedereen in het verzorgingsgebied; – alleen liefhebbers van kunst en cultuur in het verzorgingsgebied; – iedereen in Nederland; – iedereen in een nog wijder gebied. Segmentatiecriteria: – demografisch (leeftijd, postcode); – op basis van frequentie cultuurbezoek; – op basis van motivaties/drempels/waarden.	

Figuur 4.8   Schematische weergave van stap 13

Confronteer nu de aspecten die in de SWOT-analyse zijn gevonden met elkaar. Op deze manier worden de belangrijkste aandachtspunten (ook wel strategische issues genoemd) in beeld gebracht. Formuleer op grond van deze aandachtspunten vervolgens welke acties ondernomen moeten worden. Op de website vind je een invulmodel voor een SWOT-analyse.

Concentreer je eerst op de bedreigingen en zwakke punten die je gevonden hebt en bedenk wat je kunt ondernemen om deze te overwinnen of te vermijden. Gebruik eventueel 'waarom'-vragen om dieper door te dringen tot oorzaken van bepaalde problemen. Negatieve factoren die je niet of nauwelijks kunt veranderen, verdienen wel aandacht, maar geen energie!

Kijk vervolgens naar de kansen en sterke punten en bedenk hoe je deze maximaal kunt gebruiken en kunt uitbouwen voor het versterken van het projectresultaat. De aanwezigheid van positieve factoren betekent vaak dat er mensen of instanties zijn die daarin in beginsel energie willen/kunnen steken. De vraag is hoe je deze energie kunt mobiliseren. In het algemeen geldt dat energie die gericht is op positieve factoren, meestal meer oplevert dan de energie die wordt gestoken in weerstanden!

▶ Stap 14
Beschrijf de (marketing)communicatiestrategie.

Nadat duidelijk is geworden hoe het projectresultaat er ongeveer uit gaat zien (basisconcept), wat (projectdoelstellingen) daarmee bereikt moet worden en bij wie (projectdoelgroepen), kan worden nagedacht over de communicatiestrategie. Je kunt strategie op verschillende manieren benaderen. Wij gebruiken de definitie van Stephen Cashman (2007): 'Strategisch marketen is het toepassen van de marketingactiviteiten van een organisatie, waarmee een bijdrage wordt geleverd aan het realiseren van de strategische doelen van die organisatie.'

De basis voor de communicatiestrategie is eerder al gelegd door het formuleren van de projectmissie en het projectimago. Met de projectmissie is bepaald welke positie je het project wilt laten innemen ten opzichte van concurrenten (inhoudelijke positionering). Als er bijvoorbeeld in een bepaald weekend al een groot festival in de stad wordt gehouden, is het niet verstandig om tegelijkertijd een tentoonstelling te openen, tenzij deze twee initiatieven elkaar kunnen versterken. In dat geval is het raadzaam om ze juist op elkaar af te stemmen. Met het projectimago heb je bepaald welke perceptie van het project je nastreeft bij de potentiële deelnemer (imagopositionering). Vervolgens moet het communicatieveld in kaart worden gebracht. Het gaat daarbij om de vraag: Met wie (communicatiedoelgroepen) moet er gecommuniceerd worden en met welk doel (communicatiedoelstelling)? Betrek hierbij ook de resultaten van de SWOT-analyse. Bij communicatiedoelgroepen kan worden gedacht aan de projectdoelgroepen, maar ook aan andere partijen, zoals potentiële samenwerkingspartners, sponsors, subsidiegevers, vergunningverleners, media en buurtbewoners.

Bij de communicatiestrategie gaat het om de vraag: Met welke boodschap moet er naar wie gecommuniceerd worden om welk doel te bereiken?

De communicatiestrategie richt zich namelijk op de volgende drie doelen:
- *Productpromotie:* de doelgroepen attenderen op, hun interesse wekken voor en hen aanzetten tot deelname/bezoek aan het project. In geval van een evenement voor de markt praten we hier van de *marketingcommunicatiestrategie.*
- *Fondsenwerving:* subsidiërende overheden, particuliere fondsen en het bedrijfsleven bewegen om geld, goederen, diensten en steun te verlenen aan het project (zie ook de website voor meer informatie over fondsenwerving).
- *Communicatieboodschappen naar andere omgevingspartijen:* communicatie met regelgevende overheden, media, buurtbewoners enzovoort.

Stap	Activiteit	Centrale vraag	Uitwerking	In fase
14	Communicatie-strategie formuleren. a Communicatie-doelgroep. b Communicatie-doelstelling. c Communicatie-boodschap.	Inventarisatie van de communicatie-doelgroepen met bijbehorend doel (communicatieveld) en formuleren boodschap. Met welke partijen moet allemaal gecommuniceerd worden? Onderscheid in: – markt/ projectdoelgroep; – fondsen/sponsors; – overige partijen. Welke effecten willen we bereiken bij die communicatiedoel-groepen? Welke boodschap moet naar elke doelgroep worden gecommuniceerd om de bijbehorende com-municatiedoelstelling te bereiken?	Voorbeeld van een marketingstrategie: een museum zet in op verbreden van het publiek met de doelgroep gezinnen met jonge kinderen door een speciale kindertentoonstelling te ontwikkelen voor de leeftijdsgroep 4- tot 10-jarigen en een aparte campagne te voeren via kindertijd-schriften en websites.	Initiatief-fase (initiatief-rapport).

Figuur 4.9   Schematische weergave van stap 14

Communicatiedoelstellingen zijn bijvoorbeeld: trekken van bezoekers (bij doelgroepen), verwerven van subsidie (bij subsidiegevers), verwerven van spon-sorgelden (bij bedrijven) en aandacht in de pers (bij media).

Vervolgens moet per communicatiedoelgroep worden nagedacht over de bood-schap die moet worden gecommuniceerd om de communicatiedoelstelling te bereiken. Bijvoorbeeld bij een potentiële sponsor: 'Dit evenement is voor u een unieke kans om direct te communiceren met uw doelgroep.' Of bij een subsidiegever: 'Dit evenement past precies bij de doelstelling van uw subsidie-regeling of uw fonds.'

De communicatiestrategie valt uiteen in drie categorieën communicatiedoel-groepen:
- productdoelgroepen (hoofd- en subdoelgroepen van het project);
- fondsenwervingsdoelgroepen (sponsorbedrijven, subsidiegevers, fondsen, potentiële samenwerkingspartners enzovoort);
- overige partijen (media, vergunningverleners, instanties voor bijvoorbeeld eigendomsrechten, enzovoort).

De communicatiestrategie is vaak een apart hoofdstuk in het projectvoorstel. Deze hoeft niet per se als een schema zoals in figuur 4.10 te worden gepresen-teerd, maar kan ook in tekst worden beschreven. Bij een communicatiestra-tegie is het nog niet de bedoeling om te bepalen op welke wijze en met welke middelen en instrumenten (bijvoorbeeld posters, brochures, advertenties) zal worden gecommuniceerd. Dat komt in de volgende fase in het marketingplan (onderdeel van het projectplan) aan de orde, dat een uitwerking is van de gefor-muleerde communicatie*strategie* in deze eerste fase.

Communicatiedoelgroep	Communicatiedoelstelling	Communicatieboodschap
a Productdoelgroepen - -		
b Fondsenwervingsdoelgroepen - -		
c Overige partijen - -		

Figuur 4.10   Format voor een communicatiestrategie

4.4   Het beheersgerichte traject

In de volgende stappen is het de bedoeling dat je de zes beheersaspecten beschrijft (kwaliteit, organisatie, faciliteiten, tijd, informatie en geld, of kortweg KOFTIG). Voor elk beheersaspect stel je de norm vast waaraan je het aspect tij-dens het proces steeds kunt toetsen. Voor het beheersaspect geld is bijvoorbeeld het budget de norm waaraan je elke besteding tijdens het proces toetst. Voor de andere beheersaspecten moet je nu toetsingscriteria vaststellen. Tot slot maak je een inventarisatie van de risico's van het project.

4.4.1 Kwaliteit

❍ Stap 15

Beschrijf hoe je denkt de kwaliteit (K) van het project te waarborgen.

Het begrip kwaliteit is veel minder concreet dan de andere beheersaspecten. Kwaliteitseisen moeten zo veel mogelijk vooraf worden benoemd, zodat het voor iedereen duidelijk is wat er wordt verwacht, maar ook wat haalbaar is gezien de omstandigheden of overige zakelijke randvoorwaarden. *Kwaliteitsbeheersing* heeft als doel ervoor te zorgen dat:
–   het kwaliteitsniveau van het project of resultaat tussentijds kan worden bewaakt, bijvoorbeeld door bij aanvang van het project kwaliteitsnormen vast te stellen of procedures vast te leggen voor het beoordelen van de kwaliteit;
–   alle projectactiviteiten volgens de doelstelling worden uitgevoerd;
–   de kwaliteit van het eindproduct voldoet aan de kwaliteitseisen die door de opdrachtgever/klant worden gesteld, eventueel door tussentijdse bijsturing;
–   de daarvoor benodigde menskracht en middelen beschikbaar zijn.

Wanneer aan het begin van een evenementenproject een indicatie van de uiteindelijke kwaliteit wordt geëist, moet die norm zo concreet mogelijk worden geformuleerd. De kwaliteitscriteria moeten voldoen aan de SMART-eisen die ook bij het formuleren van de doelstellingen in stap 6 zijn genoemd.

Formuleer allereerst de kwaliteitseisen waaraan het projectresultaat moet voldoen. Hierbij gaat het om de volgende vragen:
–   Hoe goed moet het projectresultaat zijn als het klaar is? En hoe kun je 'goed' meetbaar maken?
–   Hoe waarborg je de kwaliteit van het evenement en van het ontwikkelproces?
–   Hoe zorg je dat het evenement voldoet aan de kernwaarden en kwaliteitsverwachtingen van de opdrachtgever?

Vergeet bij het formuleren van de kwaliteitscriteria de (inhoudelijke) doelstellingen van het project niet, aangezien die de basis zijn van de afspraken met de opdrachtgever, en dus ook de kern van de kwaliteit van het project. Als het moeilijk is om criteria te formuleren, kan bijvoorbeeld ook een eerder, gelijksoortig project als maatstaf worden aangehouden. Aan deze maatstaf wordt dan elk tussenresultaat getoetst. Ook kan de beslissingsbevoegdheid over de inhoudelijke kwaliteit bij een deskundig teamlid of bij de projectleider worden gelegd. Bij een theater- of filmproductie is dat bijvoorbeeld de regisseur. Verder is het mogelijk om een (commissie van) deskundige(n) aan te wijzen die gedurende het project beoordeelt of het tot dan toe ontwikkelde product van voldoende kwaliteit is.

4.4.2   Organisatie

▶ Stap 16

Maak een globale opzet van de projectorganisatie (O) en de overlegstructuur.

Voordat een project na de initiatieffase echt van start kan gaan, moet worden nagedacht over de vraag: Wie doet wat en wie is waarvoor verantwoordelijk (denk aan initiatiefnemer, opdrachtgever, projectleider, projectmedewerker, plangroep, begeleidingsgroep, conferentiecommissie enzovoort)? Dit wordt beschreven in de opzet voor de projectorganisatie. Deze opzet moet inzicht geven in de formele onderlinge verhoudingen tussen alle mensen, stakeholders, partijen en instanties die bij het project zijn betrokken. Op de website worden alle mogelijke betrokkenen en stakeholders bij een evenement toegelicht.

Organisatiebeheersing heeft als doel ervoor te zorgen dat:
- iedereen in elke fase weet wat zijn taken, verantwoordelijkheden en bevoegdheden zijn, bijvoorbeeld door middel van een opzet voor de project-organisatie. Vaak is het nodig om deze opzet per fase aan te passen, omdat er steeds disciplines bij komen en weggaan. Met name wanneer veel met vrijwilligers wordt gewerkt, is het verloop groot;
- de communicatie en de samenwerking tussen de mensen die bij het project zijn betrokken goed verlopen, bijvoorbeeld door een duidelijke overleg-structuur en effectieve communicatie;
- het product van het project kan worden overgedragen aan de opdrachtgever, gebruiker of klant.

In het projectplan bestaat de opzet voor de projectorganisatie vaak uit een orga-nigram (ook wel organogram genoemd).
Ten eerste moet men de relatie tussen de projectorganisatie en de moederor-ganisatie structureren (bij zelfstandige projecten is uiteraard geen sprake van deze relatie). Vervolgens wordt de tijdelijke projectorganisatie zelf gestructu-reerd, waarbij onder andere wordt beschreven wie wat doet (taakverdeling), wie waarvoor verantwoordelijk is (verantwoordelijkheden) en wie welke bevoegd-heden heeft om de verantwoordelijkheden ook daadwerkelijk te kunnen dragen (bevoegdheden).
Hiervoor is allereerst een inventarisatie nodig van alle bij het project betrokken disciplines, mensen, groepen en organisaties en de daaraan gekoppelde verant-woordelijkheden en bevoegdheden (dit verschilt per fase!). Het benoemen van een projectverantwoordelijke of projectleider en het vaststellen wie de rol van opdrachtgever (en soms de rol van opdracht*nemer*) op zich neemt, zijn hierbij van groot belang.

Bij het opzetten van de projectorganisatie zelf kan gebruik worden gemaakt van verschillende modellen en instrumenten, die je als bijlage terug kunt vinden in dit boek, maar ook in digitale vorm op de website, zoals:

- *het taakverdelingsschema* (zie bijlage A1): dit schema biedt de mogelijkheid om op een eenvoudige wijze aan te geven wie wat doet, enzovoort;
- *de taakomschrijving* (zie bijlage A2): dit instrument legt per teamlid vast wat de taken, de verantwoordelijkheden en de bevoegdheden zijn en wat de plaats in de organisatie is.

Afhankelijk van wat er geregeld moet worden, kunnen deze instrumenten in combinatie met elkaar worden toegepast.

In de *opzet voor de projectorganisatie* moet onder andere nog het volgende worden geregeld:

- De *formele interne communicatiekanalen en overlegstructuren:* wie overlegt met welke frequentie met wie en waarover?
- De *besluitvormingsprocessen:* wie beslist op welk moment op basis waarvan en waarover?
- Het *contracteren van derden:* moet er bijvoorbeeld een externe vormgever bij het project worden betrokken en zo ja, moet deze in het projectteam worden opgenomen?
- De *positie en status* van eventuele externe deskundigen of externe project-medewerkers (vrijwilligers, stagiairs, studenten enzovoort).
- De *eventuele samenwerking* met andere organisaties, bijvoorbeeld coproducenten.
- De *personele inbreng en mate van deskundigheid* van de opdrachtgever/moederorganisatie.

In sommige gevallen, bijvoorbeeld bij een grootschalig festival of een omvangrijke expositie met verschillende participanten, is het raadzaam om speciaal voor het evenement een zelfstandige rechtspersoon (bijvoorbeeld een stichting) op te richten. Niet alleen voor het afdekken van de persoonlijke aansprakelijkheid van de initiatiefnemer(s), maar ook voor het verkrijgen van fondsen of sponsorgelden kan dit aantrekkelijk of zelfs noodzakelijk zijn.

De *opzet van de projectorganisatie* is het uitgangspunt voor de samenwerking binnen het project. Bij onduidelijkheden kan er altijd op teruggegrepen worden. Het onderhouden van een goede samenwerking vereist echter meer dan het structureren van taken en het maken van formele afspraken. Ook andere aspecten spelen daarbij een belangrijke rol, zoals de organisatiecultuur, teamcommunicatie, teamontwikkeling en leiderschap en de wijze waarop wordt omgegaan met problemen en vergader- en onderhandelingsvaardigheden. In het boek *Managementvaardigheden voor projectleiders* (Verhaar & Rosman, 2017) lees je hier meer over. Behalve over de organisatiestructuur moet ook worden nagedacht over de *overlegstructuur.* Welke overlegvormen zijn binnen dit evenementenproject relevant, wat wordt in elk overleg besproken, wie zijn daarbij aanwezig, wie zit het overleg voor en in welke frequentie wordt overleg gehouden? Ook deze informatie kan in een schema worden samengevat (zie figuur 4.11).

Type overleg	Doel	Voorzitter	Deelnemers	Frequentie/timing
Programma-stuurgroep-overleg	– aansluiting strategische doelstellingen – besluitvorming over start/halt projecten – besluitvorming inzet middelen	Programma-voorzitter	Stuurgroepleden en programma-directeur	Tweemaandelijks op maandag
Doel programma-leidersoverleg	– afstemming deel-programma's – informatie-uitwisseling – ontwikkeling teamspirit	Programma-directeur	Deelprogramma-leiders, chef de bureau en evt. sponsors van projecten	Tweewekelijks
Overleg management-team	– haalbaarheid van adviezen/keuzen nagaan – draagvlak creeëren	Directeur	Leden management-team	Wekelijks, elke dinsdag
Programma-bureauoverleg	– voortgang – ondersteuning deelprogramma's	Chef de bureau	Medewerkers programma-bureau	Elke dinsdag van 9.00 - 11.00u

Figuur 4.11   Voorbeeld van een overlegstructuur

4.4.3   Faciliteiten

▶ Stap 17
Maak een eerste inventarisatie van de facilitaire eisen (F).

Dit zijn de eisen die aan de locatie en aan andere faciliteiten moeten worden gesteld. *Faciliteitenbeheersing* heeft als doel ervoor te zorgen dat:
– facilitaire eisen worden geformuleerd;
– op tijd kan worden beschikt over een locatie die aan de eerder gestelde eisen voldoet, inclusief de noodzakelijke aansluitingen, vergunningen, verzekeringen enzovoort;
– op tijd kan worden beschikt over andere facilitaire voorzieningen die noodzakelijk zijn voor het realiseren van het projectresultaat, bijvoorbeeld geluids- en lichtapparatuur, catering, bewaking, schoonmaak, transport en vuilafvoer. Hiervoor worden de nodige inventarisaties gedaan, offertes opgevraagd en contracten afgesloten;
– de relevante juridische randvoorwaarden in kaart worden gebracht (denk bijvoorbeeld aan auteursrechten, vergunningen en dergelijke);

PROJECTVOORSTEL

- op tijd kan worden beschikt over de nodige vergunningen en voldaan wordt aan wettelijke eisen (denk aan horecavergunning, Hinderwetvergunning enzovoort);
- de daarvoor benodigde financiële middelen en menskracht beschikbaar zijn.

Denk bij het inventariseren van de *locatie-eisen* bijvoorbeeld aan:
- de omvang van de benodigde locatie;
- het eventueel geschikt maken van de beschikbare locatie, inrichting en aankleding;
- de aard van de locatie, afmetingen, bijzondere vorm en eventuele nevenruimten, zoals kantoor- of kleedruimte, maar ook de breedte van doorgangen voor bijvoorbeeld decorstukken;
- de aanwezigheid van wandcontactdozen of andere aansluitingsmogelijkheden voor verlichting, geluid of andere apparatuur; eventuele aanwezigheid van sterkstroom (aggregaat nodig?);
- de noodzakelijke nutsaansluitingen, zoals gas, elektra, water, riolering, telefoon, kabelnet, maar ook internetaansluiting en communicatienetwerk, enzovoort;
- de bereikbaarheid via de openbare weg, bewegwijzering, parkeergelegenheid, begeleiding bij parkeren;
- de eerste indruk van de klimatologische omstandigheden, met name van belang bij exposities:
  - relatieve vochtigheid;
  - mate van (kunst)lichtinval;
  - stoffigheid;
  - temperatuur en regelbaarheid daarvan (verwarming nodig?);
  - aanwezigheid van ongedierte (bijvoorbeeld houtworm);
- de beveiligings- en bewakingsmogelijkheden/-eisen met betrekking tot brand, inbraak en diefstal;
- de publieksgeschiktheid, zoals aantal zit- of staanplaatsen, toegankelijkheid voor rolstoelen;
- het eventueel rekening houden met andere publieksstromen dan voor het project, bijvoorbeeld bij een tentoonstelling in een openbaar gebouw zoals een stadhuis of een bibliotheek;
- de ligging van de locatie;
- de sfeer en uitstraling van de locatie (ook toetsen aan het projectimago);
- overige kenmerken.

Denk bij het inventariseren van andere *facilitaire voorzieningen* onder andere aan:
- geluids- en lichtinstallaties;
- podiumvoorzieningen, dranghekken;
- vuilafvoer;
- water- en stroomvoorzieningen;

- toilet- en garderobevoorzieningen (ook de schoonmaak van toiletten);
- catering en barvoorziening;
- transportmogelijkheden;
- kopieermogelijkheden, met name bij conferenties;
- internet, telefoon- en faxmogelijkheden en andere voorzieningen op het gebied van telecommunicatie;
- computerfaciliteiten en andere voorzieningen op het gebied van datacommunicatie;
- presentatiemogelijkheden, zoals (een snelle) internetverbinding, beamer, flip-over met stiften, monitor, afspeel- en registratieapparatuur, gepaste bekabeling voor verschillende laptops of tablets;
- nooduitgangen of calamiteitenroutes;
- mogelijkheden tot het lenen of huren van diverse voorzieningen.

Bij de inventarisatie van de *juridische aspecten* kun je denken aan:
- vergunningen (zie ook stap 38 in hoofdstuk 6: productieplan);
- contracten;
- (auteurs)rechten enzovoort.

Het gaat hier om een eerste inventarisatie. Alleen de belangrijkste eisen en verwachte knelpunten worden in het projectvoorstel genoemd. Een nadere uitwerking daarvan komt in de voorbereidingsfase (projectplan) aan de orde.

4.4.4   Tijd

◖ Stap 18

Maak op basis van het activiteitenoverzicht een tijdsplanning (T) van het hele project.

De tijdsplanning is de basis voor de bewaking van het beheersaspect *tijd* tijdens het proces. *Tijdbeheersing* heeft als doel ervoor te zorgen dat:
- de voortgang van de projectactiviteiten kan worden bewaakt, bijvoorbeeld door tijdsplanningen, draaiboeken en 'to do'-lijstjes te maken en regelmatig voortgangsbesprekingen te houden;
- het projectresultaat op tijd kan worden opgeleverd of kan gaan functioneren, eventueel door tussentijdse bijsturing;
- de daarvoor benodigde capaciteiten (mensen, geld, locatie, hulpmiddelen) beschikbaar zijn.

Hoe gedetailleerd moet je plannen?
Bij het opstellen van een planning moet de maker zich eerst afvragen waar deze voor dient. Wanneer je een globaal overzicht nodig hebt van de gehele looptijd van het project om het grote verloop te bewaken, moet je denken aan een overallplanning. Een overallplanning is vrij globaal en geeft een overzicht van

alle fasen en de belangrijkste activiteiten daarbinnen. Hiervoor kun je tevens de B-modellen uit de bijlagen (en op de website) gebruiken, waarin je per fase aangeeft wat er moet gebeuren (eventueel aangevuld door wie dat dan gaat doen) en eveneens per fase aangeeft wanneer het speelt (data), wat de deadlines (milestones) zijn en wie er betrokken zijn bij het nemen van de beslissing (beslismoment) om de volgende fase in te kunnen gaan.

Heb je tijdsbewaking nodig op een concreter niveau, dus op het niveau van specifieke activiteiten, om een gedetailleerd inzicht te kunnen krijgen in het project of in een gedeelte daarvan (bijvoorbeeld een fase of deelproject), dan is een detailplanning zoals is weergegeven in figuur 4.12 noodzakelijk. Een mengvorm is natuurlijk ook mogelijk. In een projectvoorstel mag een overall tijdsplanning niet ontbreken, waardoor zowel het team als de opdrachtgever inzicht krijgt in de totale looptijd van het project en wanneer wat afgerond moet zijn om binnen de beschikbare tijd het gewenste resultaat te kunnen bereiken. Gedurende de uitvoering van het project zal de voortgang van de activiteiten regelmatig moeten worden vergeleken met de vooraf gemaakte planning. Dit wordt de voortgangsbewaking genoemd. Daarvoor wordt tijdens het project periodiek een zogenoemde verticale standlijn op de planning aangebracht. Deze geeft aan welk deel van de verschillende activiteiten al afgerond is (of moet zijn) en welk deel nog uitgevoerd moet worden. In figuur 4.12 is een verticale standlijn getekend, behorende bij een standopname op de helft van de tweede maand. Hieruit blijkt een achterstand bij activiteit 2.

Als eerste planning van een project wordt meestal gekozen voor een mengvorm van een globale en een detailplanning. Het gedeelte van de tijdsplanning dat betrekking heeft op de eerstvolgende fase wordt gedetailleerd opgezet, en de daaropvolgende fasen geven een globaler beeld. Op deze manier blijft het overzicht intact, terwijl het meer gedetailleerde gedeelte een goede basis is voor de bewaking van de tijd in de eerstvolgende fase.

Bij het maken van een tijdsplanning kan gebruik worden gemaakt van een balkenschema (zie figuur 4.12). Een balkenschema is relatief eenvoudig te maken en is heel bruikbaar voor het bewaken van de tijd binnen projecten. Bij deze planningstechniek worden de doorlooptijden van de activiteiten als horizontale balken getekend en belangrijke momenten of deadlines als mijlpalen aangegeven. Op deze manier worden de activiteiten en gebeurtenissen en de volgorde en samenhang daarvan in de tijd duidelijk. Onder de doorlooptijd van een activiteit wordt het totale tijdsbeslag verstaan dat nodig is om de activiteit uit te voeren (dus de duur tussen begintijd en eindtijd). Dit wordt meestal geschat. De doorlooptijd zegt nog niets over de capaciteit die wordt ingezet voor een taak. Als meer capaciteit (bijvoorbeeld meer menskracht of hulpmiddelen) wordt ingezet, kan het totale tijdsbeslag worden gereduceerd en vermindert de doorlooptijd. Omdat de doorlooptijden van de activiteiten als horizontale balken zijn getekend, worden de activiteiten en de volgorde en samenhang daarvan in

PROJECTVOORSTEL

de tijd visueel gemaakt. Voor een evenement moet je denken aan een halfjaar tot soms drie jaar voorbereidingstijd, terwijl een website vaak al binnen drie maanden moet worden opgeleverd. Vergeet ook niet de benodigde tijd voor de besluitvorming door de opdrachtgever (op basis van de beslisdocumenten) aan het eind van elke fase in te plannen.

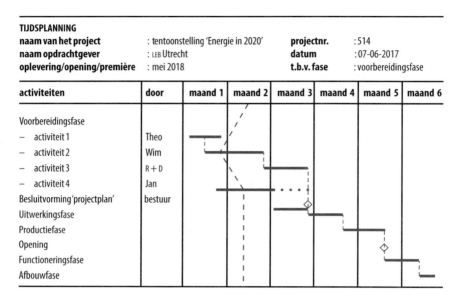

TIJDSPLANNING							
naam van het project	: tentoonstelling 'Energie in 2020'		projectnr.	:514			
naam opdrachtgever	: LEB Utrecht		datum	:07-06-2017			
oplevering/opening/première	: mei 2018		t.b.v. fase	: voorbereidingsfase			

activiteiten	door	maand 1	maand 2	maand 3	maand 4	maand 5	maand 6
Voorbereidingsfase							
– activiteit 1	Theo						
– activiteit 2	Wim						
– activiteit 3	R + D						
– activiteit 4	Jan						
Besluitvorming 'projectplan'	bestuur						
Uitwerkingsfase							
Productiefase							
Opening							
Functioneringsfase							
Afbouwfase							

Figuur 4.12   Voorbeeld van een overall tijdsplanning van een expositieproject

Work Breakdown Structure (WBS)

Het bepalen van de aanpak, het maken van de planning en kostenraming en het opzetten van de projectorganisatie beginnen met een analyse van het hele werkproces. Met andere woorden: wat moet er achtereenvolgens gebeuren om het projectresultaat te bereiken? Dit wordt duidelijk door het opstellen van een hiërarchisch overzicht van de activiteiten. Zo'n overzicht wordt ook wel Work Breakdown Structure (WBS) of kortweg breakdown genoemd en zie je terug in de linkerkolom van figuur 4.12. Indien mogelijk moet hierbij al rekening worden gehouden met de beschikbaarheid van voorzieningen (mensen, hulpmiddelen, ruimten). Meer informatie over het opstellen van een voorlopige breakdown kun je vinden op de website.

1 Bepaal start- en einddatum van het projectproces

Allereerst moeten de start- en de einddatum van het project worden bepaald, de periode die bewaakt gaat worden aan de hand van deze planning. Meestal begint die periode bij de eerste activiteit en eindigt ze bijvoorbeeld wanneer het projectresultaat wordt opgeleverd (bijvoorbeeld bij de première van een dansproductie). In veel gevallen wordt het project als afgerond beschouwd als alles achter de rug is (bijvoorbeeld als het festival heeft plaatsgevonden, alles is opgeruimd, afgewikkeld en geëvalueerd). Het hangt er dus van af wat als afronding van het project wordt beschouwd.

Ook kan een planning betrekking hebben op een gedeelte van een proces, bijvoorbeeld op een afgeronde fase. Hierna gaan we ervan uit dat de planning betrekking heeft op het hele proces.

2 Maak een onderscheid in fasen

Met het projectdoel en het globale projectverloop in gedachten kijk je welke fasen binnen het projectproces zijn te onderscheiden. Fasen zijn min of meer natuurlijke stadia binnen het ontwikkelingsproces van een project, dat meestal begint met een vaag idee en eindigt in een concreet product. In elke fase staat een nieuw aspect centraal. Door een project te faseren kun je beter vat krijgen op het verloop van het proces. Soms is het voldoende om onderscheid te maken tussen de voorbereidingsfase en de uitvoeringsfase. Het faseren van een project maakt het mogelijk om tussentijds aan de opdrachtgever te rapporteren door middel van een beslisdocument aan het eind van een fase. Op basis hiervan kan tijdens het proces worden bijgestuurd, omdat je na elke fase het resultaat kunt toetsen aan de uitgangspunten en randvoorwaarden die aan het begin van het project (bijvoorbeeld door de opdrachtgever) zijn vastgesteld. Hierbij gaat het in de eerste plaats om het basisconcept als inhoudelijk uitgangspunt, maar ook om onder andere het budget, de deadline en de organisatorische randvoorwaarden.

De voorlopige breakdown geeft een hiërarchisch overzicht van de taken die uitgevoerd moeten worden. Sommige taken moeten na elkaar plaatsvinden, terwijl andere taken gelijktijdig kunnen worden uitgevoerd. Zo kan het geven van de opdracht aan het cateringbedrijf bijvoorbeeld pas plaatsvinden als de onderhandelingen met dat bedrijf zijn afgerond, en kan de lichtshow voor een concert pas worden geïnstalleerd als het podium is opgebouwd. Maar het maken van een inrichtingsplan voor de feestzaal kan op hetzelfde moment plaatsvinden als het opstellen van de lijst van genodigden. Het zal niet lukken dit activiteitenoverzicht in één keer op papier te krijgen, vandaar dat het een voorlopige breakdown wordt genoemd.

Let op: In de hiervoor genoemde stappen is het projectproces uiteengezet in een eerste activiteitenoverzicht of voorlopige breakdown. De breakdown vormt de basis voor het plan van aanpak, de projectplanning, de organisatieopzet en de raming van de projectkosten. In het navolgende gaan we, gebruikmakend van de breakdown, verder met het opzetten van een projectplanning.

De vijf velden van een balkenschema

1   In de linkerkolom staat een korte omschrijving van de activiteiten, onderverdeeld in fasen/onderdelen. Een dergelijk activiteitenoverzicht wordt opgesteld door middel van een breakdownanalyse.
2   In de kolom daarnaast staat door wie de activiteit wordt uitgevoerd.

3   In het bovenste horizontale veld worden de algemene projectgegevens vermeld.

4   In het daaronder liggende horizontale veld is de tijdbalk opgenomen. De kalenderschaal (bijvoorbeeld een dag-, week- of maandplanning) is afhankelijk van de 'planningshorizon' van het project.

5   Het hoofdveld is bedoeld om de doorlooptijden van de verschillende activiteiten en de mijlpalen te vermelden. De doorlooptijden worden als balkjes en de mijlpalen als ruitjes aangegeven, inclusief de relaties tussen de verschillende activiteiten.

Onderlinge relaties van taken en het kritieke pad

Een eventuele relatie tussen activiteiten en mijlpalen wordt aangegeven door middel van verticale stippellijntjes tussen de balken en mijlpalen.

Als een bepaalde activiteit op het zogenoemde kritieke pad ligt, wil dat zeggen dat deze activiteit niet kan uitlopen zonder dat dit consequenties heeft voor de uiteindelijke deadline van het project (bijvoorbeeld de openingsdatum van de tentoonstelling). Bij activiteit 4 in figuur 4.12 is een uitloop of speling getekend. Activiteit 4 mag eventueel langer duren en ligt dus niet op het kritieke pad; de andere activiteiten wel (zie de relatielijntjes).

4.4.5   Informatie

▶ Stap 19

Ontwikkel een bewakingssysteem voor de interne informatie (I).

Informatiebeheersing heeft als doel ervoor te zorgen dat:
- de juiste projectinformatie op het juiste moment op de juiste plek is;
- de projectactiviteiten eenduidig worden uitgevoerd en het projectresultaat steeds eenduidig wordt geformuleerd;
- er richtlijnen voor de interne projectinformatie worden geformuleerd; deze dienen onder andere om de tussenresultaten van het project eenduidig vast te leggen in verslagen en beslisdocumenten en die goed te keuren op basis van de gemaakte afspraken;
- de beslisdocumenten, besprekingsverslagen en andere informatiedragers op de juiste tijd en plaats beschikbaar zijn en dat steeds bekend is welke de laatst geldende zijn;
- de distributie van de informatiedragers is geregeld;
- bekend is door wie en op welke wijze documenten mogen worden gewijzigd;
- de nodige juridische stukken (denk aan contracten, leveringsvoorwaarden, juridische procedures en voorschriften, enzovoort) worden opgesteld.

Bij dit beheersaspect gaat het er dus om dat de juiste informatie op het juiste moment op de juiste plek is. Projectmedewerkers produceren informatie die aan anderen moet worden gedistribueerd, maar ze zijn ook weer afhankelijk van informatie van derden. Systematisch informatiebeheer en een goede distributie zijn in veel gevallen echt noodzakelijk. Ook dient in voorkomende gevallen te worden nagedacht over een systeem van tijdregistratie ten behoeve van de verantwoording van de uren van de projectmedewerkers. Ten slotte moeten afspraken of procedures worden vastgelegd over wie welke informatie mag of moet goedkeuren en wijzigen (autorisatie). In deze fase moet er een registratiesysteem ingericht worden voor de projectinformatie, en moet er een beschrijving van de procedure voor het distribueren en archiveren van de informatie komen. Denk daarbij ook aan online mogelijkheden. Deze stap is met name van belang bij omvangrijke en gecompliceerde projecten met een grote informatiestroom.

4.4.6   Geld

⊙ Stap 20
Maak een globale kostenraming van het project (G).

Geldbeheersing heeft als doel ervoor te zorgen dat:
– een raming van de projectkosten wordt omgezet in een budget;
– het kostenverloop gedurende het proces kan worden bewaakt door na alle fasen een nieuwe begroting te maken en door een budgetbewakingssysteem op te zetten;
– de projectkosten binnen het projectbudget blijven en/of er aanvullende financiering wordt geregeld, eventueel door tussentijdse bijsturing;
– de geplande opbrengsten/financieringen, ter dekking van de projectkosten, worden gehaald.

Aan het einde van elke fase moet je de kosten van de tot dan toe ontwikkelde plannen en de te verwachten inkomsten in kaart brengen. In de initiatieffase is dat uiteraard nog zeer globaal in de vorm van een kostenraming.
Bij projecten moeten gedurende het proces drie begrotingen worden gemaakt, in een toenemende mate van gedetailleerdheid:
1   de raming van de projectkosten, aan het einde van de initiatieffase (onderdeel van het projectvoorstel);
2   de elementenbegroting, aan het einde van de voorbereidingsfase (onderdeel van het projectplan);
3   de werkbegroting, aan het einde van de uitwerkingsfase (onderdeel van het productieplan).

In een *raming van de projectkosten* worden alle (directe en indirecte) kosten en baten (zoals deelnemersbijdragen, entreegelden, subsidies, sponsorbijdragen en garantiestellingen) opgenomen die verband houden met het voorbereiden en uitvoeren van het project. Het gaat in deze fase nog om een raming, die veel globaler is dan een begroting. Dit is ook de reden waarom in dit stadium een 'post onvoorzien' in de raming moet worden opgenomen van 10 tot 15 procent of meer, afhankelijk van de mate van onzekerheid. Voor het opzetten van deze raming kan gebruik worden gemaakt van de standaardkostensoorteninde-ling zoals die is opgenomen in figuur 4.13. Als de aard van het project daarom vraagt, moet uiteraard van deze indeling afgeweken worden; dit is slechts een richtlijn. Bij sommige projecten stelt de opdrachtgever of subsidiënt specifieke eisen aan de indeling van ramingen en begrotingen. Geef in elke raming of begroting van een project aan of de bedragen in- of exclusief btw zijn. Bij een raming hoort een toelichting per post, met een uitleg over de aannames. Denk ten slotte ook aan het aanleggen van een projectboekhouding. De raming van de projectkosten is een eerste globale schatting van de kosten, gebaseerd op de uitgangspunten en randvoorwaarden die in de initiatieffase zijn geformu-leerd. In dit vroege stadium van het project worden voor bepaalde onderdelen richtoffertes of catalogi van leveranciers aangevraagd. Zo krijgt het project-team al vroeg in het projectproces een indicatie van de kosten van een bepaald onderdeel van het project, zodat de *raming van de projectkosten* kan worden opgesteld. Omdat in dit stadium nog niet alles bekend is en ook nog niet zo heel nauw luistert, kunnen richtprijzen ook telefonisch worden aangevraagd of gebaseerd worden op oude offertes of gemaakte kosten in vorige projecten. Daarom wordt de begroting in deze fase bewust een raming (of schatting) genoemd, omdat een begroting meer exactheid suggereert. Deze raming maakt deel uit van het projectvoorstel. In de raming van de projectkosten worden de kosten en de inkomsten opgenomen die verband houden met het voorbereiden en het uitvoeren van het project.

In het raamwerk is ervan uitgegaan dat per hoofdkostensoort, aangegeven door hele duizendtallen, naar boven wordt getotaliseerd, terwijl de totale raming naar beneden wordt opgeteld (zie figuur 4.13). Het verdient aanbeveling om bij het opstellen van de projectbegrotingen steeds uit te gaan van dezelfde stan-daardindeling van kostensoorten. De standaardindeling die hier is gebruikt, is viercijferig en hiërarchisch. De hoofdkostensoorten worden aangegeven met hele duizendtallen. Deze zijn standaard. Ze kunnen per project naar eigen keuze verder worden onderverdeeld. Daarvoor gebruiken we honderdtallen, bijvoorbeeld 2100 en 2200, of – in een nog verdere onderverdeling – tientallen, bijvoorbeeld 2210 en 2220. Op het laagste niveau en in de laatste fase van het project gebruiken we de cijfers 2211, 2212 enzovoort. Hierna volgt een korte toelichting op de standaardposten van de projectkosten zoals die in het raam-werk van figuur 4.13 zijn toegepast en verder kunnen worden uitgewerkt in de elementenbegroting.

RAMING PROJECTKOSTEN

naam van het podiumproject	: Tentoonstelling Energie in 2020*	**projectnr.**	: 514
naam projectverantwoordelijke	: LEB Utrecht	**datum**	: 07-06-2017
datum première	: mei 2018	**t.b.v.**	: voorbereidingsfase

Kostenomschrijving soort		Kosten	Totaal	
		materiaal en derden	loon-kosten	
1000	Lokatiekosten	–	–	–*)
2000	Directe productiekosten (hardware)	22.500	30.000	52.500
2100	– panelen	4.500	21.000	
2200	– vitrines en sokkels	18.000	9.000	
3000	Directe productiekosten (software)	45.500	–	45.500
4000	Ontwerp, advies en ondersteuning	42.925	–	42.925
5000	Bijkomende kosten	–	–	–*)
6000	Ondersteunende deelprojecten	7.000	–	7.000
6100	– lezingen	6.000		
6200	– puzzeltocht	1.000	–	
7000	Promotie, publiciteit en pr	–	–	–*)
8000	Organisatiekosten en onvoorzien			7.075
Raming projectkosten (exclusief btw)				155.000
Belasting (btw)				(alles incl.)
Raming projectkosten (inclusief btw)				155.000
9000	Inkomsten (dekkingsplan)			123.000
9100	– entree			68.000
9200	– projectsubsidies			40.000
9300	– fondsen en sponsoring			15.000
Positief/negatief projectresultaat in euro's				-/-32.000

*) direct ten laste van de opdrachtgever

Figuur 4.13   Voorbeeld kostenraming

1000 Locatiekosten

Onder locatiekosten vallen de kosten die gemaakt moeten worden voor het beschikbaar krijgen van de plek, de ruimte, de grond of het gebouw ten behoeve van het project. Hier kan bijvoorbeeld worden gedacht aan de kosten voor de huur van de accommodatie, de plek en het parkeerterrein, de kosten van eventuele nutsvoorzieningen (leidingen voor gas, water, elektra en riolering) en eventuele opknapkosten van de accommodatie. Hieronder vallen niet de kosten van aankleding en inrichting.

2000 Primaire activiteiten

De kostensoorten 2000 en 3000 vormen samen de *kernkosten*. Hierin zijn de meest essentiële kosten van het project ondergebracht. Binnen deze duizendtallen wordt, waar mogelijk, eerst een onderscheid gemaakt in de elementen; dit zijn de onderdelen of deelresultaten van het evenement. Hierdoor worden de kosten van deze deelproducten van het evenement, in de verschillende begrotingen, zichtbaar. Wanneer bijvoorbeeld eerst een onderscheid gemaakt zou worden naar techniek (decor, geluid, licht en dergelijke), kan dat verschillende onderdelen betreffen en op die manier maakt de begroting de kosten per onderdeel van het projectresultaat niet inzichtelijk.

Het vorenstaande geldt met name voor projecten die uit verschillende onderdelen of deelprojecten bestaan. Bij festivals bijvoorbeeld worden onder primaire kosten de kosten van de primaire activiteiten of onderdelen afzonderlijk opgenomen, bijvoorbeeld 2100 Optocht, 2200 Workshops, 2300 Cabaretvoorstelling, 2400 Expositie, 2500 Afsluitend feest, enzovoort. Bij producties, zoals een tentoonstellingsproject of een film- of podiumproductie, worden hier de directe 'hardware'-productiekosten (de 'dragers' van informatie of voorstelling) opgenomen. Bij een tentoonstelling zijn dat de presentatie-eenheden, bijvoorbeeld 2100 Presentatie-eenheid 1 (bestaande uit een paneel), 2200 Presentatie-eenheid 2 (vitrine), 2300 Presentatie-eenheid 3 (sokkel met maquette), enzovoort. Bij een *enkelvoudig* podiumproject kunnen de honderdtallen wel direct gebruikt worden voor de kosten van respectievelijk podium, tribune, geluids- en lichtinstallaties (exclusief de kosten van de optredens en sprekers).

3000 Secundaire activiteiten

Bij evenementen is het soms zinvol om secundaire activiteiten of onderdelen te onderscheiden, bijvoorbeeld de openingsceremonie en de sluitingsceremonie. Hoofdkostensoort 3000 biedt daartoe de mogelijkheid. Let wel, het gaat hier om 'inhoudelijke' activiteiten, dus activiteiten gericht op het doel van het project. Cateringactiviteiten, bewaking en dergelijke horen daar niet bij. Dit zijn namelijk ondersteunende faciliteiten, code 6000. Bij producties gaat het hier om de directe 'software'-productiekosten (de 'informatie' of optredens zelf). Bij een tentoonstellingsproject betreft het bijvoorbeeld de foto's, teksten, objecten of maquettes, en bij een podiumproject de kosten van de optredens van artiesten, sprekers, docenten enzovoort per onderdeel. Bij een podiumproductie kan binnen de kernkosten ook worden gekozen voor een ander onderscheid tussen de productiekosten tot de première (hoofdkostensoort 2000) en de dagkosten tijdens de speelfase (hoofdkostensoort 3000).

4000 Ontwerp, advies en ondersteuning

Onder de kostensoort ontwerp, advies en ondersteuning vallen de honoraria en de reiskosten van bijvoorbeeld externe adviseurs, ontwerpers, vormgevers en fotografen. Ook de kosten van aanvullend personeel, zoals de kosten van ondersteunend personeel en de onkosten van vrijwilligers, vallen hieronder. De honoraria van artiesten en sprekers worden hier niet vermeld. Deze moeten worden opgenomen onder de kernkosten, code 3000. De vaste personeelskosten van de leden van het projectteam vallen onder de organisatiekosten, code 8000.

5000 Bijkomende kosten

Onder bijkomende kosten vallen alle losse bijkomende kosten, zoals kosten van transport, verzekeringen, auteursrechten (ook voor gebruik van muziek, foto's en dergelijke), leges, aansluitkosten, precariorechten en andere (overheids)heffingen. Als voor het project leningen moeten worden afgesloten, vallen ook de rentekosten hieronder.

6000 Ondersteunende faciliteiten

Onder de kostensoort ondersteunende faciliteiten vallen bijvoorbeeld de kosten van schoonmaak, kaartverkoop, catering, garderobe, toiletten, parkeervoorzieningen, EHBO, vlaggenmasten, aankleding van de accommodatie en het terrein, bewegwijzering, het regelen van toegang tot verschillende onderdelen van het evenement, middelen voor onderlinge communicatie tijdens de productie of het evenement, bewaking en beveiliging.

7000 Promotie, publiciteit en pr

Onder de kostensoort promotie, publiciteit en pr vallen promotiekosten, bijvoorbeeld de kosten van advertenties, promotie, persmappen, vlaggen en spandoeken. Maar ook de kosten van drukwerk, zoals programmaboekjes, brochures, posters, flyers, stickers, uitnodigingen, parkeertickets, entreekaartjes en loten voor de loterij, inclusief de portokosten en de kosten voor de distributie van dat drukwerk, worden bij deze kostensoort ingedeeld. Verder vallen de kosten van pr en sponsorwerving hieronder, bijvoorbeeld de kosten van de wervingsbrochure voor sponsors, de kosten van ontvangst van sponsors en de kosten van relatiegeschenken. Ook worden de openingskosten hieronder begrepen, bijvoorbeeld van een tentoonstelling of van een première, inclusief persontvangsten.

8000 Organisatiekosten en onvoorzien

Onder de organisatiekosten vallen alle kosten die de projectorganisatie zelf maakt. Naast de eventuele personeelskosten en vergoedingen voor de projectteamleden zijn dit onder andere ook de telefoonkosten, de kosten van briefpapier, de portokosten, de vergaderkosten, de kosten van de vergaderruimte, de reiskosten van het projectteam, de kopieer- en belkosten, de computerkosten en de kosten van kantoorbenodigdheden.

De post onvoorzien is bedoeld om het risico van nog niet te voorziene kosten op te vangen. Ook deze post wordt vaak uitgedrukt in een percentage van de som van de hiervoor genoemde posten. In de initiatieffase van het project, als nog weinig concreet bekend is over de totale realisatiekosten, zal uiteraard een hoger percentage worden opgenomen dan in de fasen daarna (8 à 12 procent of meer, afhankelijk van de mate van onzekerheid). Aan het einde van de uitwerkingsfase, wanneer de onzekerheden zijn geminimaliseerd omdat alles tot in detail is beschreven en/of getekend, kan vaak worden volstaan met een percentage van 2 à 5 procent.

9000 Opbrengsten

Onder *opbrengsten* vallen bijvoorbeeld entreegelden, recettes en uitkoopsommen, opbrengsten uit verkopen van programmaboekjes, opbrengsten uit catering, parkeren en toiletten (soms pachtsommen), sponsorbijdragen in geld of in natura, bijdragen uit fondsen, donaties, opbrengsten uit loterijen, projectsubsidies van overheden of garanties voor eventuele tekorten. Geadviseerd wordt om de inkomsten zo realistisch mogelijk te schatten, liever te laag dan te hoog. Bij de uitgaven geldt het omgekeerde; schat ze liever te hoog dan te laag. Raam ze echter nooit hoger dan je kunt beargumenteren. Daarnaast gaan we in de kostenraming nooit uit van 100 procent succes, zoals een uitverkocht evenement, maar nemen we maximaal 80 procent van de verkochte tickets op in het dekkingsplan van de begroting. Het is zelfs aan te raden om in de eerste fase uit te gaan van maximaal 50 procent verkochte tickets. In latere fasen kan dit worden aangepast aan de werkelijk verkochte tickets en kan dit bijvoorbeeld wekelijks worden aangepast in het budgetbewakingssysteem (G in de volgende fasen).

Omzetbelasting (btw)

Wanneer de organisatie die het project ontwikkelt btw-plichtig is, vormt de btw (omzetbelasting) géén kostenbestanddeel in de projectbegroting. Bij nagenoeg alle bedrijfsevenementen en bij een deel van de publieksevenementen is dit het geval. De betaalde omzetbelasting kan dan namelijk worden afgetrokken van de af te dragen omzetbelasting.

De standaardposten die steeds gedetailleerder worden uitgewerkt gedurende de loop van het project, worden in het financiële hoofdstuk van het projectplan nader toegelicht. Ook vind je op de website een voorbeeld van een kostenraming van een expositieproject. Door toepassing van een standaardindeling zijn de begrotingen in de verschillende stadia van het project vergelijkbaar. In latere begrotingen kunnen de vergelijkbare bedragen van de eerdere begrotingen in kolommen naast elkaar worden geplaatst. Dit maakt het mogelijk om de kostenontwikkeling gedurende de loop van het project in beeld te brengen en de uiteindelijke verschillen te zien tussen de eindafrekening en de eerdere begrotingen. Soms is het raadzaam om uit te gaan van drie scenario's: optimistisch, realistisch en pessimistisch. In zo'n geval kunnen de bedragen voor de verschillende varianten in kolommen naast elkaar worden gepresenteerd. Eventueel kunnen op dezelfde wijze meerdere projectvarianten worden gepresenteerd. De raming van de bedragen wordt in dit stadium van het proces gebaseerd op ervaring, bijvoorbeeld uit voorgaande projecten. Ook kunnen er al richtprijzen of richtoffertes worden aangevraagd. Catalogi of prijslijsten op websites van leveranciers kunnen een goed beeld van kosten geven.

Bij elke projectbegroting, dus ook bij de raming van de projectkosten, hoort een toelichting waarin duidelijk wordt gemaakt waarop de belangrijkste posten zijn gebaseerd. Om het risico te kunnen inschatten, moet de toelichting ook een indicatie geven van de 'hardheid' van de verschillende bedragen. Als de raming van de projectkosten door de opdrachtgever wordt goedgekeurd, wordt het eindbedrag taakstellend en dat wordt dan het budget genoemd. Met dit bedrag moet het project worden gerealiseerd. In sommige gevallen geeft een opdrachtgever al in het begin van de initiatieffase een budget mee. In dat geval moet de raming van de projectkosten binnen dat budget vallen. Aan de hand van de raming wordt ingeschat of het project haalbaar (en eventueel voldoende rendabel) is of niet. Het goedgekeurde budget moet tijdens het verdere verloop van het proces worden bewaakt.

Risicoanalyse

◖ Stap 21

Voer een risicoanalyse uit en beschrijf eventuele maatregelen om de gesignaleerde risico's te reduceren of te elimineren.

Het is raadzaam om, als laatste stap in de initiatieffase, een risicoanalyse uit te voeren. Dat kun je doen door de volgende vier stappen te volgen:

1 Inventariseer door middel van bijvoorbeeld brainstorming de risico's die een succesvolle realisatie van het project kunnen bedreigen. Hierbij kan worden gedacht aan:
   − *financieel risico* (onvoldoende dekking of de noodzakelijke zekerheid over de dekking is niet op tijd);
   − *commercieel risico* (kaartverkoop/afzet blijft achter bij prognoses);
   − *juridisch risico* (de noodzakelijke vergunning wordt niet verstrekt of het noodzakelijke eigendoms-/gebruikersrecht wordt niet verkregen);
   − *organisatorisch risico* (bijvoorbeeld: partijen haken af);
   − *praktisch risico* (bijvoorbeeld: slecht weer);
   − *technisch risico* (bijvoorbeeld: stroom valt uit).
2 Maak een selectie van de belangrijkste risico's (kritische faalfactoren).
3 Brainstorm per kritische faalfactor over *mogelijke maatregelen* om deze te elimineren.
4 Maak tot slot per kritische faalfactor een keuze voor de *oplossingsstrategie* en beschrijf de te nemen maatregelen.

Het integraal toepassen van het risicoanalyse-instrument moet met de nodige voorzichtigheid gebeuren. Laat het gezonde verstand steeds prevaleren boven de rekenkundige uitkomst die het risicoanalyse-instrument geeft.

De risico's die in het risicoanalyse-instrument worden genoemd, zijn algemeen van aard. Voor specifieke vakgebieden kunnen risico's worden toegevoegd. Daarnaast kunnen risico's worden weggelaten wanneer ze niet van toepassing zijn op jouw project. Ook kun je de 'zwaarte' van de risico's aanpassen. Hierdoor zal het totale aantal te behalen 'punten' uiteraard ook wijzigen. De uitslag van de analyse moet worden geïnterpreteerd. Wel wordt aan het eind een indicatie van het risico gegeven. De belangrijkste conclusies van de risicoanalyse en de voorgestelde maatregelen moeten ook in het projectvoorstel worden opgenomen.

4.5   Het besluitvormingstraject: het projectvoorstel

Zoals al eerder is gezegd, worden in het projectvoorstel alle uitgangspunten en randvoorwaarden van het project vastgelegd die tijdens de initiatieffase zijn geformuleerd. De resultaten van alle voorgaande stappen die je hebt gezet, vormen de bouwstenen voor het projectvoorstel. Daarnaast moet het projectvoorstel overtuigend geschreven zijn, de opdrachtgever moet het gevoel hebben dat hij begrepen wordt en daarom moet goed worden ingespeeld op de belevingswereld en kwaliteitsnormen van de opdrachtgever (of bijvoorbeeld sponsor/subsidiënt).

Het projectvoorstel geldt als *startdocument* van het project en dient als toetssteen voor de bewaking van het verloop van het hele traject. Wanneer in opdracht gewerkt wordt, is het projectvoorstel het eerste beslisdocument dat aan de opdrachtgever wordt voorgelegd.

Ten behoeve van de besluitvorming moet het projectvoorstel voor de opdrachtgever voldoende informatie bevatten om zich een beeld te kunnen vormen van het *projectresultaat*, dus hoe het project er globaal gaat uitzien, maar ook *voor wie* het evenement *wat* gaat betekenen en *welke uitstraling* wordt nagestreefd. Tevens moet de opdrachtgever inzicht krijgen in de belangrijkste *activiteiten* die verricht moeten worden om het evenement verder te ontwikkelen en uit te voeren. Verder moet het projectvoorstel inzicht geven in de grote lijn van de *marketing* en *communicatie*. Ten slotte moeten onder andere de afspraken over *organisatie*, *tijd*, *geld* en *faciliteiten* duidelijk uit dit beslisdocument blijken. Op basis hiervan kan dan bijvoorbeeld de financiering van het evenement worden geregeld of kan eventueel een *subsidieaanvraag* worden ingediend.

Met een dergelijk projectvoorstel is de opdrachtgever in staat om een besluit te nemen over het al dan niet laten doorgaan van het project en kan hij de opdracht verstrekken voor de volgende fase (voorbereidingsfase).

Op basis van het projectvoorstel zullen de meest fundamentele besluiten (inhoudelijke en zakelijke uitgangspunten en randvoorwaarden) over het project worden genomen. Wanneer het projectvoorstel door de opdrachtgever is goedgekeurd, krijgt het de status van *projectcontract*.

4.6 Format projectvoorstel

De antwoorden op de vragen uit alle voorgaande stappen kunnen worden gezien als *bouwstenen* om de teksten voor de verschillende hoofdstukken en paragrafen van het projectvoorstel te schrijven.

Waarschuwing 1: Het is dus uitdrukkelijk níét de bedoeling om alle resultaten van de voorgaande stappen gewoon onder elkaar te zetten en er een kaftje omheen te doen! Het gaat om (beknopte) teksten, die uiteraard wel gebaseerd zijn op deze stappen.

De indeling van een projectvoorstel kan er als volgt uitzien:
- inhoudsopgave;
- inleiding;
- inhoudelijke uitgangspunten;
- projectinhoud;
- plan van aanpak;
- projectmarketing en -communicatie;
- beheersaspecten;
- bijlagen.

Waarschuwing 2: Houd bij het schrijven van het projectvoorstel goed voor ogen wat het doel is van dit eerste beslisdocument. Het is de bedoeling dat uitgangspunten en randvoorwaarden van het project (zowel inhoudelijk als zakelijk) in het projectvoorstel worden beschreven ten behoeve van de besluitvorming door bijvoorbeeld de opdrachtgever. Het is dus niet de bedoeling om álle tot dusver verzamelde informatie in dit eerste document te 'proppen'.

Op de website vind je ook het format voor een projectvoorstel terug, zodat je er gelijk mee aan de slag kunt gaan.

Omslag
- (Werk)titel plus eventueel ondertitel van project en eventueel projectlogo.
- Aard van rapportage (hier: projectvoorstel/initiatiefrapport of projectcontract).
- Eventueel naam en logo opdrachtgever en/of opdrachtnemer.

Kerngegevens (puntsgewijze informatie op titelblad – blad na de omslag)
- (Werk)titel plus eventueel ondertitel van project/soort project.
- Aard van rapportage (zie omslag).
- Datum van rapportage.
- Belangrijke data van project (openings-, opleverings- of premièredatum en sluitingsdatum).
- Eventueel te verwachten aantal keren dat het evenement wordt uitgevoerd en aantal bezoekers/deelnemers.
- Opdrachtgever of initiatiefnemer (met contactgegevens).
- Maker(s) van het rapport, projectteam met projectleider (met contactgegevens).

– Eventuele rechtsvorm van project en eventuele samenwerkingspartner(s).

Inhoudsopgave (met hoofdstuk-, paragraaf-, bijlage- en paginanummers)

1 Inleiding
– Wie is opdrachtgever en wie zijn eventueel andere betrokken partijen (bijvoorbeeld toekomstige gebruikers, samenwerkingspartners)?
– Wat is de aanleiding van het project?
– Wat is de context van het project? (Speelt het in een organisatie? Zo ja: wat doet deze organisatie? Heeft het project relaties met andere projecten? Waarin onderscheidt dit project zich of wat is toegevoegde waarde ervan? Enzovoort.)
– Wat wil de opdrachtgever uiteindelijk bereiken? (de doelstelling van de opdracht-gever)
– Wat vraagt de opdrachtgever feitelijk aan de opdrachtnemer? (de vraagstelling of opdrachtformulering)
– Wat is dit voor rapport, op wie is het gericht en wat is het doel ervan?
– Wat kan de lezer in het rapport verwachten? (korte opzet van rapport)
– Wat is de status van het rapport (bijvoorbeeld concept, definitief, goedgekeurd, enzo-voort). Pas na goedkeuring wordt het 'projectcontract' genoemd.

2 Inhoudelijke uitgangspunten
– Beschrijving projectmissie, projectimago als reactie op vraagstelling van opdracht-gever.
– Op welke doelgroep(en) is het project gericht en wat is de omvang daarvan?
– Welke doelstelling(en) wordt (worden) met dit project bij de doelgroep(en) nage-streefd? (doelstellingen zo veel mogelijk meetbaar maken! – SMART)
– Samenvatting projecteisen en -criteria.

3 Projectinhoud
– Globale beschrijving van projectresultaat in de vorm van een basisconcept, met moti-vatie van keuzes.
– Het basisconcept:
  • geeft globaal maar helder beeld van projectresultaat;
  • is antwoord op vraag opdrachtgever;
  • is interessant, aansprekend en heeft 'uithoudingsvermogen';
  • eventuele onderdelen hebben een goede inhoudelijke samenhang.
– Korte sfeerschets: een levendige beschrijving van de manier waarop het projectresul-taat beleefd gaat worden door toekomstige bezoeker/deelnemer. Hieruit blijkt de 'ani-matiewaarde' van het evenement.
– Korte toelichting op onderdelen van het projectresultaat (PMC's) en samenhang daar-tussen.
– Beschrijving van belangrijkste consequenties van keuze voor deze (evenement)vorm.

4 Projectaanpak
– Motivatie van de gekozen aanpak.
– Beschrijving puntsgewijs activiteitenplan en (globale) breakdown.

- Beschrijving projectstructuur, d.w.z. beargumenteerd fasemodel met mijlpalen waarop beslisdocumenten worden opgeleverd t.b.v. de besluitvorming door de opdrachtgever.
- Beschrijving van de aard en inhoud van de beslisdocumenten die als resultaat van de fasen aan de opdrachtgever zullen worden opgeleverd.

5 Projectmarketing en -communicatie
- Beschrijving van strategische issues (het resultaat van de SWOT-analyse).
- Beschrijving communicatiestrategie. Onderscheid in drie soorten doelgroepen: projectdoelgroepen, fondsenwervingsdoelgroepen en overige communicatiedoelgroepen (instrumenten waarmee wordt gecommuniceerd komen pas in volgende fase aan de orde).

6 Beheersaspecten (KOFTIG)
- Kwaliteit: beschrijving hoe de kwaliteit van het projectresultaat en van het projectproces wordt gewaarborgd (formulering van kwaliteitseisen en -procedures).
- Organisatie: opzet projectorganisatie (formele verdeling van verantwoordelijkheden en bevoegdheden van betrokkenen, in de vorm van organigram). Beschrijving taakverdeling binnen projectteam, gekoppeld aan (hoofd)activiteiten uit activiteitenplan. Beschrijving overlegstructuur en eventuele rechtsvorm van het project.
- Faciliteiten: formulering facilitaire uitgangspunten, inclusief locatie-eisen. Eveneens inventarisatie juridische aspecten.
- Tijd: opstelling overall tijdsplanning in de vorm van een balkenschema met de gehele fasering en de belangrijkste activiteiten per fase (eerstvolgende fase uitgebreider en fasen daarna globaler).
- Informatie: beschrijving systeem voor distributie en archivering projectinformatie. Eventuele beschrijving van urenregistratie.
- Geld: opstelling raming van de projectkosten en dekkingsplan en waar relevant afzonderlijke toelichting per post.

7 Risicoanalyse
- Inventarisering belangrijkste risico's voor welslagen van project (faalfactoren).
- Beschrijving van maatregelen om genoemde risico's te reduceren/elimineren.

Bijlage

Kader 4.3

Als de inhoudelijke teksten voor het projectvoorstel zijn geschreven, dient het te worden aangevuld met een omslag, een samenvatting van de kerngegevens op het blad na de omslag, een inhoudsopgave en bijlagen.

Een projectvoorstel voor een gemiddeld (evenementen)project omvat ongeveer 1000 tot 1500 woorden, exclusief de bijlagen. De kern ervan wordt gevormd door de *inhoudelijke uitgangspunten*, het eventuele *basisconcept* en het plan van aanpak. Bij het kiezen van de toon van het projectvoorstel moet worden gekeken welke functie het moet vervullen, en bij wie. Als het project bijvoorbeeld wordt uitgevoerd voor een (externe) opdrachtgever, kan het projectvoorstel de status hebben van een aanbieding of offerte. Ook kan het projectvoorstel een bijlage vormen bij bijvoorbeeld een subsidieaanvraag, of als basisstuk worden gebruikt voor het verkrijgen van een vergunning.

Afsluiten van projectcontract

Bespreek het projectvoorstel met de opdrachtgever (en eventueel met andere betrokkenen) en maak het vervolgens definitief door de feedback van de opdrachtgever te verwerken. De definitieve versie kan vervolgens worden gezien als het projectcontract, waaraan alle besluiten in het vervolg getoetst kunnen worden.

Gaat de opdrachtgever akkoord met de uitgangspunten en randvoorwaarden uit het projectvoorstel, dan is er dus overeenstemming tussen de opdracht*gever* en de opdracht*nemer* (projectleider/projectteam). In dat geval is er sprake van een feitelijke opdracht en daarmee gaat het project pas echt van start.

Ook in onderwijssituaties is het van belang om op basis van een goedgekeurd *startdocument* een schriftelijk contract af te sluiten voordat het project verder ontwikkeld en eventueel uitgevoerd gaat worden.

Als wordt gekozen voor de *professionele projectmatige aanpak*, zal het project-team (al dan niet in dezelfde samenstelling als de eventuele initiatiefgroep) onder leiding van een projectleider de volgende fase (*voorbereidingsfase*) star-ten. In deze fase wordt, op basis van de uitgangspunten uit het *projectvoorstel*, gewerkt aan het *projectplan*. Na de voorbereidingsfase volgt nog de zogenoemde uitwerkingsfase, waarin het *productieplan* met alle productiegegevens wordt opgesteld. Dat programma wordt vervolgens in de productiefase uitgevoerd.

evenement

H8
evaluatiefase

H7
uitvoeringsfase

9
stappen

H6
uitwerkingsfase

13
stappen

H5
voorbereidingsfase

16
stappen

functionerings-
programma

H4
initiatieffase

21
stappen

productieplan

projectplan

projectvoorstel

productgericht traject
marketing- en communicatietraject
beheersgericht traject
besluitvormingstraject

IDEE
VRAAG

Het projectplan

5

Met het goedkeuren van het projectvoorstel start de voorbereidingsfase en gaat het project dus echt van start. Het in de vorige fase ontwikkelde globale basisconcept ('wat') wordt nu uitgewerkt in een plan of ontwerp ('hoe'). Aan het eind van de voorbereidingsfase moeten alle betrokkenen begrijpen hoe de ontwikkelde ideeën in het projectvoorstel uitgevoerd kunnen worden. Bij inhoudelijk gecompliceerde projecten wordt eventueel eerst nog een structuurschema opgesteld, waarin de samenhang van de verschillende onderdelen van het projectresultaat duidelijk wordt. De uitgebreide inhoudsopgave van een boek is een voorbeeld van zo'n structuurschema; het is een verfijning van het basisconcept. Onder een structuurschema kan ook een overzicht worden verstaan waarin wordt aangegeven hoe de thema's van bijvoorbeeld een tentoonstelling of een filmproductie (de *storyline*) of de onderdelen van een festival (de *line-up of programmering*) inhoudelijk met elkaar samenhangen. Dit kan in tekst worden omschreven, maar wordt soms ook visueel weergegeven. Met dit plan of ontwerp maak je duidelijk hoe het projectresultaat er uit gaat zien. Het gaat hier dus om een invulling van de 'ruwe schets' uit het projectvoorstel.

Leerdoelen

Als je de stappen in dit hoofdstuk hebt ondernomen, kun je:
– op basis van het basisconcept een gedetailleerd plan of ontwerp voor het project ontwikkelen;
– op basis van de marketingstrategie een marketing- en communicatieplan opstellen;
– op basis van de geformuleerde zakelijke randvoorwaarden:
  • de kwaliteit van het project bewaken;
  • de organisatieopzet verder uitwerken;
  • een gedetailleerde tijdsplanning opzetten;
  • een facilitair plan ontwikkelen;
  • een projectinformatiesysteem inrichten;
  • een elementenbegroting opstellen;
– een projectplan voor een project opleveren.

Evenementenprojecten worden steeds vaker ingezet als marketinginstrument om marketingdoelstellingen te realiseren. Door deze ontwikkeling is een geheel nieuw soort evenementen ontstaan, namelijk verkoopstimulerende evenementen. Deze hebben als belangrijkste doelstelling de verkoopcijfers van een product, dienst of organisatie te verhogen. In kader 5.1 wordt beschreven hoe je van een project een echte belevenis kunt maken, zodat je dit als uitgangspunt kunt meenemen in deze fase van het project.

Voorbeeld Hoe maak je van een feestje een belevenis?

Een beleving is een onmiddellijke, relatief geïsoleerde gebeurtenis met een complex aan emoties die indruk maken en een bepaalde waarde vertegenwoordigen voor het individu binnen de context van die specifieke situatie. Hoewel het moeilijk is om de term beleving tastbaar te maken, proberen de meeste evenementenorganisatoren en -bureaus van elk evenement een beleving voor de bezoeker te creëren. Het emotioneel raken van de bezoeker is het realiseren van meerwaarde. Een beleving zorgt ervoor dat mensen zich op hun gemak voelen en hierdoor informatie makkelijker tot zich nemen. Daarnaast kan een beleving het gedrag en gevoel van de doelgroep beïnvloeden. De houding en/of gevoelens van de doelgroep over het product, het merk of de organisatie kunnen worden gewijzigd of bijgesteld. Deze verandering kan het verschil maken tussen een aankoop bij de desbetreffende organisatie of een afkeer van die organisatie. Een beleving heeft ook de eigenschap dat het een merk, product of organisatie meer kan laten leven bij de doelgroep. Een beleving zorgt er ten slotte voor dat je onderscheidend bent van concurrenten en dat elke doelgroep verrast kan worden. Opdrachtgevers worden veeleisender. Een evenement wordt niet meer vrijblijvend ingezet, maar moet iets opleveren (ROI). Organisatoren geven aan dat het bereikte resultaat hierbij de bepalende factor vormt, en beleving is een belangrijk onderdeel in het bereiken van dat resultaat. Van cruciaal belang hierbij is het besef dat een verkoopevenement bestaat uit drie fasen, te weten de voorfase, het evenement zelf en het natraject. De focus ligt bij de organisatie van een verkoopevenement vaak nog op het evenement zelf, terwijl het voor- en natraject worden verwaarloosd.

De volgende checklist van bestaande en nieuwe belevingsinstrumenten biedt een eerste stap bij de creatie van de juiste beleving voor projecten. In het projectmanagementmodel is terug te vinden in welke fase het desbetreffende belevingsinstrument kan worden ingezet.

Klaar voor de start?
Start nooit met de creatie van een concept voordat het probleem (de aanleiding) en de doelstelling van het project duidelijk zijn.

Geld
Start nooit met het creatieproces voordat het budget voor de opdracht duidelijk is. Op deze manier wordt het risico verkleind dat een opdrachtgever delen uit het uiteindelijke concept gaat schrappen.

Concept
Begin elke opdracht helemaal opnieuw en blanco. Het hergebruiken van concepten is onmogelijk, omdat elke opdracht een eigen doelstelling, budget, opdrachtgever, aanleiding en doelgroep heeft waarop moet worden ingespeeld.

Zoeken in alle hoeken
Doe zelf onderzoek naar de doelgroep. Beperk je niet tot de informatie van de kant van de opdrachtgever.

Storytelling
Laat de belevenis een verhaal vertellen waarin de doelgroep wordt meegenomen.

Thematisering
Een thema moet worden afgeleid van de doelstelling en de doelgroep van het project. Alleen dan heeft het een meerwaarde.

Kom je ook?
Een uitnodiging is een essentieel belevingsinstrument. De uitnodiging moet niet alles direct prijsgeven, maar moet de doelgroep nieuwsgierig maken en prikkelen.

Surplus value
Wat is de (emotionele) meerwaarde die wordt nagestreefd? Wat raakt mensen?

Aanspreken zintuigen
Zorg ervoor dat mensen iets kunnen zien, horen, proeven, ruiken en voelen.

Animatie
Maak een selectie voor de animatie op basis van de doelgroep en de doelstelling.

Belevingsdomeinen
Zoek een antwoord op de volgende vragen:
– Wat kan worden gedaan om het esthetische karakter van de belevenis te verbeteren?
– Welke ontsnappingsmogelijkheden worden de deelnemers geboden?
– Wat kunnen de deelnemers van de belevenis leren?
– Hoe kan de belevenis leuker en plezieriger gemaakt worden door de inzet van amusement?
– Hoe kun je het personeel onderdeel maken van het concept? Geef hun een rol en laat hen deze spelen tijdens het project.

Check activiteitendomeinen
Kan de belevenis worden verbeterd door inzet van:
– gezelligheid of plezier of nog beter: spel;
– rust, ontspanning of bezinning;
– avontuur (spanning, uitdaging, grenzen verleggen);
– beweging (of activiteit);
– educatie/vorming;
– creativiteit.

Cocreatie
Welke mogelijkheden zijn er om de doelgroep een actieve rol te geven in de vormgeving van het project?

Verleng de life cycle van het project
Neem het natraject serieus. Dit is een essentieel onderdeel bij de creatie van een verkoopstimulerende beleving. Geef na afloop van een project een herinnering mee, hierdoor wordt de beleving verlengd.

Bron: http://weblog.events.nl, geraadpleegd op 7 november 2016, bewerkt door de auteur

Kader 5.1

Aan het einde van de voorbereidingsfase is het programma van eisen en de eerste schets uit de initiatieffase omgezet in een definitief ontwerp van het project, met exacte maten, enzovoort. Daarmee is nog niet bekend hoe en met welke materialen het project wordt gebouwd; dat komt in de uitwerkingsfase aan de orde. De resultaten van de voorbereidingsfase worden samengevat in het *projectplan*.

5.1   Het inhoudelijke traject

In deze fase staat de planvorming of de ontwikkeling van het ontwerp of de oplossing centraal en worden de consequenties van het inhoudelijke plan of ontwerp verder uitgewerkt. Ook wordt deze uitwerking vergeleken met de

PROJECTPLAN

randvoorwaarden die aan het einde van de vorige fase zijn vastgesteld (bijvoorbeeld door de opdrachtgever).

5.1.1   Ontwikkelen van een gedetailleerd plan of ontwerp

Als we naar een festival kijken, is aan het einde van de voorbereidingsfase het basisconcept omgezet in een gedetailleerd plan met exacte maten van de inrichting van de locatie, de beschrijving van de activiteiten, een definitieve programmering, de exacte tijden van optredens, enzovoort. Daarmee is nog niet bekend hóé de productie precies georganiseerd gaat worden, want dat komt in de uitwerkingsfase aan de orde.

▶ Stap 22
Werk het basisconcept uit in een gedetailleerd plan of ontwerp voor het project.

In deze stap wordt de inhoud van het project verder vormgegeven. In sommige gevallen kan zo'n plan worden omschreven in tekst, in andere gevallen kan het ontwerp beter worden getekend of op een andere wijze worden gevisualiseerd. Beschrijf uit welke onderdelen het project bestaat en wanneer en hoe de onderdelen worden uitgevoerd. Je kunt hierbij denken aan de volgende vragen:
– Uit welke onderdelen bestaat het project?
– Wat is de samenhang tussen de verschillende onderdelen of activiteiten binnen het project?
– Hoe gaan de verschillende onderdelen of activiteiten eruitzien?
– Wanneer worden de onderdelen of activiteiten uitgevoerd?
– Waar worden de onderdelen of activiteiten uitgevoerd?
– Wat is de planning van de onderdelen of activiteiten? Dus wat moet wanneer gebeuren om alle onderdelen/activiteiten te kunnen realiseren?

In principe is het in deze fase niet meer nodig om de keuze voor de verschillende onderdelen of activiteiten ('waarom') te onderbouwen, dat heb je immers al gedaan in de vorige fase in het PMC-model. Houd er rekening mee dat als in deze fase, door voortschrijdend inzicht of door bijvoorbeeld een andere locatie, nieuwe onderdelen of activiteiten worden toegevoegd aan het basisconcept, dit duidelijk en zichtbaar aan de opdrachtgever moet worden voorgelegd en onderbouwd. Je kunt dit bijvoorbeeld aankondigen in de inleiding van het projectplan, onder vermelding van 'wijzigingen ten opzichte van het projectvoorstel'.

Bij een evenementenproject bestaat dit hoofdstuk meestal uit een combinatie van *tekst*, *schema's* en *tekeningen*. Hiermee wordt duidelijk hoe het projectresultaat er concreet uit gaat zien. Als het bijvoorbeeld gaat om een festival, worden programmaonderdelen nu uitgebreid beschreven, met exacte tijden, programmering/namen, maten, locaties en dergelijke. Waar nodig zullen deze beschrijvingen worden geïllustreerd met behulp van ontwerptekeningen met toelichtingen daarop. Het is de bedoeling dat voor elk programmaonderdeel (bijvoorbeeld bij een festival: opening, hoofdpodium, workshop, wedstrijd enzovoort) beschrijvingen en/of ontwerpen worden gemaakt. Aan het eind van de voorbereidingsfase is het programma van het festival, het scenario van een videoproductie of de storyline van de tentoonstelling gedetailleerd vormgegeven en zijn alle onderdelen ingevuld en uitgebreid beschreven en in een schema gezet of getekend.

Let op: Een gedetailleerde *technische* en *organisatorische* uitwerking van het evenement hoort pas thuis in de volgende fase (in de draaiboeken van de uitwerkingsfase).

○ Stap 23

Pas de in het projectplan gemaakte sfeerschets van het evenementenproject aan.

De korte sfeerschets die waarschijnlijk in het projectvoorstel was opgenomen als levendige beschrijving van de manier waarop het evenement beleefd gaat worden door toekomstige bezoekers, moet in deze fase worden aangepast aan het nu in detail uitgewerkte ontwerp of plan.

Bedenk dat het projectplan meestal breed gepresenteerd gaat worden (vaak ook mondeling) om draagvlak voor het project te creëren. Daarom moet deze sfeerschets nu echt tot de verbeelding spreken!

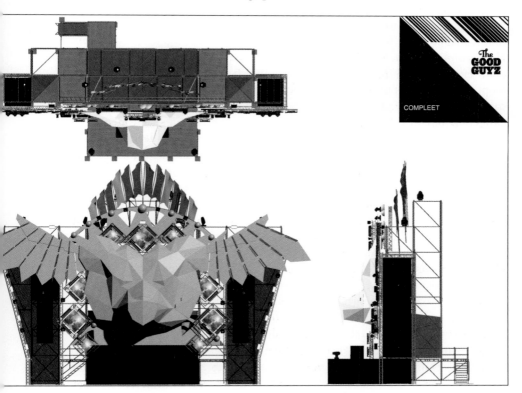

Technisch en creatief ontwerp podium Amsterdam Open Air festival 2016

PROJECTPLAN

○ Stap 24
Oriënteer je alvast globaal op mogelijke productiemethoden.

Indien relevant wordt nu al een globale beschrijving gemaakt van productie-methoden en uitvoeringshulpmiddelen. Bij een tentoonstellingsproject kan bijvoorbeeld in verband met de beperkte beschikbaarheid van de ruimte nu al worden besloten om de panelen, vitrines en sokkels niet op locatie te maken, maar deze vooraf in de werkplaats te maken. Bij een festival kan in dit stadium al worden besloten om podia te maken van eerder gebruikte podiumelementen, maar er kan ook voor worden gekozen om podiumtrailers in te huren. Het gaat nu dus om de belangrijkste keuzes met betrekking tot de productiewijze, nog niet om de details. Meer uitgebreide informatie over de productie of uitvoering ga je later in de uitwerkingsfase beschrijven in het *productieplan*.

5.2   Het marketing- en communicatietraject

In het projectplan moet ook de communicatiestrategie ('waarom, wat'), die in de initiatieffase werd geformuleerd, verder worden uitgewerkt in een marke-ting- en communicatieplan ('hoe'). Hierin wordt aangegeven op welke wijze en met welke middelen de strategie wordt uitgevoerd, bijvoorbeeld publiek werven door de inzet van social media, posters en advertenties. Tijdens de voorbereidingsfase worden, op basis van de communicatiestrategie, het com-municatie*plan*, het fondsenwervingsplan en het marketing*plan* geschreven. Het communicatie*actie*plan wordt opgesteld in de voorbereidingsfase (project-plan) en uitgevoerd in zowel de voorbereidingsfase als de uitwerkingsfase, en loopt dus over in het productieplan. Een deel van het maken van het communi-catieactieplan vindt plaats in de voorbereidingsfase (bijvoorbeeld een fluister-campagne of een geïntegreerde marketingcampagne waarin social media een rol spelen in de beleving naar het evenement toe) en een groot deel van de uit-voering van het communicatieactieplan vindt plaats tijdens de productiefase, zoals de planning met mediapartners op het terrein, interviews met artiesten, verzorging van persmappen en beleid voor het uitnodigen van de pers. Tot slot vindt tijdens of direct na het evenement vaak een publieksonderzoek plaats ten behoeve van de evaluatiefase.

In het projectplan moet ook de (marketing)communicatie*strategie* uit het pro-jectvoorstel worden uitgewerkt in een marketing*plan*, fondsenwervingsplan en communicatie*plan*. Deze plannen zijn meestal een integraal onderdeel van het projectplan, maar kunnen ook afzonderlijk worden gepresenteerd. Er wordt in aangegeven op welke *wijze* en met welke *middelen* de communicatiestrate-gie zal worden uitgevoerd, bijvoorbeeld: de publiekswerving vindt plaats door middel van social media, posters, website, advertenties en commercials. In sommige gevallen, bijvoorbeeld wanneer een uitgebreid fondsenwervingstra-ject deel uitmaakt van het project, zullen deze plannen al in de initiatieffase worden opgesteld. Een dergelijk traject kost namelijk vaak erg veel tijd. Daarbij komt dat het verder uitwerken van het project niet altijd zinvol is wanneer geen uitzicht bestaat op een sluitende financiering.

5.2.1   Marketingplan opstellen

● Stap 25
Ontwikkel een marketingplan voor het project.

Een marketingplan is uiteraard niet alleen aan de orde bij projecten waarvan het eindproduct bedoeld is voor de markt. Bij een bedrijfsfeest, een symposium op uitnodiging of een productpresentatie bijvoorbeeld wordt de marketing niet naar buiten gericht, maar juist naar binnen om potentiële of gewenste bezoekers of deelnemers op de hoogte te stellen van het project en te overtuigen om deel te nemen aan het project.

Het nut van een marketingplan is:
– richting aangeven;
– keuzes maken;
– realistisch plannen;
– intern draagvlak creëren voor marketing.

Een onderdeel van het marketingplan is de marketingmix. De term 'marketingmix' wordt gebruikt om de instrumenten en methoden te beschrijven die kunnen worden ingezet om een marketingcampagne op te zetten. Als het goed is, zorgt deze ervoor dat er een wisselwerking ontstaat tussen een organisatie (bijvoorbeeld het festival) en haar potentiële klanten (in dit geval bezoekers). In een marketingplan maak je duidelijk hóé je het evenement in de markt wilt gaan zetten. Bij het opstellen van zo'n plan en met name bij het beschrijven van de marketingmix werd in het verleden meestal gebruikgemaakt van de vijf P's, maar dit is tegenwoordig al uitgebreid naar zeven P's. In figuur 5.1 wordt een format gegeven voor een marketingplan waarbij gebruik wordt gemaakt van de bekende vijf P's.

Productdoelgroepen:	Product	Prijs	Plaats	Promotie	Personeel
Hoofddoelgroep					
Subdoelgroepen:					
-					
-					
Nevendoelgroepen:					
-					
-					

Figuur 5.1   Format voor een marketingplan (inclusief marketingmix)

Deze vijf aspecten moeten in combinatie met elkaar leiden tot het begrijpen van en inspelen op de wensen en behoeften van de doelgroep van het project. Het gaat om keuzes met betrekking tot:

- **p**roduct (maar ook wel 'brand' of 'merk' genoemd), welk (deel)product per doelgroep (PMC);
- **p**rijs, prijsniveau, prijsdifferentiatie, kortingen;
- **p**laats, waar aangeboden, hoe gedistribueerd;
- **p**romotie, hoe onder de aandacht gebracht (bijvoorbeeld adverteren op social media);
- **p**ersoneel, houding, uitstraling enzovoort.

Stap	Activiteit	Centrale vraag	Uitwerking	In fase
4	Marketingplan opstellen.	Hoe wordt het product in de markt gezet? Maak hierbij o.a. gebruik van de resultaten van de SWOT-analyse en van de marketingmix 5/7 P's.	Het nut van een marketingplan: − richting aangeven; − keuzes maken; − realistisch plannen; − intern draagvlak creëren voor marketing.	Voorbereidings-fase (in project-plan).
5	Fondsen-wervingsplan opstellen (niet van toe-passing op alle evenementen).	Op welke fondsen, sub-sidiegevers, bedrijven kan, voor een finan-cieringsbijdrage, een beroep worden gedaan? Op basis van welke argumenten? Met welke tegenprestatie of ROI? (bij sponsoring)	Om de ROI van sponsoring te kun-nen bepalen moet een doorrekening gemaakt worden van de impact van de sponsoring op de business, oftewel: welke waarde gene-reert de sponsoring in termen van omzet en marge?	Voorbereidings-fase (in project-plan).
6	Communicatie-plan opstellen.	Welke instrumenten kiezen we uit de commu-nicatiemix? (Dit kan in de vorm van een communicatiema-trix; zie figuur 5.4.)		Voorbereidings-fase (in project-plan).
7	Communicatie-actieplan opstellen.	Wie gaat wat concreet doen en wanneer en waarmee? (Planning van de communicatieactivi-teiten kan in de vorm van een communicatiedraai-boek)		Opleveren in de voorbereidings-fase en uitvoe-ren tot en met de uitwerkings-fase (productie-plan)

Figuur 5.2   Schematische uitwerking van marketingcommunicatie in het projectplan

Bij de 7 P's horen tegenwoordig ook de volgende aspecten:
– **p**roces, alle activiteiten en diensten waarbij de betrokkenen (mensen/ people) een belangrijke rol vervullen;
– **p**eople, klanten (bezoekers) en klanttevredenheid.

Na het bepalen van de marketingstrategie in het projectvoorstel kijken we nu langs welke weg, op welke manier en binnen welk tijdsbestek we de vastgestelde marketingdoelstellingen willen bereiken. De vijf P's (prijs, product, plaats, promotie en personeel) zijn daarbij onmisbaar en we noemen ze ook wel de marketingmix. Het activiteitenplan omvat een overzicht van alle marketing-activiteiten, binnen een bepaalde periode, die ondergeschikt zijn aan de marketingdoelstellingen. Het is dus in feite een draaiboek waarin precies het wat, wanneer, waar, hoe en wie van de marketingoperatie staat. Het plan wordt ook gebruikt om de geplande activiteiten te controleren en eventueel bij te sturen.

5.2.2   Fondsenwervingsplan opstellen

▶ Stap 26
Ontwikkel een fondsenwervings- en/of sponsorplan voor het project.

Tijdens de initiatieffase werden in de communicatiestrategie, indien van toepassing, ook de fondsenwervingsdoelgroepen opgenomen. Het gaat hier om onder meer subsidiegevers, fondsen, bedrijven en potentiële samenwerkings-partners.
In het fondsenwervingsplan moet je uitwerken op welke wijze je de fondsen-werving/sponsoring gaat aanpakken.

Let op: Het fondsenwervingsplan wordt uitgewerkt in een fondsenwervingsac-tieplan. Het traject van fondsenwerving vergt vaak veel tijd; daarom is het in veel gevallen te laat om het fondsenwervingsactieplan pas in de uitwerkingsfase op te stellen en uit te voeren. In die gevallen dient ook dit actieplan al in de voorbereidingsfase gemaakt en in uitvoering genomen te worden. Soms zelfs al direct na de initiatieffase! In het fondsenwervingsplan moet worden uitgewerkt op welke wijze de fondsenwerving en/of sponsoring wordt aangepakt. Op de website wordt het hele subsidietraject beschreven (zie het document 'Project-financiering') en in het navolgende gaan we dieper in op sponsoring.

Al jaren is de tendens dat subsidies van overheden afnemen. De kunst, cultuur-en evenementensector zijn steeds meer op sponsors aangewezen of zoeken naar andere bronnen van inkomsten (bijvoorbeeld crowdfunding). Het is vaak niet mogelijk om alle kosten van een evenement aan de bezoeker door te berekenen, omdat de entreeprijs daardoor te hoog wordt. Daarom doen deze organisaties steeds vaker een beroep op sponsoring.

Wat is sponsoring?
Er bestaan verschillende definities van *sponsoring*. Daarbij zijn de volgende drie kenmerken belangrijk:
— De overeenkomst wordt gesloten tussen twee partijen: sponsor en gesponsorde.
— De overeenkomst moet voor beide partijen profijt opleveren.
— De prestatie en tegenprestatie moeten evenwaardig zijn.

Marketing- en communicatiedoelstellingen
In de definitie van sponsoring staat dat de gesponsorde een tegenprestatie levert die de sponsor helpt bij het bereiken van de eigen doelstellingen. Meestal is dat een van de volgende marketing- en/of communicatiedoelstellingen:
— vestigen en/of vergroten van de naamsbekendheid;
— vestigen of ombuigen van het imago;
— creëren van een platform om met een doelgroep in contact te komen;
— creëren van een platform voor het ontmoeten van relaties;
— stimuleren dan wel ondersteunen van verkoopacties;
— verwerven van een positie voor business-to-business;
— versterken van de loyaliteit onder de eigen bestaande en toekomstige medewerkers;
— verwerven van *free publicity*.

Voorheen draaide sponsoring vooral om naamsbekendheid van het merk of bedrijf, maar tegenwoordig zijn het imago en de versterking van het *corporate image* belangrijker. Het voordeel van het sponsoren van een evenement is dat het een vaak zeer specifiek publiek bereikt. Vooral wanneer een bedrijf een bepaald imago wil neerzetten of bijstellen, is het sponsoren van evenementen een goede optie. Op de website vind je 'tips bij sponsoring'.

Volg voor het maken van een fondsenwervingsplan verder de volgende stappen:
— Completeer de inventarisatie van de subsidie-, fondsen- en sponsormogelijkheden.
— Bedenk hoe de instanties/bedrijven het best te benaderen zijn.
— Bedenk welke tegenprestaties je kunt bieden aan potentiële sponsors. Maak variatie in sponsorpakketten, tegenprestatie en prijs, bijvoorbeeld een hoofdsponsor en een aantal overige sponsors.
— Zoek naar argumenten waarom juist jouw project in aanmerking zou moeten komen voor financiële steun. Sluit hierbij aan op het beleid en de beoordelingscriteria van subsidiegevers, sponsors en fondsen. Maak bijvoorbeeld gebruik van een goed onderbouwd maar wel beknopt en aantrekkelijk projectplan dat speciaal voor dit doel is geschreven.

Fondsenwervings-doelgroep	Fondsenwervings-doelstelling	Fondsenwervings-boodschap (evt. tegenprestatie)	Wanneer aanvragen	Wanneer reactie verwacht	Wie vraagt aan
a Subsidiegev./fondsen - -					
b Sponsors - -					

Figuur 5.3   Format voor een fondsenwervingsplan

● Stap 27

Breng de ROI van het project in kaart voor de mogelijke sponsors of andere investeerders van het project.

Binnen het bedrijfsleven bestaan er vaak simpele motieven om te sponsoren, bijvoorbeeld wanneer een directeur affiniteit heeft met een bepaalde kunst-vorm of fan is van een voetbalclub en alleen daarom besluit sponsor te worden. Dat blijkt op de lange termijn echter geen goede basis te zijn voor sponsoring. Beter is het als een bedrijf sponsoring bewust hanteert als middel om een doel te bereiken. Het bedrijf stelt zichzelf dan de vraag wie of wat het wil berei-ken met sponsoring. Het rendement van sponsoring is tegenwoordig van groot belang voor bedrijven die evenementen of andere creatieve of culturele projec-ten sponsoren. Met de groei van sponsoring is dus ook de vraag toegenomen naar de effectiviteit van sponsoring: wat levert het nu eigenlijk op?
Sponsoring is vaak contractueel vastgelegd. Een bedrijf levert diensten of finan-ciële steun aan een project of instantie en krijgt hier bijvoorbeeld promotie voor terug. Veel bedrijven of culturele instellingen werken met sponsorpakketten. Een X bedrag of dienst levert een Y promotie op. Hoe hoger het bedrag of hoe groter de dienst, des te meer promotie. Om te kunnen bepalen welke waarde een project heeft voor een sponsor moet eerst de ROI van een project in kaart worden gebracht. We hebben hier al op ingespeeld in het projectvoorstel met het formuleren van de inhoudelijke doelstellingen op basis van het ROI-model, maar hoe kunnen we dit nu inzetten bij het overtuigen van een sponsor?

Er zijn twee manieren om de ROI van een project in kaart te brengen: door te kijken naar de financiële waarde van de sponsoring of door te kijken naar de mate waarin de beoogde sponsordoelen zijn gehaald. Op de website vind je een filmpje waarin dit nog eens wordt uitgelegd.

De eerste methode staat bekend als *return on investment* (ROI) en rekent alle resultaten van sponsoring om in geld. Om de ROI van sponsoring te kunnen bepalen moet een doorrekening worden gemaakt van de impact van de sponsoring op de business, oftewel: welke waarde genereert de sponsoring voor de sponsor in termen van omzet en marge of bijvoorbeeld in termen van relatie-management of *image building*? De impact van sponsoring kan dan bijvoorbeeld worden berekend op basis van de mediawaarde, dus hoe vaak de sponsor in beeld is gekomen tijdens het journaal of genoemd wordt in artikelen in de media. De financiële waarde wordt dan berekend op basis van wat het gekost zou hebben om deze zendtijd of advertenties in te kopen.

De tweede methode staat bekend als *return on objectives* (ROO) en wordt uit-gedrukt in een percentage van de behaalde doelen van het sponsorbeleid. Een rendement van 100 procent betekent dat alle doelen van de sponsoring gehaald zijn. Sponsoring is als geen ander marketingcommunicatie-instrument in staat om relevante doelgroepen enthousiast te maken over een merk. Het gaat bij sponsoring steeds meer om 'raken' in plaats van 'bereiken'. De sponsoring moet impact hebben op een relevante doelgroep, en een goed geactiveerd sponsor-ship zal door de betrokkenen worden gedeeld met hun sociale omgeving. Ook deze impact kan worden berekend door bijvoorbeeld het verschil in beleving van een merk voor en na de sponsoring in kaart te brengen.

Omdat er steeds meer geld omgaat in sponsoring, wordt de roep om inzicht in de *accountability*, het in kaart brengen van het rendement en de concrete opbrengsten van een sponsor, steeds groter. Gaandeweg is sponsoring een onderdeel geworden van de totale communicatiestrategie van een bedrijf en wordt het als 'post' opgenomen in de begroting van de marketingafdeling.

Daarnaast is het ook van essentieel belang dat het tussen de sponsorpartners klikt. Als sponsorzoekende moet je je eigen situatie en de situatie in het bedrijfs-leven goed kennen en moet je kunnen inspelen op de kernwaarden en doelstel-lingen van de potentiële sponsor. Daarnaast is het vastleggen van de gemaakte afspraken in een sponsorcontract van essentieel belang. Op de website vind je nog meer achtergrondinformatie over het maken van afspraken met sponsors.

Voorbeeld	Sponsorpropositie ITs Festival

Onder het gebouw van de AHK bevindt zich een grote parkeerkelder. De organisatie van ITs is in onderhandeling met de eigenaar en wil hier tien dagen lang een discotheek hebben. Doel is de ontmoeting tussen de theater- en dansstudenten te vergroten. Daarnaast wil de organisatie ook het Amsterdamse uitgaanspubliek trekken. Capaciteit van de disco is omstreeks 700 personen. Bedoeling is om elke festivalnacht een ander thema aan de disco te geven.
Exposuremogelijkheden:
– 5000 flyers 'ITs a disco' (apart van andere promo);
– banners op muren;
– verwerking logo in projectie.

ITs a restaurant
Op de vierde en vijfde verdieping van het gebouw van de AHK bevindt zich een ruimte die ingericht wordt als restaurant. Gingen de studenten en andere genodigden in voorgaande jaren eten in restaurantjes in de buurt, dit jaar eten zij zo veel mogelijk gezamenlijk binnen de AHK. Ook dit is weer bedoeld om de uitwisseling en interactie tussen de studenten te vergroten.
Exposuremogelijkheden:
– banners.

ITs a tour
Komend festival heeft ITs tien dagen lang de beschikking over een rondvaartboot. De boot zal worden gebruikt voor rondvaarten met onder anderen studenten, leraren, genodigden en sponsors. Ook zijn er tochten gepland waarop gasten kunnen genieten van lezingen van bijvoorbeeld, Martin Cimek of Abdelkader Benali.
Exposuremogelijkheden:
– banners.

ITs 3 klippers
Voor het onderbrengen van de buitenlandse studenten die op het festival optreden heeft ITs drie klippers gehuurd. Met de klippers gaat ook gezeild worden, als het weer het toelaat. Zo staan er, vóór de komst van de studenten, ook zeiltochten voor de sponsors gepland. Elk schip is voorzien van een barretje met biertap. De verwachting is dat de studenten ook 's avonds op de boten wat zullen drinken.
Exposuremogelijkheden:
– banners aan buitenzijde schepen.

ITs – Bermudadriehoek
Met het overstappen van het café naar uw biermerk ontstaat er tijdens het festival een 'Bermudadriehoek' van uw tappunten. Het lijkt de organisatie leuk om in het kader van het festival een actie te starten tussen deze drie punten. Daartoe zou bijvoorbeeld een 'spaar-kaart' ingevoerd kunnen worden. Dit alles heeft ten doel de gasten en studenten aan de AHK en haar omgeving te binden en zo, wederom, uitwisseling en interactie te bevorderen.
Exposuremogelijkheden:
– aparte spaarkaart.

Het open podium
Op de stoep voor het gebouw van de AHK wordt dit jaar het 'open podium' georganiseerd. Participanten van het festival kunnen zich inschrijven voor deelname. Bedoeling is dat zij korte acts opvoeren.
Exposuremogelijkheden:
– banners aan rand podium en op achtergrond.

PROJECTPLAN

Kader 5.2

5.2.3   Communicatieplan opstellen

Een communicatieplan kan onderdeel uitmaken van het projectplan, maar kan ook een zelfstandig stuk zijn. Ook het communicatieplan is een nadere uitwerking van de communicatiestrategie uit het projectvoorstel (initiatieffase).
Wanneer het communicatieplan een onderdeel is van het projectplan, bestaat het meestal uit de volgende twee onderdelen:
– een communicatiematrix (zie toelichting hierna);
– een communicatieplanning (planning van de communicatieactiviteiten, bijvoorbeeld in de vorm van een afzonderlijk schema).

In een communicatiematrix komen per doelgroep de volgende aspecten aan de orde:
– Communicatiedoelgroepen: de doelgroepen kunnen worden overgenomen uit de communicatiestrategie die in het projectvoorstel zijn opgenomen. De fondsenwervingsdoelgroepen worden opgenomen in het fondsenwervingsplan;
– Communicatiedoelstelling: wat moet de doelgroep weten en/of hoe moet deze veranderen of worden beïnvloed en/of welk effect wil je bij de doelgroepen bereiken?
– Communicatieboodschap: welke boodschap moet worden gecommuniceerd om de communicatiedoelstelling bij deze doelgroep te bereiken?
– Communicatiemiddel: welke middelen of communicatie-instrumenten worden gebruikt om deze doelgroep te bereiken? Hierbij wordt gebruikgemaakt van de communicatiemix. De instrumenten in de communicatiemix zijn onder te verdelen in de volgende categorieën:
  • promotie (bijvoorbeeld tijdschrift, internet, televisie, billboards of evenement);
  • social media (bijvoorbeeld Facebook of Twitter);
  • pr (bijvoorbeeld publicitaire acties, persconferenties, persberichten, mond-tot-oor);
  • speciale acties (bijvoorbeeld prijsvraag, stunts);
  • direct marketing (bijvoorbeeld direct mail, digitale nieuwsbrief);
  • persoonlijke benadering (bijvoorbeeld promotieteam, presentaties, persoonlijke verkoop).

Communicatie-doelgroep	Comm.-doelsteiling	Comm.-boodschap	Comm.-middel	Stijl + toon	Afzender	Feedback-mogelijkh.	Evt. tegen-prestatie
a Productdoelgroepen (marketingcommun.) - -							
b Overige partijen - -							

Figuur 5.4 Format voor een communicatieplan (in de vorm van een communicatiematrix)

Een punt van aandacht hierbij is dat vaak al in een zeer vroeg stadium nage-dacht moet worden over publicitaire en promotionele acties. Zo zal er bij publiciteit in de vorm van bijvoorbeeld (lezers)aanbiedingen of speciale redactionele aandacht al vier à vijf maanden voor het evenement zelf contact gelegd moeten worden met week- en maandbladen. Zie de website voor tips bij het schrijven van een persbericht.

- Stijl en toon: welke stijl en toon worden bij de communicatie gebruikt? Schrijf je een persbericht voor radio 538 of *NRC-Handelsblad*? Denk goed na over wat 'nieuws is' voor deze specifieke media! Schrijf het zo dat ze het persbericht integraal kunnen overnemen, zodat niet eerst een redactie ermee aan de slag hoeft te gaan.
- Frequentie en timing: wanneer wordt een communicatiemiddel ingezet? Geef dit bij voorkeur weer in een afzonderlijke planning voor de communi-catieactiviteiten en maak een database met specifieke informatie, zoals data van deadlines van verschillende media, dus wanneer je persberichten moet sturen, hoe je dat doet en naar wie. Houd bij tijdschriften goed bij tot wan-neer kopij kan worden aangeleverd (is vaak al één of twee weken voordat het naar de drukker gaat).
- Afzender: namens wie wordt de boodschap naar de doelgroep gestuurd (bij-voorbeeld namens de opdrachtgever of de directie van de culturele instel-ling of projectleider, enzovoort)?
- Feedbackmogelijkheden: op welke wijze kan door de doelgroep worden teruggekoppeld (bijvoorbeeld via e-mail, social media, telefoon en derge-lijke)?
- Tegenprestatie: wat hebben we te bieden als tegenprestatie (aan bijvoorbeeld buurtbewoners die hinder zullen ervaren, aan pers die 'gelokt' moet wor-den, enzovoort)? Kunnen we misschien tickets weggeven of speciale 'meet en greets' met artiesten organiseren?

❖ Stap 28
Ontwikkel een communicatieplan voor het evenementenproject.

Wanneer het communicatieplan een onderdeel is van het projectplan, bestaat het meestal uit de volgende twee onderdelen:
- communicatiematrix;
- communicatieplanning (planning van de communicatieactiviteiten, bij-voorbeeld in de vorm van een afzonderlijke GANNT-chart (balkenschema).

Ook het communicatieplan hoeft niet in een schema te worden gezet, maar kan bijvoorbeeld in een geschreven vorm worden gepresenteerd. Zoals gezegd zijn er soms goede argumenten om het communicatieplan los van het projectplan te presenteren.

Zo'n zelfstandig communicatieplan kan de volgende onderdelen bevatten:

a globale projectomschrijving;
b doel en reikwijdte van het project;
c concrete projectresultaten;
d afspraken over de communicatieverantwoordelijkheden (onderdeel project-organisatie): wie is eindverantwoordelijk voor de communicatie van het project, wie voert het communicatieplan uit, wie coördineert het, enzovoort;
e algemeen communicatiedoel voor het project, geformuleerd op kennis-, houding- en gedragsniveau;
f inventarisatie van de doelgroepen met bijbehorend(e) doel en boodschap (communicatiestrategie);
g kiezen van de in te zetten communicatiemiddelen, gewenste stijl/toon, frequentie, afzender en feedbackmogelijkheden (in de vorm van een communicatiematrix; zie figuur 5.4);
h planning van de communicatieactiviteiten.

 Op de website staat een voorbeeld van een communicatieactieplan.

De punten a tot en met f zijn meestal direct af te leiden uit het projectplan. Punt h kan uiteraard ook in een afzonderlijke GANNT-chart worden gezet. Voor punt g kan weer gebruik worden gemaakt van de hiervoor genoemde communicatiematrix. Afhankelijk van de tijd die beschikbaar is om het project te promoten kan in deze fase ook al het communicatieactieplan worden opgenomen, dat wordt beschreven in stap 42 in het stappenplan van de uitwerkingsfase (productieplan).

5.3   Het beheersgerichte traject

Aan het eind van de initiatieffase heb je voor elk beheersaspect de randvoorwaarden vastgelegd in het projectvoorstel. Je bent nu een fase verder. Het basisconcept is uitgewerkt in een gedetailleerd plan voor het project. Dit houdt in dat je elk beheersaspect opnieuw onder de loep moet nemen. Noteer vooraf bij elk beheersaspect welke uitgangspunten zijn gewijzigd ten opzichte van het goedgekeurde projectvoorstel.

5.3.1   Kwaliteit

▶ Stap 29
Beschrijf de bewaking van de kwaliteit (K) van het project dat in ontwikkeling is.

Hier gaat het om de vraag: Hoe verloopt het proces van kwaliteitsbewaking aan de hand van de kwaliteitscriteria die in het projectvoorstel zijn vastgelegd?

Moet er nog een bijstelling plaatsvinden ten behoeve van de volgende fase (uit-werkingsfase)? Beschrijf hoe het team de kwaliteitsbewaking gaat beheersen en wat er eventueel nodig is om dit te verbeteren of uit te breiden.

5.3.2   Organisatie

❯ Stap 30

Werk de organisatieopzet (O) verder uit. Voeg de stakeholders/betrokkenen uit deze fase toe aan het organigram.

Bij deze stap staat de volgende vraag centraal: In hoeverre moet de eerder gemaakte opzet voor de projectorganisatie (organigram) ten behoeve van de volgende fase verder worden uitgewerkt? Belangrijke leveranciers worden nu ook onderdeel van de organisatie en moeten worden geïnformeerd en aange-stuurd, en ze worden daarom opgenomen in het organigram.

Onderscheid deelprojecten en projectonderdelen

In deze fase onderzoek je wat de belangrijkste onderdelen van het project zijn of zoek je naar logische stakeholders van taken. Soms leiden deze onderdelen tot een afzonderlijk deelresultaat. Binnen het project 'Opening van het collegejaar' kan bijvoorbeeld onderscheid worden gemaakt tussen een officiële opening met lezingen in de middag en een feest voor medewerkers en studenten 's avonds. Deze onderdelen kun je zien als twee deelprojecten die gedeeltelijk afzonderlijk kunnen worden gecoördineerd.

Soms loopt zelfs de fasering van de verschillende deelprojecten niet helemaal parallel. In dat geval kun je ervoor kiezen om afzonderlijke planningen te maken voor elk deelproject. Wel is het dan aan te bevelen om daarnaast een overallplanning te maken.

Binnen (deel)projecten zijn vaak weer onderdelen te onderscheiden. Het deel-project feest valt bijvoorbeeld uiteen in de onderdelen zaal, optredens, catering, uitnodigingen enzovoort.

Stel een activiteitenoverzicht (breakdown) op.

Als volgende stap wordt ieder onderdeel (per fase en/of deelproject) nader uit-gewerkt in afzonderlijke activiteiten of taken. Het onderdeel catering van het feest kan namelijk nog weer worden opgesplitst in een aantal taken. De eenvou-dige breakdown van de catering kan er bijvoorbeeld als volgt uitzien:

– het zoeken van cateringbedrijven;
– het opvragen van informatie;
– het voeren van onderhandelingen;
– het geven van de opdracht.

In de volgende fase (uitwerkingsfase/productieplan) worden productiemede-werkers in veel gevallen onderdeel van de organisatie en krijgen dan ook een plaats in het organigram.

5.3.3   Faciliteiten

O Stap 31
Stel een facilitair plan (F) op.

Deze stap valt (indien van toepassing) uiteen in drie onderdelen:
- *Locatieplan:* voor welke locatie is definitief gekozen en waarom? Hoe moet de locatie worden ingedeeld en ingericht? Hoe kunnen alle praktische zaken met betrekking tot de locatie worden beschreven (denk bijvoorbeeld aan eisen met betrekking tot veiligheid)? Belangrijk: de eerder genomen optie op de locatie moet nu worden omgezet in een definitieve reservering. Daarbij zullen ook de definitieve facilitaire eisen met betrekking tot de locatie moeten worden vastgesteld.
- *Facilitair plan:* hoe kunnen de noodzakelijke facilitaire voorzieningen worden beschreven en hoe en waar zijn deze te verkrijgen (maak een materiaallijst met prijzen en voorwaarden)?
- *Juridisch plan* of *vergunningenplan:* welke vergunningen, goedkeuringen, rechten (denk ook aan auteursrechten) en andere juridische zaken zijn noodzakelijk en hoe worden of zijn deze verkregen?

5.3.4   Tijd

O Stap 32
Maak een gedetailleerde tijdsplanning (T) voor de volgende fase (uitvoeringsfase).

Hier is de centrale vraag: Hoe ziet de nieuwe tijdsplanning (balkenschema) eruit, van het eind van de voorbereidingsfase tot en met de afronding en evaluatie van het project? Om de tijdsplanning te kunnen gebruiken om de voortgang van de eerstvolgende fase (uitwerkingsfase) te kunnen bewaken, dient de planning voor die fase een uitgebreid activiteitenoverzicht te bevatten. De fasen daarna kunnen globaler worden beschreven. Soms is het handig om voor de uitwerkingsfase een afzonderlijke tijdsplanning (ook wel draaiboek genoemd; zie hoofdstuk 6) te maken.

Het opzetten van de tijdsplanning voor de rest van het project begint met een analyse van het werkproces. Met andere woorden: wat moet er achtereenvolgens nog gebeuren om het projectresultaat te bereiken? In deze fase maken we dus een verder uitgewerkte versie van de Work Breakdown Structure (WBS) uit het projectvoorstel, ook wel GANTT-chart genoemd. Inmiddels moet bekend zijn welke voorzieningen (mensen, hulpmiddelen, ruimten) beschikbaar zijn. In het projectvoorstel is in een aantal stappen het projectproces gestructureerd met behulp van een breakdown. Zoals gezegd kunnen we voor het maken van de projectplanning in deze fase hierop voortbouwen. Daarom gaan we hierna in op uitwerking van de WBS naar een GANNT-chart.

De tijdsplanning die in de eerste fase van het project (projectvoorstel) wordt opgesteld, is een mengvorm van een globale en een detailplanning. In die globale planning was alleen de eerstvolgende fase uitgewerkt tot op het niveau van concrete activiteiten of taken. In de daaropvolgende fasen wordt de tijdsplanning (in de voorbereidingsfase in de GANNT-chart in het projectplan, en in de uitvoeringsfase in de draaiboek(en) in het productieplan) op detailniveau verder uitgewerkt om de voortgang gedurende de uitvoering van het project effectief te kunnen bewaken.

Het is het meest realistisch om degene die de taak moet uitvoeren te vragen hoeveel tijd hij daarvoor nodig denkt te hebben. Dat maakt hem medeverantwoordelijk voor de opgestelde planning. Om ervaring op te bouwen voor het plannen van volgende projecten is het heel waardevol om de werkelijke duur van activiteiten tijdens de uitvoering van het project in de planning aan te geven. Op deze manier krijg je een steeds realistischer gevoel voor de tijd die verschillende activiteiten vragen.

Of je nu met het aangeven van de doorlooptijden begint bij de eerste taak of bij de laatste mijlpaal en dan terug gaat plannen, in beide gevallen zal de planning sluitend gemaakt moeten worden. Dit houdt in dat alle taken uiteindelijk binnen de totaal beschikbare tijd gerealiseerd moeten worden. Wanneer je de planning niet sluitend krijgt, kun je bijvoorbeeld taken meer laten overlappen dan je aanvankelijk had gedaan. Ook kun je kijken of het mogelijk is om doorlooptijden in te korten door bijvoorbeeld meer capaciteit (menskracht of hulpmiddelen) in te zetten. In het uiterste geval moet je soms onderdelen laten vervallen, of onderzoeken of de uiterste deadline nog wat opgeschoven kan worden. Het is raadzaam om wijzigingen in de planning door te voeren in overleg met de mensen die de geplande taken straks moeten gaan uitvoeren.

Wanneer de definitieve planning klaar is, zal deze soms ter goedkeuring worden voorgelegd aan de interne of externe opdrachtgever van het project. Als echt projectmatig wordt gewerkt, maakt de planning vaak deel uit van een beslisdocument (bijvoorbeeld initiatiefrapport, projectplan of productieplan) dat aan het eind van een fase wordt opgesteld.

Als het project echt van start gaat, moet tijdens de uitvoering van de activiteiten die vooraf in de planning zijn opgenomen een voortgangsbewaking plaatsvinden. Dat is een vaak vergeten onderdeel van het planningsproces. Alleen met een regelmatige voortgangsbewaking tijdens de uitvoering is het mogelijk het werkelijke verloop van de geplande activiteiten bij te sturen.
Het is verstandig om de voortgangsbewaking een vast agendapunt te laten zijn van projectteam- of productievergaderingen. Tijdens elke vergadering wordt dan de actuele stand van de activiteiten door middel van een verticale standlijn op de planning aangegeven.

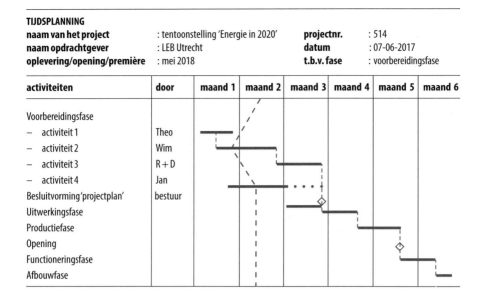

TIJDSPLANNING							
naam van het project	: tentoonstelling 'Energie in 2020'		projectnr.	: 514			
naam opdrachtgever	: LEB Utrecht		datum	: 07-06-2017			
oplevering/opening/première	: mei 2018		t.b.v. fase	: voorbereidingsfase			

activiteiten	door	maand 1	maand 2	maand 3	maand 4	maand 5	maand 6
Voorbereidingsfase							
– activiteit 1	Theo						
– activiteit 2	Wim						
– activiteit 3	R + D						
– activiteit 4	Jan						
Besluitvorming 'projectplan'	bestuur						
Uitwerkingsfase							
Productiefase							
Opening							
Functioneringsfase							
Afbouwfase							

Figuur 5.5   Voorbeeld van een planning van een expositieproject

De planning die in figuur 5.5 is afgebeeld, is gemaakt voor het projectvoorstel en is in deze fase gebruikt voor de voortgangsbewaking. Dat is te zien aan de verticale standlijn, aangebracht op de helft van de tweede maand. De conclusie die je daaruit kunt trekken, is dat het werkelijke verloop van activiteit 2 achterloopt op de planning. Omdat het hier gaat om een activiteit op het kritieke pad, vraagt dit om bijsturing. Als er geen actie wordt ondernomen, is de kans groot dat de uiteindelijke deadline van het project zal worden overschreden.

5.3.5   Informatie

▶ Stap 33
Bezin je op het projectinformatiesysteem (I).

Hier is de vraag: Moet het beheers- en bewakingssysteem voor de informatievoorziening nog worden aangepast en, zo ja, op welke wijze?

5.3.6   Geld

▶ Stap 34
Maak een kostenbegroting op onderdelen (elementen van het project).

Hier gaat het om de volgende vragen: Hoe ziet de begroting per onderdeel van het project eruit? Hoe ziet het dekkingsplan eruit? Wat kan op dit moment gezegd worden over de stand van het budget?

En verder:
- Houd een boekhouding bij.
- Regel contracten en financiële afspraken.
- Stel entreegelden, deelnemersbijdragen en andere inkomsten vast.
- Stel de financiële vergoeding voor artiesten, sprekers enzovoort vast.

Elementenbegroting

Nadat het plan of het ontwerp in de voorbereidingsfase is ontwikkeld, moet op basis daarvan opnieuw een begroting worden gemaakt. Aan het eind van deze fase moet het plan worden beoordeeld en moet het mogelijk zijn daarbij inhoudelijke prioriteiten te stellen, met inzicht in de financiële consequenties. Ten behoeve van deze besluitvorming moeten de kosten van elk element inzichtelijk zijn. In de elementenbegroting zijn alle onderdelen van het plan in kosten uitgedrukt. Deze begroting is dus gedetailleerder dan de raming uit het projectvoorstel. Binnen de hoofdkostensoorten worden de kosten van alle relevante projectonderdelen en andere posten nu afzonderlijk genoemd. Het totaalbedrag van de elementenbegroting moet uiteraard binnen het goedgekeurde budget vallen. Voor een goede vergelijking met het budget is het aan te bevelen om in de elementenbegroting een extra kolom op te nemen met de bedragen uit de raming van de vorige fase waarop het budget is gebaseerd. Ook bij een elementenbegroting behoort een toelichting waarin duidelijk wordt gemaakt waarop de belangrijkste posten zijn gebaseerd. Verder moeten in de toelichting de belangrijkste verschillen ten opzichte van de vorige begroting worden verklaard. In sommige gevallen is de onderverdeling in elementen niet relevant. In zo'n geval wordt aan het eind van de voorbereidingsfase een andersoortige begroting gemaakt op basis van benodigde uren en materiaalkosten. Op de website is een voorbeeld van een dergelijke begroting van een festival opgenomen. In figuur 5.6 zie je een voorbeeld van een AV-project.

In deze fase van het project zullen de eerste echte verplichtingen worden aangegaan. Meestal gebeurt dat via schriftelijk of online gegeven opdrachten, bijvoorbeeld als het gaat om locaties, adviseurs, fabrikanten, leveranciers, verhuurbedrijven, artiesten en andere dienstverleners.

Het projectteam heeft de verantwoordelijkheid om efficiënt met het beschikbare budget om te gaan en zal daarom, voordat een opdracht voor een bepaalde levering wordt gegeven, offertes moeten gaan opvragen bij verschillende leveranciers.
Om een scherpe prijs te kunnen krijgen worden vaak meer offertes aangevraagd. Doorgaans bieden drie offertes voldoende garantie voor een concurrerende prijs. Om een goede vergelijking te kunnen maken moet je ervoor zorgen dat alle leveranciers hun offerte of prijsaanbieding op dezelfde aanvraag baseren. Dit garandeert nog niet dat je identieke offertes krijgt. Elk bedrijf heeft zijn eigen manier om offertes op te stellen. Het vergelijken van offertes vereist dan ook enige vaardigheid. Het moet bijvoorbeeld duidelijk zijn of de prijs

PROJECTPLAN

inclusief of exclusief btw is en of er kortingen gegeven worden. Ook moeten de hoeveelheden en de beschrijvingen nauwgezet worden vergeleken om een economisch verantwoorde keuze te kunnen maken. Daarbij gaat het niet alleen om de prijs, maar ook om de prijs-kwaliteitverhouding. Blijft er onduidelijkheid, dan is het verstandig om de leverancier te bellen. Zo kun je zijn betrouwbaarheid en serviceverlening inschatten en latere teleurstellingen voorkomen. Het is altijd raadzaam opdrachten schriftelijk te verstrekken door middel van een opdrachtbevestiging per mail. Het verdient aanbeveling om hoeveelheden, technische specificaties, leveringsvoorwaarden en prijzen expliciet in de opdrachtbevestiging te noemen. In voorkomende gevallen moet worden verwezen naar de offerte waarop de opdracht is gebaseerd of naar eventuele tekeningen of beschrijvingen als bijlagen.

In een aantal gevallen zullen verplichtingen niet via een opdracht maar door middel van contracten of overeenkomsten worden aangegaan. Hierbij kan worden gedacht aan een arbeidscontract, een huurcontract, een artiestencontract, een sponsorcontract of een contract met een cateringbedrijf. Neem de tijd om ook de kleine lettertjes te lezen en vergeet niet dat contracten door beide partijen ondertekend moeten worden om ze rechtsgeldig te maken. Op de website vind je voorbeelden van allerlei soorten contracten.

Standaardposten van een projectbegroting

In de uitleg over de kostenraming in het projectvoorstel werd al vermeld dat het aanbeveling verdient om voor de hoofdkostensoorten in het raamwerk standaardposten te hanteren. Gebruik deze indeling in standaardposten niet als een keurslijf. Wijzig per project de benamingen van de kostensoorten en de volgorde van posten wanneer daarvoor aanleiding bestaat. Als een bepaalde post niet van toepassing is, kan dat in de projectbegroting worden vermeld of kan de post worden weggelaten. In het hoofdstuk over de kostenraming in het projectvoorstel werden de duizendtallen toegelicht. Aangezien je in deze fase van het project door het opvragen van offertes een scherper beeld krijgt van het gewenste projectresultaat en de kosten, ga je de duizendtallen nu verder uitwerken in de honderdtallen. We geven hierna een korte toelichting per post.

Bij 100 *Personeelslasten* worden alle kosten opgevoerd die moeten worden gemaakt voor de betaling van de medewerkers aan het project. Dat kunnen brutolonen, vakantietoeslagen, pensioenpremies en werkgeverslasten zijn ten behoeve van medewerkers die gedurende een bepaalde tijd in loondienst komen. Het kunnen ook de honoraria zijn voor medewerkers die een van tevoren overeengekomen dienst ten behoeve van de productie leveren, zoals een componist, een decorontwerper, een lichtontwerper, een kledingontwerper, een schrijver, een publiciteitsontwerper en soms de regisseur.
Mensen die vast aan de productie verbonden zijn – die, zoals dat heet, in een gezagsverhouding tot de werkgever staan –, mogen niet worden beloond in de vorm van een honorarium, maar moeten een arbeidsovereenkomst krijgen

Kostenbegroting AV-project

naam van het project: 'Max Havelaar tegen de stroom in' (FICTIEF PROJECT!)
soort project: documentaire (52 min.) op Betacam SP
projectnr.: 804
naam projectverantwoordelijke: Jan Steenhuis/STEENHUIS Producties
datum: 30 juli 2017
oplevering/opening/première: 15 december 2017
fase: ontwikkelingsfase

kosten-soort	omschrijving	kosten		totaal
		materiaal en derden	loonkosten	
1000	Locatiekosten	-	-	-
2000	Directe productiekosten (techniek en organisatie)	87.280	-	87.280
2100	- apparatuur en materiaal	30.520		
2200	- per diem en transport	53.000		
2300	- overige directe productiekosten	3.760		
3000	Directe productiekosten (mensen)	-	46.000	46.000
3100	- honorarium opnameperiode		39.600	
3200	- honorarium reisdagen		6.400	
4000	Ontwikkeling en voorbereiding		34.950	34.950
4100	- ontwikkelingskosten (voorbereidingsbudget)		28.200	
4200	- honorarium voorbereiding opnames		6.750	
5000	Bijkomende kosten	34.400		34.400
5100	- verzekeringen	6.300		
5200	- rechten manuscript	15.000		
5300	- rechten (Benelux)	13.100		
6000	Montage	29.650	29.300	58.950
6100	- offline montage	6.500	27.500	34.000
6200	- online montage	23.150	1.800	24.950
7000	Promotie, publiciteit en pr	-	-	-
8000	Algemene kosten, onvoorzien en winst			63.850
8100	- financieringskosten			3.000
8200	- onvoorzien (9%) x € 264.580			23.812
8300	- overhead (5%) x € 264.580			13.226
8400	- producers fee (9%) x € 264.580			23.812
	Raming projectkosten (excl. BTW)			**325.430**
	Belasting (BTW)			(alles incl.)
	Raming projectkosten (incl. BTW)			
9000	Dekkingsplan/opbrengsten/inkomsten			325.430
9100	- aandeel financiering STEENHUIS Producties			22.930
9200	- aandeel partners			170.000
9300	- bijdrage fondsen en sponsors			132.500
	Positief/negatief projectresultaat in €			0

Figuur 5.6 Voorbeeld elementenbegroting AV-project

PROJECTPLAN

en komen dus in loondienst. Afhankelijk van hoe de voorstellingen verlopen (compacte speelperiodes of verspreid), kunnen contracten voor bepaalde tijd of dagcontracten worden afgesloten.

De posten 200 *Huisvestingskosten* en 300 *Bureaukosten* zijn onderdeel van de bedrijfslasten: de kosten die gemaakt moeten worden om het bedrijf in stand te houden. Hieronder vallen onder andere huisvestingskosten, kantoor- en inrichtingskosten, administratiekosten, verzekeringspremies, algemene kosten voor publiciteit, porto- en telefoonkosten en accountantskosten. Dikwijls zullen er ook kosten zijn als er geen productie wordt gemaakt. De verkregen subsidie mag echter slechts gebruikt worden om de kosten ten behoeve van een productie te dekken. In dat geval is het nodig om zo exact mogelijk de algemene bedrijfslasten aan de productie toe te rekenen.

Bij 410 *Productiekosten* worden kosten opgevoerd die gemaakt worden om alle financiële verplichtingen tot aan de première te voldoen, uiteraard uitgezonderd de personeelslasten. Grofweg gaat het onder andere om kosten voor het maken van het decor (materiaal en arbeidsloon), voor rekwisieten en kleding, voor geluids- en muziekopnames, voor de huur van theatertechnisch materiaal, van repetitieruimte en/of van een zaal ten behoeve van generale repetities, try-outs en de première, voor auteursrechten en voor het vervoer van medewerkers en materiaal, en om publiciteitskosten die specifiek op de productie betrekking hebben.

Onder 420 *Voorstellings- of dagkosten* vallen alle kosten die gemaakt worden om de voorstellingen te kunnen draaien, met uitzondering van de personeelslasten. Het gaat hier onder andere om kosten voor het onderhoud van decor, kostuums en rekwisieten, om uitgaven aan kapwerk en grime, om vervoerskosten van spelers, technici en materiaal, voor séjours en eventueel zaalhuur, en om kosten voor voorstellingspubliciteit en voor opvoeringsrechten.

Onder 500 *Kosten publiciteit en promotie* vallen promotiekosten, bijvoorbeeld kosten voor advertenties, promotie en persmappen. Maar ook gaat het hier om de kosten van de website, van drukwerken zoals programmaboekjes, brochures, posters, flyers, uitnodigingen en entreekaartjes, inclusief de portokosten en de kosten voor de distributie van dat drukwerk. Ook de kosten van pr en sponsorwerving vallen hieronder, bijvoorbeeld de kosten van de wervingsbrochure voor sponsors, de kosten van ontvangst van sponsors en de kosten van relatiegeschenken. Daarnaast worden de kosten van de première hieronder begrepen, inclusief de kosten van persontvangsten.

Onder de kostensoort 600 *Opbrengsten* vallen de baten van bijvoorbeeld voorstellingen. Dat kunnen recettes of uitkoopsommen zijn, maar ook partages, voorstellingssubsidies of garanties. Daarnaast zijn er soms ook opbrengsten door verkoop van posters, programma's, tekstboekjes of cd's. Ook afspraken met een omroep over een registratie van de voorstelling voor latere uitzending kunnen inkomsten genereren.

BEGROTING PROJECTKOSTEN				
naam van het podiumproject	:	projectnr.	:	
naam projectverantwoordelijke	:	datum	:	
datum première	:	t.b.v.	: *voorbereidingsfase*	

Kosten-soort	Omschrijving		Bedrag	Totaal
100	*Personeelslasten (totaal)*			
110	*– Zakelijke leiding*			
120	*– Artistieke staf*			
130	*– Administratief personeel*			
140	*– Uitvoerend personeel*			
150	*– Overige personeelslasten*			
200	*Huisvestingskosten (kantoor)*			
300	*Bureaukosten*			
400	*Activiteitenkosten*			
410	*– Productiekosten/onderzoekskosten*			
420	*– Voorstellingskosten*			
500	*Kosten publiciteit en promotie*			
	Totale lasten			
600	*Inkomsten (totaal)*			
610	*– Publieksinkomsten*			
620	*– Sponsorbijdragen*			
630	*– Inkomsten media*			
640	*– Overige inkomsten*			
700	*Subsidies (totaal)*			
710	*– Subsidies provincies*			
720	*– Subsidies gemeenten*			
730	*– Overige subsidies*			
	Totale baten			
	Begroot tekort			

Figuur 5.7 Raamwerk voor een begroting van podiumprojecten

Het voorgaande is slechts een globale opsomming van de kostensoorten binnen de hoofdelementen van een begroting. Het voert te ver om alle begrotingsposten hier nog uitgebreider te behandelen. In sommige gevallen kan de eerdergenoemde standaardindeling van een begroting niet worden toegepast, omdat subsidiegevers een eigen begrotingsindeling voorschrijven. Zo hanteert het Fonds voor de Podiumkunsten een eigen raamwerk. Op de website staat meer informatie hierover. Soms moet je werken met de begroting van een instelling of bedrijf waarvoor je een evenement gaat organiseren. Op de website vind je een voorbeeld van een begroting van een groot evenement zonder nummering, maar met een hele duidelijke onderverdeling in posten.

◉ Stap 35
Maak een dekkingsplan voor het project.

Nu je in deze fase weet hoeveel het project precies gaat kosten, is het ook van belang om in kaart te gaan brengen hoe de inkomsten worden gegenereerd. Dat doe je door alle kosten van het project minus de inkomsten te berekenen. Als deze berekening op € 0 uitkomt, noemen we het een 'break-even'; als het project meer kost dan het op gaat leveren, noemen we dat een exploitatietekort. Een tekort is natuurlijk niet wenselijk, dus dan moet je op zoek gaan naar een oplossing voor het exploitatietekort en moet er een 'dekkingsplan' komen. Soms is dat geïntegreerd in de begroting en soms is het een apart overzicht, zoals in de begroting van het AV-project in figuur 5.6. In het dekkingsplan staat vermeld welk deel van het tekort uit eigen middelen kan worden aangevuld, welk deel door crowdfunding, fondsen en/of sponsors en welk deel door subsidiënten of investeerders wordt gedekt. Het woord zegt het al: het dekkingsplan moet dekkend zijn voor de projectkosten en mag géén tekort vertonen.

5.4   Het besluitvormingstraject: het projectplan

Ten behoeve van de verdere besluitvorming moet het projectplan voor de opdrachtgever voldoende informatie bevatten om een exact beeld te kunnen krijgen van het project. Verder moet het inzicht geven in de activiteiten die nog verricht moeten worden om dit resultaat te bereiken. Voor marktgerichte projecten (zoals publieksevenementen) moet het projectplan bovendien een marketingplan bevatten en moet het risico van het project duidelijk in beeld worden gebracht. Je moet immers nog publieksinkomsten genereren, die pas binnen kunnen komen als een groot deel van het project al georganiseerd is. Zonder bevestigde artiesten en een gehuurde locatie kun je bijvoorbeeld geen kaartjes gaan verkopen voor een evenement. Ook moet worden beschreven op welke wijze, met welke middelen en langs welke kanalen er gecommuniceerd gaat worden (communicatieplan) en welke fondsen, sponsors of andere investeerders benaderd gaan worden (fondsenwervingsplan). Verder moet de opdrachtgever in het projectplan inzicht krijgen in de *consequenties* met betrekking tot gemaakte of aangepaste keuzes en de voortgang, zoals het (aangepaste) budget en dergelijke.

Als het projectplan voldoende inzicht geeft, is de opdrachtgever in staat om zich een beeld te vormen van de staat van het project en kan hij een besluit nemen over het al dan niet laten uitwerken van het projectplan in een productieplan tijdens de uitwerkingsfase (ten behoeve van de uitvoering of productie).

❯ Stap 36

Verwerk de informatie die in de voorbereidingsfase is verzameld in het format voor het projectplan.

De antwoorden op de vragen uit de voorgaande stappen zijn de bouwstenen voor de teksten voor de verschillende hoofdstukken en paragrafen van het projectplan. De kern van het projectplan wordt gevormd door het gedetailleerde *inhoudelijke* plan of ontwerp. De hoofdstukindeling van een projectplan kan er als volgt uitzien:
- inhoudsopgave;
- inleiding;
- projectinhoud;
- projectmarketing en -communicatie;
- beheersaspecten;
- bijlagen.

De in de voorbereidingsfase gemaakte keuzes en de daarbij behorende consequenties vormen, na goedkeuring van het projectplan door de opdrachtgever, de nieuwe basis voor het projectteam tijdens de volgende fase (uitwerkingsfase). Over de omvang van een projectplan valt moeilijk een richtlijn te geven. Deze is namelijk sterk afhankelijk van de aard en de omvang van het evenementenproject zelf, maar uiteraard ook van het doel waarvoor het projectplan wordt geschreven. Steeds zal een verantwoorde balans gezocht moeten worden tussen enerzijds de inspanning die verricht moet worden om alle conclusies uit deze fase in een gedegen plan te beschrijven en te tekenen, en anderzijds het doel dat hiermee wordt gediend. Daarbij moet je ook in ogenschouw nemen dat niet iedere opdrachtgever de behoefte en/of tijd heeft om alles tot in detail voorgeschoteld te krijgen en te lezen.

Je moet ervan uitgaan dat het projectplan ook los van het projectvoorstel begrepen moet kunnen worden, maar het moet wel duidelijk zijn dat het een beslisdocument in een reeks is. Ook bij een projectplan moet bij het kiezen van de toon worden gekeken welke functie het moet vervullen, en bij wie. Omdat met een projectplan ook vaak weer mensen enthousiast gemaakt moeten worden (intern draagvlak), zijn de vormgeving en de toon van deze rapportage erg belangrijk. Wanneer de projectopdracht inhoudt dat een *plan* ontwikkeld moet worden voor bijvoorbeeld een manifestatie of expositie, dan is het projectplan tevens het eindproduct van het project. De feitelijke realisatie van het plan valt in dit geval buiten het kader van het project. Op de website vind je ook het format voor een projectplan, zodat je er gelijk mee aan de slag kunt gaan.

○ Stap 37
Maak het projectplan tot een compleet rapport met kop, romp en staart.

Als de inhoud van het projectplan is geformuleerd, dient het nog gecompleteerd te worden met een omslag, een samenvatting van de kerngegevens op het titelblad (het blad na de omslag), eventueel een voorwoord en een managementsamenvatting, een inhoudsopgave en de bijlagen.

5.5   Format projectplan

Het projectplan moet, ten behoeve van de verdere besluitvorming, zoveel informatie bevatten dat de opdrachtgever zich een *exact* beeld kan vormen van het project, inclusief alle consequenties. De thema's in het format zijn gerangschikt op basis van de stappen uit het voorgaande hoofdstuk.

Omslag

Kerngegevens

Inhoudsopgave

1   Inleiding
- In herinnering roepen van de vraagstelling of opdrachtformulering uit het projectvoorstel.
- Wat is dit voor rapport, voor wie is het geschreven en wat is het doel ervan?
- Wat is de relatie met andere beslisdocumenten (iets over gefaseerde besluitvorming)?
- Wat is vermeldenswaard over de periode na het verschijnen van het vorige beslisdocument?
- Wat kan de lezer in dit rapport verwachten (korte opzet van rapport)?
- Wat is de status van het rapport (bijvoorbeeld concept, definitief, goedgekeurd, enzovoort)?

2   Projectinhoud
- Korte beschrijving van de algemene uitgangspunten of het basisconcept op basis waarvan het plan of ontwerp in deze fase is gemaakt.
- Exacte beschrijving van het concrete projectresultaat in de vorm van een gedetailleerd plan of ontwerp. Het gaat hier om exacte tijden, programmering/namen, maten, plaatsaanduidingen, locaties enzovoort. Waar nodig kan dit worden toegelicht met behulp van ontwerptekeningen. Maak voor elk programma- of projectonderdeel (opening, feest, workshop, wedstrijd enzovoort) overeenkomstige beschrijvingen en/of ontwerpen.
- Sfeerschets: levendige beschrijving van de manier waarop het projectresultaat beleefd gaat worden door de toekomstige bezoeker/deelnemer.
- Indien relevant: globale beschrijving van productiemethoden en uitvoeringshulpmiddelen (kwalitatief) (uitgebreide productiegegevens volgen later in het productieplan).
- Eventuele verdere toelichtingen, opmerkingen en bijzonderheden.

3   Projectmarketing en -communicatie
- Beschrijving eventuele bijstellingen m.b.t. communicatiestrategie na het projectvoorstel.
- Beschrijving marketingplan.
- Beschrijving fondsenwervingsplan.
- Beschrijving communicatieplan.

4   Beheersaspecten (KOFTIG)
Let op: Geef bij de beschrijving van de volgende aspecten steeds de eventueel gewijzigde uitgangspunten t.o.v. het goedgekeurde projectvoorstel aan:
- Kwaliteit: eventuele opmerkingen over de kwaliteitsbewaking.
- Organisatie: maken van een bijgestelde opzet voor de projectorganisatie (organigram) t.b.v. de volgende fase.
- Faciliteiten vallen uiteen in:
    • locatieplan: met motivering van de locatiekeuze, inrichtingsplan en beschrijving van alle praktische zaken m.b.t. de locatie;
    • facilitair plan: uitgebreide beschrijving van de noodzakelijke facilitaire voorzieningen en hoe deze beschikbaar te krijgen;
    • juridisch of vergunningenplan: met overzicht van de noodzakelijke vergunningen, goedkeuringen, te verwerven rechten enzovoort en de aanpak daarvan.
- Tijd: overall tijdsplanning in de vorm van een balkenschema, beginnend bij eind voorbereidingsfase en eindigend bij eind project. Met een uitgebreid activiteitenoverzicht over de eerstvolgende fase (uitwerkingsfase).
- Informatie: eventueel bijstellen van bewakingssysteem voor de projectinformatie.
- Geld: elementenbegroting en dekkingsplan, eventueel in combinatie met een budgetrapportage. Zowel de begroting als de budgetrapportage voorzien van afzonderlijke toelichting per post.

Kader 5.3

PROJECTPLAN

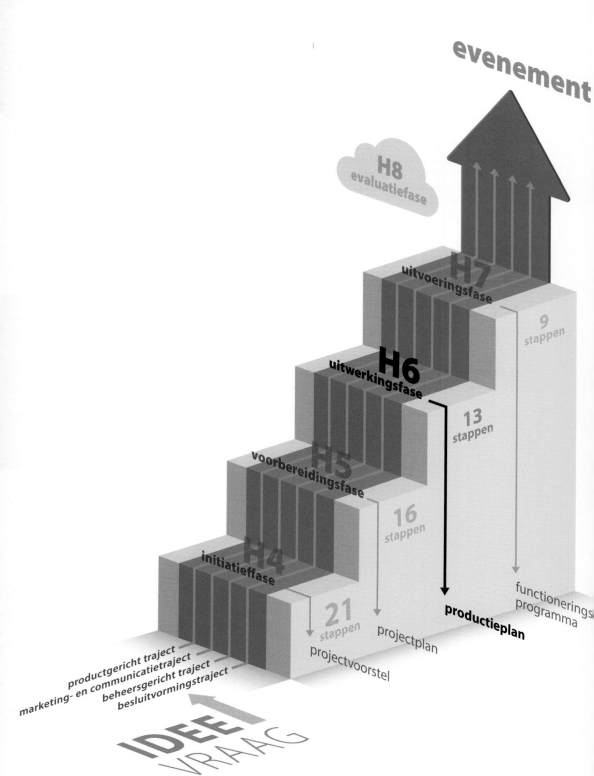

evenement

H8
evaluatiefase

uitvoeringsfase H7

9
stappen

H6
uitwerkingsfase

13
stappen

voorbereidingsfase H5

16
stappen

initiatieffase H4

21
stappen

functionerings
programma

productieplan

projectplan

projectvoorstel

productgericht traject
marketing- en communicatietraject
beheersgericht traject
besluitvormingstraject

IDEE
VRAAG

We noemen de uitwerkingsfase ook wel de productiefase, waarin je het inhoudelijke plan of ontwerp dat je in de voorbereidingsfase hebt ontwikkeld praktisch gaat vertalen voor de medewerkers die verantwoordelijk zijn voor de uitvoering van het project. Het projectplan uit de vorige fase wordt nu zodanig technisch vertaald en tot in detail uitgewerkt, dat het zonder meer uitgevoerd kan worden, eventueel door een ander team (uitvoerings- of productieteam). Alle productiegegevens worden vastgelegd in het *productieplan*. Het productieplan wordt ook wel een uitvoeringsprogramma of draaiboek genoemd. In het productieplan van een festival of conferentie zal een apart *draaiboek* worden opgenomen voor de opbouw en eventueel ook al de eerste opzet voor het draaiboek van het evenement zelf. Aan het einde van de uitwerkingsfase zijn alle definitieve keuzes voor de uitvoering gemaakt.

Leerdoelen

Na het doorlopen van de stappen in dit hoofdstuk ben je in staat om:
- het plan of ontwerp van het project uit het projectplan te vertalen naar inhoudelijke, technische en organisatorische productie-informatie;
- de actieplannen te operationaliseren en uit te voeren voor marketing, fondsenwerving en communicatie;
- de keuzes die zijn gemaakt met betrekking tot de kwaliteitscriteria te verantwoorden;
- een opzet te maken voor de uitvoerings- of productionele organisatie;
- het facilitair plan te vertalen in een uitvoeringsplanning (draaiboeken voor opbouwfase, het project zelf en afbouwfase);
- een gedetailleerde werkbegroting te maken ten behoeve van de bewaking van het budget tijdens de productie;
- een productieplan voor een project op te leveren.

In deze fase worden keuzes gemaakt over de wijze van produceren. Bij festivals en evenementen staat duurzaamheid steeds vaker centraal, omdat opdrachtgevers dat belangrijk vinden of omdat overheden dit als voorwaarde stellen voor bijvoorbeeld het verkrijgen van een vergunning voor het project. De ontwikkelingen op dit gebied gaan razendsnel en daarom volgt in de casus in kader 6.1 een korte beschrijving van de huidige trends, zodat je hier in de productiefase van het project rekening mee kunt houden.

Casus Trends in duurzaamheid bij evenementen en festivals

Transitie naar duurzaam produceren

Flip Geurts is projectmanager bij UMEF (United Music Events Foundation) en spreekt veel verschillende spelers in de branche. 'Er is een transitie in de markt gaande, organisaties verschuiven hun focus van het stimuleren van duurzaam gedrag van bezoekers, door bijvoorbeeld het heffen van statiegeld op drinkbekers, naar het duurzaam produceren van een festival', aldus Flip. Deze verschuiving levert al snel meer op als het gaat om energiebesparing en vermindering van de CO_2-uitstoot. Door na te denken over het inzetten van duurzamere leveranciers voor drankbevoorrading, intensief samen te werken met afvalverwerkingsbedrijven en het gebruik van hernieuwbare energie kan de impact op het milieu aanzienlijk worden verminderd.

Energie besparen

Een aspect van festivals waar nog veel te winnen valt op het gebied van energiebesparing, en daarmee vermindering van de CO_2-uitstoot, is verlichting. Een praktijkvoorbeeld van Jorn Kortooms (zelfstandig allround theatertechnicus) geeft de mogelijkheden goed weer: 'Stel we nemen een prikkabel, je kent ze wel, een snoer met tien lampjes erin. Een prikkabel verbruikt per lampje 25 watt per uur. Dat is 10 maal 25 is 250 watt per uur voor een kabel. Meestal worden er meerdere kabels aan elkaar aangesloten. Een LED-prikkabel gebruikt echter 1 watt per uur per lampje, en dus 10 watt per kabel. Dat is nogal een verschil.'

Inhaken op duurzaamheidstrend

Organisaties haken in op de trend om duurzamer te produceren, en belangenpartijen juichen de ontwikkelingen toe. Er zijn verschillende partijen die ondersteuning en advies bieden ter bevordering van het duurzaam produceren van festivals en andere evenementen. Deze partijen hebben vaak de kennis en connecties in huis om een festival klimaatneutraal te maken. Liza Heykoop, marketingmanager bij FairClimateFund, legt dit uit: 'Wij berekenen de volledige CO_2-uitstoot van het festival en adviseren de organisatie vervolgens waar er CO_2 en dus meestal ook kosten bespaard kunnen worden. De onvermijdelijke restuitstoot kan dan vervolgens gecompenseerd worden met CO_2-rechten. In ons geval komen deze rechten uit ontwikkelingsprojecten in India en Afrika. Op deze manier is een festival volledig klimaatneutraal op een eerlijke manier.' Partijen zoals UMEF, Green Key en Duurzame Evenementen Utrecht werken met behulp van scans en checklists waarmee een advies wordt gevormd. Voor de uitvoering van dit advies bieden ze vervolgens de ondersteuning en een netwerk aan contacten die de organisatie van dienst kunnen zijn.

Van intentie naar actie

Toch mag er nog wel wat meer transparantie komen en kennis worden gedeeld over de duurzame acties die festivals ondernemen. Zo is nu nog op lang niet alle websites terug te lezen wat een festival precies op dit gebied onderneemt. Waarom festivals belangrijk zijn in het tegengaan van klimaatverandering? Op festivals staan bezoekers open voor nieuwe ideeën en inzichten, alle zintuigen staan op de stand 'ontvangen en beleven'. Het gaat niet alleen maar om kostenbesparing voor de organisaties. Het gaat er ook om dat bezoekers geïnspireerd naar huis gaan en deze inspiratie in hun eigen leven gaan toepassen. Door in deze branche het goede voorbeeld te geven wordt de duurzame gedragsintentie van bezoekers omgezet in actie.

Bron: www.klimaatplein.com/trends-in-duurzaamheid-bij-evenementen-en-festivals, geraadpleegd op 7 november 2016, bewerkt door auteurs

Kader 6.1

In deze fase moet de definitieve keuze worden gemaakt met betrekking tot de wijze van uitvoering, de materialen, de maatvoering, de eventuele roosters van medewerkers, enzovoort. Daarbij moet onder meer geïnventariseerd worden welke informatie allemaal nodig is (werktekeningen, productielijsten, huurlijsten, bestellijsten), wanneer wie wat moet doen (draaiboeken) en wat waar komt te staan (plattegronden). In het plan of ontwerp stond gedetailleerd *wat* er gerealiseerd moest worden, nu gaat het erom *wanneer, waar, hoe, waarmee* en *door wie* het gemaakt gaat worden. Het gaat nu dus om vooral praktische informatie. De resultaten van de uitwerkingsfase worden gebundeld in het *productieplan*.

Dit rapport is een werkdocument en dus niet al te beschrijvend, maar vooral een schematische weergave van de productie van het project, en kan onder meer het volgende bevatten: draaiboeken, productielijsten met eventueel werktekeningen, plattegronden met verschillende doeleinden, vrijwilligersplan, roosters en repetitieschema's. Zie de website voor verschillende voorbeelden.

Aan het eind van de uitwerkingsfase wordt meestal de ingrijpende *go-/no-go-*beslissing genomen. Na deze beslissing kan het project niet meer worden afgeblazen zonder grote financiële consequenties, contractbreuken en gezichtsverlies. Soms ligt dit keuzemoment al eerder in het proces.

Het productieplan is:
- een vertaling van het ontwerp naar productie-informatie, met alle technische en organisatorische informatie die nodig is voor de feitelijke productie/uitvoering (wie, wat, waar, wanneer);
- een beschrijving en bewaker van de wijzigingen met betrekking tot de consequenties en randvoorwaarden (KOFTIG);
- een beschrijving van de uitvoering van de actieplannen voor het marketing-/communicatietraject;
- het laatste beslisdocument voor de opdrachtgever.

6.1 Het productgerichte of inhoudelijke traject

De kernactiviteit van de uitwerkingsfase wordt dus gevormd door het uitwerken van het plan voor de uitvoeringsploeg. Dit document bevat alle productiegegevens, inclusief exacte specificaties en beschrijvingen van de organisatorische voorzieningen, en is bedoeld voor de mensen die het festivalterrein daadwerkelijk moeten gaan opbouwen. De opdrachtgever moet, op basis van de informatie in het productieplan, definitief 'groen licht' kunnen geven om het project te laten uitvoeren.

◆ Stap 38

Vertaal het plan of ontwerp van het project uit het projectplan naar productie-informatie (zowel inhoudelijk als technisch en organisatorisch).

De vraag is hier: Welke inhoudelijke en productietechnische informatie moet worden beschreven of gevisualiseerd ten behoeve van de realisatie van het project? Inventariseer dus bijvoorbeeld welke informatie de mensen die het evenement gaan opbouwen nodig hebben. Denk hierbij heel praktisch! Beschrijf de productiegegevens, zoals eventuele productiemethoden, uitvoeringshulpmiddelen, materialen enzovoort. Je kunt die informatie vastleggen in bijvoorbeeld plattegronden (binnen/buiten), werktekeningen, technische beschrijvingen en detailtekeningen, maar ook in artiestenlijsten, spelerslijsten, sprekerslijsten met alle relevante informatie, routeschema's (naar de locatie toe, maar ook binnen de locatie), vrijwilligersoverzichten/-planningen, *call sheets*, opbouwdraaiboeken, *cue*-draaiboeken voor de show, repetitieplanning enzovoort. Vergeet in het geval van een publieksproject ook niet de verschillende stakeholders op tijd te betrekken, zoals bijvoorbeeld de gemeente. Zie in kader 6.2 waar je allemaal rekening mee moet houden als je een vergunning gaat aanvragen bij de gemeente. Op de website vind je verschillende voorbeelden van onderdelen van de productie-informatie.

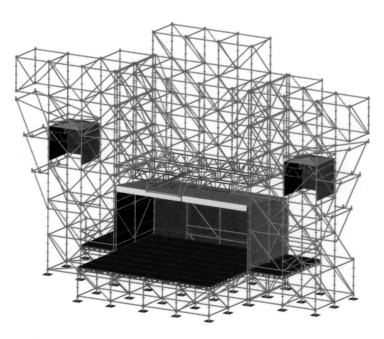

Constructieontwerp podium Amsterdam Open Air festival 2016

Voorbeeld Evenementenvergunning

Een evenement is een gebeurtenis die voor het publiek toegankelijk is. Wil je een groot evenement organiseren, zoals een braderie, optocht, feest, festival, popconcert of sport-wedstrijd op de openbare weg? Dan vraag je een evenementenvergunning aan bij de gemeente. Dit kan alleen in de gemeente waar je het evenement wilt houden. Dat doe je minimaal twaalf weken van tevoren. Bereid je goed voor op de aanvraag en zorg dat de volgende gegevens bekend zijn voordat je de aanvraag gaat indienen:

– omschrijving van de activiteiten op het evenement;
– datum en tijdstip van het evenement;
– datum en tijdstip van het opbouwen en afbouwen van het evenement;
– verwachte aantal bezoekers of deelnemers;
– beschikbare hulpploegen, zoals EHBO en beveiliging;
– of er straten afgesloten moeten worden;
– verwachte geluidsproductie (soort, tijd, locatie, dB's);
– wijze van stroomvoorziening van het evenement;
– of je alcoholhoudende dranken schenkt;
– tekening van het terrein of de route;
– technische gegevens over bouwwerken op het evenemententerrein (aan laten leveren door leveranciers);
– hoe en door wie het terrein na afloop wordt schoongemaakt.

Het kan zijn dat je nog andere vergunningen of ontheffingen moet aanvragen. Bijvoor-beeld een parkeerontheffing of ontheffingen voor het schenken van alcohol of het afste-ken van vuurwerk. Check op de website van een gemeente altijd de 'Lokale regelgeving' en lees de 'algemene plaatselijke verordening'. De gemeente bepaalt of je de vergunning krijgt. De gemeente kan een groot of klein evenement ook verbieden.

Het kan ook zijn dat je je bij een evenement moet houden aan bepaalde regels, zoals:
– maximaal aantal personen;
– een vastgestelde begin- en eindtijd;
– geen muziek voor of na bepaald tijdstip;
– geen activiteiten op de weg of die het verkeer storen;
– geen grote voorwerpen plaatsen.

Kader 6.2

▶ Stap 39

Denk na of het zinvol en mogelijk is om bepaalde onderdelen van het evenement vooraf op kleine schaal uit te proberen.

Het kenmerkende van liveprojecten zoals evenementen of concerten is dat ze in één keer goed moeten gaan. Er is geen herkansing mogelijk. Als het een te groot risico is om het evenement in één keer geheel uit te voeren, kan worden overwogen om vooraf voor onderdelen een soort *pilot* of *proef* te organiseren. Dit kan lang niet altijd, maar bij een podiumproductie is het bijvoorbeeld heel gebruikelijk om een generale repetitie te houden. Bij een conferentieproject kan het dan gaan om het opzetten van een eventuele voorconferentie, maar ook om het coachen en trainen van gespreksleiders, inleiders, rapporteurs en de confe-rentievoorzitter.

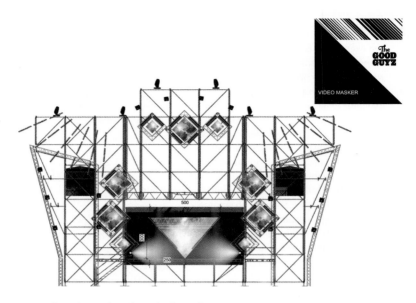

Video ontwerp podium Amsterdam Open Air festival 2016

● Stap 40

Maak een instructie of handleiding voor het 'gebruik' van het evenement. Een calamiteitenplan behoort hier ook toe!

In deze instructie of handleiding wordt beschreven hoe het project 'werkt' en wat nodig is om het te laten functioneren zoals gepland. Het is bedoeld voor de mensen die verantwoordelijk zijn voor het reilen en zeilen van het project als het draait. Het heeft dus het karakter van een gebruikershandleiding.

In de handleiding voor een expositie staan bijvoorbeeld de instructies voor de suppoosten, hoe de luchtvochtigheid in de expositiezaal op peil gehouden moet worden of hoe omgegaan moet worden met agressief gedrag van een bezoeker, met vragen van de media of met calamiteiten. Brainstorm met elkaar over mogelijke calamiteiten die zich tijdens het evenement zouden kunnen voordoen en beschrijf vervolgens hoe er dan gehandeld moet worden. Op de website vind je een model en een voorbeeld van een calamiteitenplan.

Voor kortlopende evenementen kan vaak het *draaiboek voor het evenement zelf*, dat later aan de orde komt, volstaan als *handleiding* of *instructie*. Het is wel raadzaam om in alle gevallen een (afzonderlijk) *calamiteitenplan* te maken.

❯ **Stap 41**

Inventariseer wat er na het project, dus tijdens de afwikkelingsfase, nog allemaal gedaan moet worden.

In een nazorgprogramma zijn alle activiteiten beschreven die in de afwikkelingsfase van het project nog uitgevoerd moeten worden. Hierbij kun je denken aan zaken als:

– het opzetten van een plan voor en communicatie over eventuele vervolgactiviteiten;
– het sturen van bedankbriefjes naar betrokkenen, bijvoorbeeld inleiders, vrijwilligers en sponsors;
– het samenstellen van een foto-/knipselboek;
– het bijwerken van de website en perspublicaties;
– het schrijven van een algemeen verslag over het functioneren van het project, eventueel ook specifieke verslagen;
– het terugrapporteren aan deelnemers, doelgroepen of andere betrokkenen (onder andere met een evaluatie van resultaten, beantwoording van vragen die zijn blijven liggen, en eventuele vervolgactiviteiten).

6.2   Het marketing- en communicatietraject

Het gaat hier om actieplannen die (indien van toepassing) een operationalisering zijn van respectievelijk het *marketingplan*, het *fondsenwervingsplan* en het *communicatieplan*, die in de vorige fase (voorbereidingsfase) zijn ontwikkeld.

❯ **Stap 42**

Maak concrete actieplannen voor marketing, fondsenwerving en communicatie voor zover die nog niet in de vorige fase zijn gemaakt. Voer deze actieplannen ook uit.

In deze actieplannen worden alle relevante activiteiten in een soort draaiboek opgenomen. Als voorbeeld van dergelijke actieplannen kan worden gekeken naar het format voor een communicatie*actie*plan dat in figuur 6.2 is weergegeven.
Bij projecten met een langere voorbereidingstijd is het vroeg genoeg als de uitvoering van de actieplannen pas in de uitwerkingsfase ter hand wordt genomen. Maar in de praktijk staat een project vaak onder tijdsdruk en daarom wordt meestal in de voorbereidingsfase al een start gemaakt met het opstellen en uitvoeren van deze plannen (vooral het fondsenwervingsactieplan). In de uitwerkingsfase (*productieplan*) loopt de uitvoering dan gewoon door. De actieplannen betreffen het werven van bezoekers, kopers, gebruikers, deelnemers of kijkers (marketingactieplan), het werven van subsidies, fondsen en sponsorgelden (fondsenwervingsactieplan) en het werven van goodwill en media-aandacht (communicatieactieplan).

Het verdient aanbeveling om de reeds geworven sponsors in deze fase op de hoogte te houden van de ontwikkelingen met betrekking tot het project. Ook wordt in de uitwerkingsfase vaak een persbericht geschreven. Op de website vind je een handleiding voor het schrijven van een persbericht.

Stap 42	Uitvoeren communicatieactieplan.	Uitvoeren aan de hand van het draaiboek.	Productiefase.
stap 43	Evaluatief publieksonderzoek uitvoeren.	Zijn de verschillende doelen/effecten gerealiseerd?	Uitvoeringsfase (in evaluatierapport).

Figuur 6.1   Schematische uitwerking van marketing en communicatie in het productieplan

6.2.1   Opstellen en uitvoeren van actieplannen

Het communicatie*actie*plan is een operationalisering van het communicatieplan. Het is een soort draaiboek waarin alle communicatieactiviteiten zijn opgenomen. Dit actieplan wordt meestal opgesteld in de uitwerkingsfase en kan worden opgenomen in het productieplan. Het kan echter ook als afzonderlijk document worden gepresenteerd. Een voorbeeld van een communicatieactieplan is weergegeven in figuur 6.2.

Datum	Week	Activiteit	Wie	opmerkingen
12-7	28	Opzetten kaartenactie + advertentie	Iris	Overleg met Marjan over prijs
12-7	28	Advertentie/tegenprestatie	Leon	Overleg met Marjan
12-7	28	Postering voortgang check	Iris	Marjan: plakschema opvragen
12-7	28	Crew T-shirts ontwerp en print	Iris/Eric	Hans inlichten over intentie, budget reserveren
12-7	28	Persmappen maken, bio's van dj's opvragen	Iris	Budget voor reserveren
12-7	28	Persbericht naar pers mailen, lijst van Leon vragen	Iris/Leon	Marjan voor aanvullingen
12-7	28	Preflyer op de internetsite: Fabrique vragen digitaal door te mailen	Iris	Budget voor reserveren
19-7	29	Preflyers check Riel@Ape	Iris	
19-7	29	Preposters check	Iris	
19-7	29	Radiocommercial produceren	Iris/Eric	MC Marxman + studio boeken

19-7	29	Nabellen pers	Iris	
26-7	30	Start verkoop harde tickets	Iris	Margriet vragen
26-7	30	Nieuw persbericht	Jeroen/Iris	Mailing NT opvragen
26-7	30	Advertenties daily's	Jeroen	Budgetbewaking!
26-7	30	Aanleveren nieuw drukwerk	Iris/Eric	Hoeveelheid flyers + posters bepalen
2-8	31	Start verspreiding mainflyer	Iris	Briefing Riel@Ape
2-8	31	Start plakken mainposter	Iris	Bizon checken
2-8	31	Dance Valley flyering coördineren	Iris	MC Marxman
2-8	31	Nieuwe digiflyer op web zetten	Iris	Fabrique
9-8	32	Coördinatie mainflyer	Iris	Riel@Ape
9-8	32	Poppodia mailing	Leon	Excl. vip-mailing
9-8	32	Voorbereiden promotie Fast Forward Parade Rotterdam	Iris/Leon	Riel@Ape
16-8	33	Publiciteitsactie Lowlands voorbereiden – bussen/ parkeerplaats	Iris/Ron	Jeroen/persmapjes klaar
23-8	34	Nieuw persbericht	Jeroen	Iris versturen
23-8	34	Lowlands + ID/T flyering, evt. hardboards	Iris	Ron i.v.m. Lowlands
23-8	34	Commercials klaar!	Iris	Jeroen, Eric
30-8	35	Check flyering + check advertenties	Iris	Riel@Ape
30-8	35	Start tv-commercial	Iris	Eric
6-9	36	Pers nabellen/interviews regelen	Iris	Contact met agents + platenmaatschappij
6-9	36	Radio- + tv-commercials	Iris	Eric
6-9	36	Dagbladen nabellen	Leon	Promotieafdeling Poppodia
13-9	37	Coördinatie genodigden/ vips/pers	Iris	Hans en Margriet
20-9	38	Voorbereidingen ontvangst pers	Iris	Overleg met productieteam

Figuur 6.2   Voorbeeld van een communicatieactieplan (in de vorm van een draaiboek)

Het fondsenwervingsactieplan is een operationalisering van het fondsenwervingsplan. Het maken en uitvoeren van het fondsenwervingsactieplan omvat de volgende activiteiten.

Stel vast door wie en wanneer actie ondernomen gaat worden naar wie. Zorg dat je weet welke afspraken er precies zijn gemaakt met de subsidiegevers, fondsen en sponsors (vaak gedaan door de marketingafdeling) over tegenprestaties, zoals het verstrekken van (vip-)tickets, parkeerplaatsen, plaatsen van banners en dergelijke, en neem dit op in de draaiboeken van het project. Het is van groot belang om in deze fase van het project deze doelgroep niet uit het oog te verliezen en te zorgen voor een optimale verzorging van de gasten die via deze doelgroep binnenkomen. Hoe beter de ervaring op en rond het project, des te meer kans dat ze overwegen om het project nogmaals te financieren.

▶ Stap 43

Maak (indien relevant) een onderzoeksvoorstel voor het eventuele publieksonderzoek.

Wanneer er bij een publieksproject voor is gekozen om een publieksonderzoek uit te voeren, moet dat in dit stadium worden opgezet. Voor bepaalde kleinschalige projecten kan ook een beknopt evaluatieformulier worden opgesteld voor de bezoekers/deelnemers, en eventueel een afzonderlijk evaluatieformulier voor de sprekers/artiesten.

Om achteraf te bepalen of de doelstellingen van een evenement zijn gerealiseerd, wordt vaak een evaluatief publieksonderzoek gehouden. Hierna wordt het format van een stappenplan beschreven voor het opzetten en uitvoeren van een dergelijk onderzoek ten behoeve van een publieksevenement. Dit stappenplan moet worden gezien als een houvast, maar moet niet gaan werken als een keurslijf. Durf er dus van af te wijken als dat nodig of zinvol is.

Het stappenplan bevat de volgende stappen:
– Oriëntatiefase (resulteert in onderzoeksvoorstel, is een soort plan van aanpak):
  • stap a: aanleiding van het publieksonderzoek beschrijven (context);
  • stap b: probleemverkenning: probleemstelling formuleren;
  • stap c: onderzoeksvragen formuleren;
  • stap d: onderzoeksmethode kiezen;
  • stap e: populatie omschrijven en steekproef trekken;
  • stap f: uren, faciliteiten en kosten begroten;
  • stap g: tijdsplanning en eventueel organisatieopzet maken.
– Onderzoeksfase (resulteert in onderzoeksrapport):
  • stap h: bureauonderzoek;
  • stap i: enquête samenstellen;
  • stap j: lay-out van het enquêteformulier maken;
  • stap k: werkrooster maken voor het afnemen van de enquêtes;

- stap l: enquête testen;
- stap m: coderingschema en verwerkingstabel opstellen;
- stap n: enquête verveelvoudigen en afnemen bij het publiek;
- stap o: enquêtes verwerken en analyseren;
- stap p: rapporteren over uitslag publieksonderzoek.

Op de website is een stappenplan, aangevuld met allerlei relevante formulieren en tabellen, opgenomen voor het opzetten en uitvoeren van een *evaluatief publieksonderzoek.*

Monitoren door middel van social media

Publieksonderzoek kun je door middel van enquêtes uitvoeren, maar er zijn ook andere manieren om achter de mening van het publiek te komen, bijvoorbeeld door het analyseren van gegevens die je verzamelt door social media te monitoren. In het artikel in kader 8.1 staat een checklist die je als marketeer of projectleider kan helpen bij het kiezen van de juiste tools om de social-media-activiteiten rondom een project te monitoren.

6.3   Het beheersgerichte traject

In dit stadium is het project tot in detail doordacht en op papier gezet, het hoeft 'alleen' nog uitgevoerd te worden. Dit houdt in dat nagenoeg alle zakelijke consequenties van het project nu kunnen worden overzien. Voor een finale go-/no-go-beslissing is dit overzicht van alle consequenties van cruciaal belang. Verder is het belangrijk dat je in dit stadium nadenkt over hoe de bewaking van de verschillende beheersaspecten tijdens de volgende fase, de uitvoeringsfase, gewaarborgd kan worden.

6.3.1   Kwaliteit

▶ Stap 44
Verantwoord de keuzes die tijdens de uitwerkingsfase zijn gemaakt met betrekking tot de kwaliteitscriteria die eerder voor het evenement zijn vastgesteld.

Hier wordt het productieplan, inclusief de productiemethoden en -voorzieningen, getoetst aan de eerder vastgestelde kwaliteitsnormen. Daarbij moet, behalve aan de inhoud, ook aandacht worden geschonken aan het bewaken van de gewenste uitstraling van het evenement. Verder moeten eventuele opmerkingen of richtlijnen worden beschreven (in het functioneringsprogramma) met betrekking tot het bewaken van het aspect *kwaliteit* tijdens de uitvoeringsfase. Je kunt dit doen door een checklist op te stellen met enerzijds de kwaliteitseisen die van belang zijn voor de opdrachtgever (zoek nog eens op wat je hebt toegezegd in het projectvoorstel en probeer die eisen meetbaar te maken) en anderzijds de kwaliteitseisen die jullie als projectteam van belang vinden en waarmee jullie je kunnen onderscheiden. Maak vervolgens een matrix en plaats hier de kwaliteitsnormen in. Maak een lid van het projectteam verantwoordelijk voor het beoordelen van de kwaliteitsnormen, zodat dit besproken kan worden bij de interne en externe evaluatie. Op de website vind je de digitale versie van de kwaliteitsmatrix.

	matig	voldoende	ruim voldoende	goed	zeer goed
Kwaliteitsnormen evenement			✓		
Sluit aan bij kernwaarden van opdrachtgever:				✓	
Maatschappelijk verantwoord ondernemen	✓				
Duurzame oplossingen		✓			
Innovatief				✓	
Sluit aan bij de kernwaarden van de project-organisatie:				✓	
Veiligheid			✓		
Look en feel van thema is terug te zien in:					✓
– decor			✓		
– personeel		✓			
– catering	✓				
Heldere communicatie naar bezoekers				✓	
Voldoende faciliteiten (toilet en catering)					✓

Figuur 6.3   Voorbeeld kwaliteitsmatrix evenement

6.3.2 Organisatie

▶ Stap 45

Maak een opzet voor de uitvoeringsorganisatie.

In deze stap denk je na over de uitvoeringsorganisatie, dat wil zeggen dat het organigram dat je in de vorige fase in het projectplan hebt opgenomen, nu wordt uitgebreid met productiefuncties. Ook moet worden besloten wat zelf wordt gedaan en wat uitbesteed gaat worden. Bij een evenementenproject zullen bijvoorbeeld de uitvoerders, onderaannemers, freelancers en vrijwilligers die tijdens de uitvoeringsfase gaan meewerken, nu in het organigram moeten worden opgenomen. Op die manier wordt hun formele positie in de projectorganisatie duidelijk ten opzichte van de andere projectpartners (bijvoorbeeld de projectleider, de coördinatoren voor onderdelen van het evenement, de publiciteitsmedewerker, de ontwerpers, de adviseurs en de opdrachtgever).

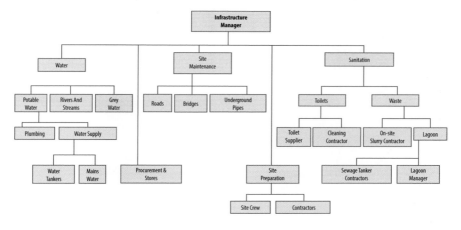

Figuur 6.4   Organigram van Glastonbury festival (2003) tijdens opbouwfase

Bij organisatorisch ingewikkelde projecten is het soms nodig om een afzonderlijke beschrijving te maken voor de organisatie tijdens de *opbouwfase*, tijdens het *project zelf* en tijdens de *afbouwfase*.

Ook zullen in deze fase allerlei contracten opgesteld moeten worden, zoals arbeidscontracten, artiestencontracten, contracten voor vrijwilligers, stagiairs en freelancers, enzovoort (zie het arbeidscontractmodel, het artiestencontractmodel en het vrijwilligerscontractmodel op de website). Verder zullen in deze fase de eventuele werkroosters ten behoeve van de volgende fase(n) gemaakt moeten worden. Alle schema's die worden gemaakt om de uitvoeringsorganisatie te verduidelijken, worden opgenomen in het *productieplan* onder het kopje 'Projectorganisatie'.

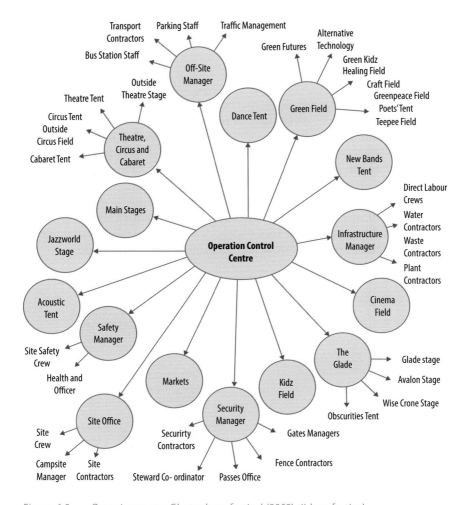

Figuur 6.5   Organigram van Glastonbury festival (2003) tijdens festival

● Stap 46
Schrijf en organiseer een briefing.

Ten behoeve van de uitvoeringsfase wordt aan het eind van de productiefase nog een *briefing* opgesteld. Deze bevat instructies en richtlijnen voor het functioneren in de volgende fase en voor het eventuele onderhoud van het project. Voor een festival kunnen dat de briefings zijn voor bijvoorbeeld de *stagemanagers* of de *security*, en bij een kunsttentoonstelling zijn het bijvoorbeeld instructies voor de rondleiders, maar ook instructies over het beheer en onderhoud van de kunstwerken en de website tijdens de openstelling. Aan het begin van de uitvoeringsfase moet dus een briefing worden georganiseerd voor alle mensen die bij de opbouw en het functioneren van het evenement betrokken worden, maar ook voor andere betrokkenen, zoals leveranciers (techniek, cateraar enzovoort) en medewerkers (onder anderen kassamedewerkers, stagemanagers en horeca).

6.3.3   Faciliteiten

▶ Stap 47

Vertaal het facilitair plan uit de vorige fase naar een heel concreet facilitair actieplan.

Met betrekking tot dit beheersaspect moet in de uitwerkingsfase alles worden voorbereid om de eventuele locatie en de benodigde facilitaire voorzieningen in de uitvoeringsfase beschikbaar te krijgen. In veel gevallen komt dit erop neer dat er allerlei actieplannen en lijsten gemaakt moeten worden. Verder zullen het voorlopige *indelingsplan* van de locatie en het *inrichtingsplan* van de ruimte(n) uitgewerkt moeten worden in gedetailleerde plattegronden. Ook zal de voorlopige verwervingslijst voor overige facilitaire voorzieningen uitgewerkt moeten worden in actielijsten (bestellijsten, huurlijsten, leverancierslijsten en dergelijke voor koop, huur of lease van noodzakelijke technische hulpmiddelen, zoals computers, audiovisuele middelen, geluidsinstallatie en belichtingsapparatuur, maar ook voor ander benodigd materiaal, zoals tafels, stoelen, spreekgestoelte, aankleding enzovoort). Ook moeten actieplannen worden gemaakt voor bijvoorbeeld bewegwijzering en de parkeerbegeleiding. Op de website zijn voorbeelden opgenomen van verschillende onderdelen van het facilitair actieplan. Ten slotte moeten eventuele juridische zaken nu definitief worden geregeld. Het facilitaire plan van een evenement kun je in het geval van grotere (publieks) evenementen opdelen in de onderdelen site-productie en technische productie.

Site-productie

Site staat voor terrein en onder site-productie verstaan we alles wat met de terreininrichting of het inrichten van een venue, zoals een concertzaal, beurshal, poppodium of museum inclusief de publieksvoorzieningen te maken heeft. Te denken valt aan stroom, water, toiletten, tenten, hekken en rijplaten. Want wanneer alle concept- en technische ontwerpen zijn gemaakt, volgt uiteindelijk het fysiek inrichten van het evenemententerrein of venue. Van brandweereisen tot aanvragen van de benodigde vergunningen: de site-productie is het logistieke proces rondom een project. De inrichting van een evenemententerrein of venue vraagt om een goede kijk op zowel de logistieke processen als de verschillende stromen tijdens een (evenementen)project. Het uitgangspunt is dat een project voor de bezoeker uiteraard onvergetelijk, maar bovenal veilig moet zijn. De veiligheid en het welzijn van bezoekers hangen immers sterk af van de inrichtingskeuzes die worden gemaakt. Bij een gedegen voorbereiding hoort het maken van grondtekeningen en gedetailleerde schema's (*productieplan*). Er wordt een goed georganiseerd evenemententerrein ontworpen of venue ingericht, waarbij alle benodigde faciliteiten worden ingetekend. Alleen zo kan er goed rekening worden gehouden met onder andere zichtlijnen, looproutes en reeds aanwezige faciliteiten. Deze plattegronden heb je tevens vaak nodig voor de aanvraag van diverse vergunningen. Daarnaast kunnen de tekeningen als basis dienen om ingehuurde partijen en leveranciers qua planning voor de op- en afbouw goed op elkaar af te stemmen.

Opbouw Podium Kingsday festival 2016

Technische productie

Wanneer de creatieve voorstellen door de opdrachtgever zijn goedgekeurd, begint de technische productie. Dit is een gecompliceerd proces waarbij het definitieve ontwerp wordt vertaald naar technische invulling en uitvoering. Onderdelen zoals bouwtekeningen, werktekeningen en logistieke planningen worden op elkaar afgestemd en tot één geheel gemaakt. De technische productie van een evenement start al in de voorbereidingsfase met het maken van de terreintekeningen, de contacten met de gemeente, het opstellen van calamiteiten- en veiligheidsplannen, en het bestellen en contracteren van toeleveranciers, en wordt afgerond tijdens de productiefase met de technische en facilitaire uitvoering op locatie. Op de website kun je voorbeelden vinden van technische tekeningen en plattegronden. Je hebt tijdens de uitvoering van de technische productie te maken met verschillende soorten leveranciers. Dit vraagt om een multidisciplinaire aansturing, zodat aspecten als podiumbouw, licht, geluid, audio, video en stroom niet alleen qua inzet, maar ook qua planning en opbouw goed op elkaar worden afgestemd. Deze leveranciers hebben vaak faciliteiten zoals stroom en hoogwerkers nodig, maar ook voldoende parkeerplek voor vrachtwagens en dergelijke. Dit wordt door de organisatie gefaciliteerd en het is dus van groot belang dat hiermee in het productieplan (de draaiboeken van de opbouw) goed rekening wordt gehouden.

6.3.4 Tijd

◗ Stap 48

Maak de uitvoeringsplanning in de vorm van draaiboeken voor de drie subfasen van de uitvoeringsfase, dus een draaiboek voor de opbouwfase, voor het project zelf en voor de afbouwfase. Maak eventueel ook aanvullende tijdsplanningen.

In deze stap gaat het om het opzetten van de uitvoeringsplanning ten behoeve van de mensen die het project gaan opbouwen (de productieploeg). In zo'n planning worden alle activiteiten opgenomen die tijdens de uitvoeringsfase (met drie subfasen) moeten worden verricht. Afhankelijk van het traject zal deze planning de vorm hebben van een *balkenschema* of van een *draaiboek*.

Een draaiboek is een planningstechniek die meestal wordt gebruikt als de activiteiten heel concreet worden en wanneer het tijdens de uitvoering van de taken heel nauw gaat luisteren. Vaak wordt een draaiboek aan het eind van de uitwerkingsfase gemaakt om de tijd tijdens de productiefase van een project, maar ook tijdens de uitvoeringsfase nauwkeurig te kunnen bewaken. Hierbij gaat het bijvoorbeeld om de weken of dagen die voorafgaan aan een televisieopname of de opening van een festival, maar ook tijdens de opname of het festival zelf. Een tijdschema in de vorm van een draaiboek is vaak een onderdeel van het productieplan. Op de website vind je nog meer voorbeelden van verschillende soorten draaiboeken.

Groot materiaal voor opbouw festival

Opbouw zaterdag					
Waar	Tijd	Wat	Wie	Organisatie	Opmerkingen
SW38	8.00	geluid opbouw	Purple	Good Guyz (GG)	briefing Niels
ACF	11.00	aankomst	team Arjen	Arjen	ontvangst verschillende partijen
ACF	11.00	aankomst visagie	team Arjen	Arjen	
ACF	12.00	aankomst Iris	GG	GG + Arjen	
ACF	12.00	lunch	iedereen	GG + Arjen	
APD	12.00	opbouwen wasunit kappers	Arjen	Iris	check 32 ampère
SW38	12.00	aankomst modellen	Dick	Dick	rehearsal met geluid vanaf 16 uur
SW38	12.00	tot 17.30 doorloop!	Dick	Dick	licht programmeren
ACF	13.00	aankomst studenten	studenten	GG + Arjen	
ACF	13.00	briefing: wat moet er nog gebeuren		GG + Arjen	
SW38	13.00	briefing beamsystems	Dimitri	Arjen	show draaiboek doorspreken
SW38	12.30	Dick oefenen modeshow	Dick		
SW38	13.20	Dick einde oefening	Coos		
SW38	13.30	kappers	Coos		
SW38	14.20	kappers einde oefening	Coos		
SW38	14.30	Jolet	Jolet		
SW38	17.30	Jolet einde oefening	Jolet		
ACF	13.00	puntjes op de i m.b.t. productie	studenten	Iris	checklist maken
SW38	16.00	opleveren geluid	Purple	GG	check ook: ASL-sets aangesloten?
SW38	16.00	backstage area opbouwen	Purple	GG	Niels
SW38	16.30	begin soundchecks	Purple	GG	direct line check, kraak en smaak?
ACF	18.30	totale oplevering!	iedereen		
ACF	18.30	diner	iedereen		

Figuur 6.6   Onderdeel uit het draaiboek voor de opbouw van een evenement in de Amsterdam Convention Factory

Soms is het nodig om toelichtende informatie op te nemen in bijlagen van het draaiboek, zoals schema's, roosters, tekeningen en plattegronden, inventarisatielijsten van benodigdheden en een beschrijving van realisatiemethoden en hulpmiddelen.

Wanneer de draaiboeken omvangrijk zijn, kunnen ze beter als bijlagen aan het productieplan worden toegevoegd. Geadviseerd wordt om in een draaiboek in ieder geval een plattegrond van de locatie op te nemen.

Bij het maken van een balkenschema of draaiboek moet voldoende speling worden opgenomen voor mogelijke onvoorziene omstandigheden tijdens de uitvoeringsfase. Voor risicovolle projecten, denk bijvoorbeeld aan een interland sportwedstrijd of aan een topontmoeting van politici, is het noodzakelijk om een apart 'calamiteitendraaiboek' op te stellen.

Een draaiboek voor de uitvoeringsfase van bijvoorbeeld een conferentie of evenement kun je onderverdelen in drie delen, corresponderend met de drie subfasen van de uitvoeringsfase:

1 *Draaiboek opbouw* (productiefase) gaat onder meer over het gereedmaken van de locatie, het voorbereiden van de catering en de huisvesting van de gasten.
2 *Draaiboek evenement zelf* (uitvoeringsfase) bevat heel gedetailleerd, per programmaonderdeel of dag, de regie van het evenement zelf.
3 *Draaiboek afbouw* gaat onder andere over het begeleiden van de eventuele gasten bij hun vertrek, het afbreken/demonteren/afvoeren van de voorzieningen en het opruimen van de locatie.

Een uitvoeringsplanning kan eventueel worden aangevuld met een zogenoemde *capaciteitenplanning*, waarin de inzet of het gebruik van menskracht, ruimten, machines, apparatuur en dergelijke inzichtelijk wordt gemaakt. Zorg ook dat het kwaliteitsniveau van het evenement tijdens deze uitvoeringsfase wordt gewaarborgd.

6.3.5   Informatie

▶ Stap 49
Bezin je op het projectinformatiesysteem.

De projectinformatie die gedurende deze fase de ronde doet, moet worden gecoördineerd. In deze stap moet worden gekeken of het beheers- en bewakingssysteem voor de projectinformatie (inclusief de informatiearchivering en -distributie) voor de uitvoeringsfase nog verder uitgewerkt en gestroomlijnd moet worden. Neem op basis hiervan de nodige maatregelen.

6.3.6   Geld

❏ Stap 50

Maak een gedetailleerde werkbegroting van de kosten en baten (inclusief een eventueel dekkingsplan voor het tekort). Geef vervolgens aan hoe de bewaking van het budget tijdens de uitvoeringsfase zal worden geregeld.

Tijdens de uitvoeringsfase, vooral gedurende de *opbouw*, worden grote financiële verplichtingen aangegaan en krijg je te maken met onverwachte uitgaven. Het is dus van groot belang dat je het uitvoeringsbudget nauwkeurig bewaakt. Verzorg ook de financiële projectadministratie (onder meer het administreren van opdrachten en facturen). Vaak schiet dit erbij in omdat het druk is, maar daar moet je dan later de prijs voor betalen.

Als de uitgangspunten uit het initiatiefrapport of projectvoorstel – inclusief de raming van de projectkosten – door de opdrachtgever of financier zijn goedgekeurd, is daarmee het totaalbudget voor het project vastgesteld. Dit budget moet gedurende het proces worden bewaakt. Dat gebeurt op drie manieren. In de eerste plaats wordt in elke fase een nieuwe begroting gemaakt op basis van de meest recente gegevens van het project en wordt deze begroting getoetst aan het vastgestelde budget. Daarnaast wordt het budget onderverdeeld in deelbudgetten voor verschillende afgeronde onderdelen. Bij wat grotere projecten worden deze deelbudgetten door de projectleider 'taakstellend' toegewezen aan budgethouders. Dit zijn bijvoorbeeld leden van het projectteam en/of leiders van werkgroepen die verantwoordelijk zijn voor een onderdeel of een deelresultaat van het evenement. De budgethouders zijn aan de projectleider verantwoording schuldig voor hun deelbudget. De projectadministratie ten slotte moet ervoor zorgen dat zowel de verplichtingen (bijvoorbeeld opdrachten en overeenkomsten) als de uitgaven die volgen op een verplichting in de financiële administratie worden geboekt ten laste van de desbetreffende post.

In veel gevallen zal aan het eind van de uitwerkingsfase, wanneer het project helemaal is uitgewerkt, een gedetailleerde uitvoerings- of werkbegroting worden gemaakt. Deze begroting zal ten behoeve van de besluitvorming (de finale go-/no-go-beslissing) een vrij nauwkeurig inzicht geven in de uiteindelijke kosten en baten.
Verder zal deze werkbegroting een gedetailleerd kostenbudget opleveren ten behoeve van de bewaking van het beheersaspect geld tijdens de uitvoeringsfase. Hiervoor zal een budgetbewakingssysteem moeten worden opgezet, inclusief een heldere procedure die beschrijft wie wanneer gemandateerd is om verplichtingen aan te gaan en betalingen te doen en hoe dit geadministreerd moet worden. Dat houdt onder meer in dat:
–   er een uitvoeringsboekhouding voor het project opgezet en bijgehouden moet worden;

- er financiële afspraken gemaakt moeten worden en eventueel contracten geregeld moeten worden;
- er een systeem ontwikkeld moet worden om eventuele deelnemersbijdragen, inkomsten uit kaartverkoop en andere inkomsten te innen, te verwerken en veilig op te slaan;
- de aansprakelijkheid en auteursrechten in de gaten gehouden moeten worden.

Bij een werkbegroting, ook wel uitvoeringsbegroting genoemd, gaat het om een gedetailleerde kostprijscalculatie per onderdeel van het project. Een calculatie houdt in dat van elke bewerking de mensuren, de materiaalkosten en de kosten van diensten door derden zijn begroot en dat de kosten actueel zijn (bijvoorbeeld op basis van een goedgekeurde offerte van een leverancier). Ook het totaal van de gecalculeerde kosten in de werkbegroting moet binnen het goedgekeurde budget vallen. In de werkbegroting zijn alle posities van de vier-cijferige kostennummers te gebruiken. Bij veel projecten is het niet nodig een werkbegroting op dit gedetailleerde niveau te maken. Vaak kan een uitgebreide elementenbegroting de functie van de werkbegroting vervullen. Bij een werkbegroting hoort ook een toelichting waarin de belangrijkste verschillen ten opzichte van de vorige begroting worden verklaard.

Veel geautomatiseerde administraties hebben de mogelijkheid tot budgetbewaking van projecten. Deze kan echter ook handmatig plaatsvinden door middel van een budgetbewakingsformulier. Je kunt hiervoor het voorbeeld op de website gebruiken. Telkens als een budgethouder een financiële verplichting ten laste van zijn (deel)budget aangaat, bijvoorbeeld door het uitschrijven van een opdrachtbon, raadpleegt hij het (deel)budget om na te gaan of de verplichting verantwoord is. De huidige technische mogelijkheden (bijvoorbeeld laptops, iPads en smartphones) maken het voor project- en productieleiders mogelijk om de budgetbewaking op locatie geautomatiseerd uit te voeren. Elke mutatie kan direct worden ingevoerd, wat betekent dat de actuele stand van een (deel) budget op elk moment en op elke plaats beschikbaar is. Wanneer de project-administratie niet door het projectteam zelf wordt bijgehouden, maar bijvoorbeeld door de boekhouding van de opdrachtgever, moet de boekhouder ervoor zorgen dat de budgethouders regelmatig een actueel overzicht krijgen van de stand van hun budget.

In de budgetrapportage wordt een raming van de werkelijke kosten per post vergeleken met het desbetreffende deelbudget. Dit levert per post een tussentijds inzicht in het verwachte resultaat op. De raming van de werkelijke kosten is de som van de uitgaven (meestal te halen uit de financiële administratie), de lopende verplichtingen (zoals opdrachten en contracten) en een raming van de nog komende verplichtingen (inschatting van wat er per post nog verwacht kan worden). Door periodiek een budgetrapportage op te stellen wordt inzicht gegeven in het verloop van de kosten en opbrengsten ten opzichte van de ramingen die daarvoor in het budget waren opgenomen.

BUDGETRAPPORTAGE
naam van het project: Tentoonstelling 'Energie in 2020'
naam projectleider: Rob de Boer
oplevering/opening/première: 14 mei 2017

projectnr.: 514
bladnummer: 1
datum rapport: 26-mrt- 2017
huidige fase: uitwerkingsfase
bestand: bugetrpTEN03

kosten-soort	omschrijving	Eerste raming d.d. 02-06-17	Wijzigingen	Actueel budget d.d. 10-10-17 (alles inclusief)	Uitgaven (uit fin.adm.)	Lopende verplichting	Raming komende verplichting	Raming werkelijke kosten/dekking (alles inclusief)	Raming budgetsaldo over+/tekort-
1	2	3	4	5=3+4	6	7	8	9=6+7+8	10=5-9
	KOSTEN:								
1000	Locatiekosten	tlv opdr.gev.		tlv opdr.gev.	0	0	0	0	0
2000	Directe productiekosten - hardware	52.500		52.500	0	0	58.500	58.500	-6.000
2100	- panelen	25.500		25.500	0	0	23.500	23.500	2.000
2200	- vitrines en sokkels	27.000		27.000	0	0	35.000	35.000	-8.000
3000	Directe productiekosten - software	45.500	-2.500	43.000	7.400	2.110	32.000	41.510	1.490
4000	Ontwerp, advies en begeleiding	42.925		42.925	14.045	12.590	19.000	45.635	-2.710
5000	Bijkomende kosten	pm	4.000	4.000	1.200	320	2.480	4.000	0
6000	Ondersteunende deelprojecten	7.000		7.000	705	1.475	8.620	10.800	-3.800
6100	- lezingen	6.000		6.000	380	0	5.620	6.000	0
6200	- puzzeltocht	1.000		1.000	0	0	1.000	1.000	0
6300	- lesbrief	0		0	325	1.475	2.000	3.800	-3.800
7000	Promotie, publiciteit en pr	tlv opdr.gev.		tlv opdr.gev.	0	0	0	0	0
8000	Organisatiekosten en onvoorzien	7.075		7.075	725	120	3.677	4.522	2.553
	Totale projectkosten (excl. BTW) Belasting (BTW)	155.000	1.500	156.500	24.075	16.615	124.277	164.967	-8.467
	Totale projectkosten (incl. BTW)	155.000	1.500	156.500	24.075	16.615	124.277	164.967	-8.467
	DEKKING:								
9000	Opbrengsten/inkomsten	123.000	1.500	124.500				132.967	
9100	- entree	68.000		68.000				75.000	
9200	- projectsubsidies	40.000		40.000				38.000	
9300	- fondsen en sponsoring	15.000	1.500	16.500				16.500	
9400	- verkopen	0		0				3.467	
	Voor rekening van opdrachtgever		32.000	32.000				32.000	
	TOTAAL DEKKING	123.000	33.500	156.500				164.967	
	BLIJFT TE DEKKEN	32.000	-32.000	0				0	

Figuur 6.7   Overzicht budgetrapportage

6.4   Het besluitvormingstraject: het productieplan

Zoals gezegd wordt alle productie-informatie die in de uitwerkingsfase is beschreven en getekend, samengevoegd in het *productieplan*. Het productieplan is dus eigenlijk een bundeling van losse informatie waarmee het uitvoerings- of productieteam het project kan gaan uitvoeren. Daarnaast is het productieplan het laatste beslisdocument op basis waarvan de opdrachtgever de finale go-/ no-go-beslissing voor het evenementenproject kan nemen.
Ten behoeve van de besluitvorming moet het productieplan voor de opdracht-gever voldoende informatie bevatten om zich een gedetailleerd beeld te kun-nen vormen van het *projectresultaat*, dus hoe het project er straks *precies* gaat uitzien. Tevens moet de opdrachtgever inzicht krijgen in de belangrijkste *acti-viteiten* die tijdens de uitvoeringsfase verricht moeten worden. Ook kan het productieplan actieplannen bevatten (met name bij publieksprojecten) die te maken hebben met het *marketing- en communicatietraject* van het project.
Ten slotte moeten de zakelijke *consequenties* met betrekking tot onder andere tijd, geld en faciliteiten (dus KOFTIG) duidelijk uit dit laatste beslisdocument blijken.

Het productieplan moet, ten behoeve van de verdere besluitvorming, zoveel informatie bevatten dat de opdrachtgever zich een beeld kan vormen van de uitvoering van het project. De antwoorden op de vragen die in het stappen-plan voor de uitwerkingsfase zijn geformuleerd, zijn ook hier de bouwstenen voor de verschillende hoofdstukken en paragrafen van het productieplan. De kern van het productieplan wordt gevormd door de *productie-informatie* en de *draaiboeken*. Over de omvang van een productieplan is moeilijk een richtlijn te geven, omdat dit sterk afhangt van het soort project en de omvang daarvan. Hierna wordt een uitgebreid format gegeven voor een productieplan voor een (evenementen)project. Evenals de eerder gepresenteerde formats voor het projectvoorstel en het projectplan moet ook dit format worden gezien als een model of checklist. Ga ervan uit dat ook het productieplan door de lezer los van de vorige rapportages begrepen moet kunnen worden. Omdat het hier om een operationeel stuk gaat dat primair bedoeld is voor de uitvoerders, moeten de toon en de vormgeving van dit document praktisch, zakelijk en beknopt zijn. Verplaats je bij het opstellen van het productieplan steeds in de mensen die het desbetreffende (deel)project moeten gaan uitvoeren. Het productieplan moet alle informatie bevatten die nodig is om het project tot stand te kunnen brengen. Gezien de beperktheid van deze functie van het productieplan is het meestal raadzaam om bepaalde onderdelen apart te houden. Hierbij wordt bij-voorbeeld gedacht aan de eventuele *werkbegroting* en het *communicatieactie-plan*. De informatie die daarin staat, is namelijk niet altijd even relevant voor álle mensen die bij de uitvoering van het project betrokken zijn. Op de website vind je ook het format voor een productieplan terug, zodat je er gelijk mee aan de slag kunt gaan.

PRODUCTIEPLAN

● Stap 51

Verwerk de informatie die in de uitwerkingsfase is verzameld in het format voor het productieplan en maak het productieplan tot een compleet rapport met kop, romp en staart.

Als de inhoudelijke, technische en organisatorische elementen (in de vorm van schema's, tekeningen, beschrijvingen, lijsten en draaiboeken) in het productieplan een plek hebben gekregen, dient ook dit rapport nog gecompleteerd te worden met een omslag, een samenvatting van de kerngegevens op het titelblad (het blad na de omslag), een inhoudsopgave, een inleiding en bijlagen. Anders dan het eerder opgestelde *projectvoorstel* en het *projectplan* zal het productieplan minder het karakter hebben van een gewoon rapport en meer een bundeling zijn van uiteenlopende informatie over de productie. Daarnaast is het *productieplan* het laatste beslisdocument op basis waarvan de opdrachtgever de finale go-/no-go-beslissing kan nemen.

Bij de thema's in het format wordt zo veel mogelijk verwezen naar de stappen die in dit hoofdstuk zijn beschreven.

Omslag

Kerngegevens

Inhoudsopgave 1

– Korte samenvatting van de belangrijkste punten uit het projectplan.
– Wat is dit voor rapport en wat is het doel ervan (in relatie met de andere beslisdocumenten)?
– Wat is vermeldenswaard over de periode na het verschijnen van het vorige beslisdocument?
– Wat kan de lezer in dit rapport verwachten? (korte opzet van rapport).
– Wat is de status van het rapport (bijvoorbeeld concept, definitief, goedgekeurd enzovoort)?
– Eventueel een korte beschrijving van het concrete projectresultaat, dus hoe het evenement er straks uit gaat zien (het plan of ontwerp) (beschrijf hierbij ook de eventuele inhoudelijke afwijkingen ten opzichte van het goedgekeurde projectplan die aan de opdrachtgever moeten worden gemeld).
– Beschrijving van alle inhoudelijke en productietechnische informatie ten behoeve van de uitvoering van het project. Inventariseer welke informatie de mensen die het evenement gaan opbouwen en afbouwen nodig hebben. Denk dus heel praktisch!

Let op: Neem de losse lijsten allemaal op in de bijlagen, maar vermeld ze in dit hoofdstuk wel.

– Eventuele verdere toelichtingen, opmerkingen, bijzonderheden.

Let op: In veel gevallen verdient het aanbeveling om dit onderdeel niet als hoofdstuk, maar als losse bijlage bij het productieplan op te nemen, omdat deze informatie slechts relevant is voor de mensen die verantwoordelijk zijn voor de projectcommunicatie.

– Beschrijving van eventuele bijstellingen marketingplan, fondsenwervingsplan en communicatieplan na projectplan.
– Beschrijving van actieplannen (als dit al niet eerder is gebeurd) voor:
  • marketing;
  • fondsenwerving;
  • communicatie.
In deze actieplannen worden alle activiteiten in een draaiboek opgenomen.
– Beschrijving van de hoofdlijnen van een eventueel onderzoeksvoorstel: indien wordt gekozen voor een evaluatief publieksonderzoek tijdens het evenement, dient daarvoor een afzonderlijk onderzoeksvoorstel te worden opgesteld.

Let op: Begin bij de beschrijving van de hierna volgende aspecten steeds met de vermelding van eventueel gewijzigde uitgangspunten ten opzichte van het eerder goedgekeurde projectplan.

– Kwaliteit: beschrijving van eventuele opmerkingen met betrekking tot het bewaken van het aspect kwaliteit tijdens de productie. Maken van matrix om tijdens evenement kwaliteit te kunnen monitoren.
– Organisatie: opzet voor de uitvoeringsorganisatie (organigram uitbreiden met productiefuncties). Maken van eventuele roosters ten behoeve van de volgende fase(n), enzovoort.

– Faciliteiten: facilitair actieplan met onder meer:
  • actieplannen voor het beschikbaar krijgen van de facilitaire voorzieningen (bestellijsten, huurlijsten, leverancierslijsten enzovoort);
  • bewegwijzeringschema's en dergelijke.
– Tijd: maken van draaiboeken voor de drie subfasen van de uitvoeringsfase, te weten:
  • draaiboek voor opbouw (productiefase);
  • draaiboek voor evenement zelf (uitvoeringsfase) (soms voor onderdelen afzonderlijk draaiboek, bijvoorbeeld voor de officiële opening);
  • draaiboek voor afbouw.
Eventueel aangevuld met een capaciteitenplanning voor mensen, ruimten, techniek enzovoort.

Let op: De draaiboeken zijn het belangrijkste onderdeel van het productieplan. Soms is het praktisch om de draaiboeken als zelfstandige werkdocumenten op te leveren.

– Informatie: eventueel bijstellen van het bewakingssysteem voor de projectinformatie.
– Geld: opstellen van een werkbegroting en budgetbewakingssysteem tijdens de uitvoering.

Bijlagen
Neem alle losse lijsten, plattegronden en overzichten op als bijlage! Vaak zijn ook het uitvoeringsprogramma (draaiboeken) en het communicatieactieplan als losse bijlagen bij het productieplan gevoegd, omdat je nu heel erg gericht gaat communiceren met specifieke doelgroepen.

PRODUCTIEPLAN

Kader 6.4

evenement

H8
evaluatiefase

H7
uitvoeringsfase

9
stappen

H6
uitwerkingsfase

13
stappen

H5
voorbereidingsfase

16
stappen

H4
initiatieffase

21
stappen

functionerin
programma

productieplan

projectplan

projectvoorstel

productgericht traject
marketing- en communicatietraject
beheersgericht traject
besluitvormingstraject

IDEE
VRAAG

Het evenement

Met het opleveren van het productieplan als laatste beslisdocument is de voorbereiding van het project voltooid en is het gereed voor de uitvoering. Dit wordt daarom ook wel de uitvoeringsfase genoemd. In deze fase worden de draaiboeken uitgevoerd. Bij een toneelproductie vinden in deze fase de repetities plaats, wordt het decor gemaakt en worden de kostuums genaaid. Bij een tentoonstellingsproject wordt de tentoonstelling opgebouwd, bij een festival is op locatie de opbouw van podia in volle gang, en bij een conferentie gaat het bijvoorbeeld om het gereedmaken van de zaal ter voorbereiding van de opening. Vervolgens vindt de opening plaats, komen de eerste bezoekers binnen en gaat het project echt beginnen. Gedurende de looptijd van het project, dat een dag maar ook een aantal maanden kan duren, worden de draaiboeken gemonitord en bijgewerkt. Het project is pas klaar als alles weer is afgebroken en opgeruimd. Na afloop van deze fase is het resultaat van het project gerealiseerd.

Leerdoelen

In dit hoofdstuk leer je om:
– een briefing te organiseren voor de verschillende stakeholders van het project;
– de draaiboeken uit te voeren en bij te sturen waar nodig;
– alle beheersaspecten te monitoren tijdens de looptijd van het project.

Dit is toch wel de meest spannende fase van het project. Je gaat het nu eindelijk uitvoeren! Maar juist in deze fase moet je niet vergeten dat het project doelstellingen heeft en dat daarover afspraken zijn gemaakt met opdrachtgevers, mediapartners en sponsors. Die afspraken of inhoudelijke doelstellingen raken in deze fase nogal eens op de achtergrond, omdat alle focus op het 'produceren' gericht is. Het is daarom van belang om tijdens het uitvoeren van het draaiboek steeds voor ogen te hebben wat het bestaansrecht is van het project, en om vooral niet te vergeten te gaan meten hoe de deelnemers of bezoekers het project ervaren.

Casus	Lancering campagne bank

Een grote bank in Nederland heeft een nieuw kantoorconcept ontwikkeld, waarmee wordt ingespeeld op verander(en)de klantbehoeften. Een belangrijk uitgangspunt bij het ontwikkelen van het concept was dat mensen steeds meer online bankieren. Deze bank wil op een kantoor memorabele ontmoetingen tot stand gaan brengen, die een klant verder kunnen helpen om zijn of haar dromen en doelen te realiseren. De bankmedewerkers moeten hierbij het verschil gaan maken door te inspireren, adviseren en activeren op een prettige manier en in een prettige ambiance. De kantoorinrichting en uitrusting van het gloednieuwe kantoor sluiten hier volledig op aan; er is een huiselijke sfeer gecreëerd, voor alle bezoekers staat een heerlijke kop koffie klaar en er zijn digitale middelen waarvan klanten, desgewenst onder begeleiding, gebruik kunnen maken.

Om ervoor te zorgen dat zowel de bestaande klanten van de bank als mogelijke potentiële nieuwe klanten van dit vernieuwde concept op de hoogte zijn en deelgenoot kunnen worden van de nieuwe beleving die de bank neer wil zetten, is *MissPublicity* gevraagd om hierover mee te denken. *MissPublicity* is een pr-bureau dat onder andere zorgt voor meer zichtbaarheid voor haar klanten. Dat doet het bureau op verschillende manieren, van het opstellen van persberichten, het bedenken van pr-strategieën, het organiseren van (pers)evenementen en het toepassen van influencers marketing tot het aangaan van samenwerkingen met mediapartners. Dat hebben ze ook gedaan voor deze bank om de opening van het volledig verbouwde kantoor, waar vernieuwing, deskundigheid en gastvrijheid samen moeten komen, onder de aandacht te brengen. Om deze nieuwe formule te laden bij verschillende doelgroepen hebben zij verschillende kleine evenementen georganiseerd voor verschillende inhoudelijke doelstellingen. Dat deden ze door het verhaal achter de verbouwing goed neer te zetten, 'de story'. Het nieuwe pand van de bank moet een ontmoetingsplek worden waar dromen en doelen gerealiseerd kunnen worden in een creatieve omgeving. Omdat voor elkaar te krijgen moesten (potentiële) klanten, maar ook de pers (online en offline), ervaren waar het nieuwe kantoorpand voor staat, en geïnspireerd, geadviseerd en geactiveerd worden om erover te gaan schrijven of het nieuwe pand te gaan bezoeken.

De campagne bestond uit de volgende deelevenementen:

Kick-off: lancering van de campagne met een event voor pers, klanten en voorbijgangers.

Ontmoetingen: inspirerend maandprogramma met verschillende interessante ontmoetingen 'op de bank' voor verschillende doelgroepen, zoals een ontmoeting en gesprek met een inspirerende ondernemer voor de zakelijke klanten en een miniconcert van een bekende artiest om jongeren met de nieuwe locatie van de bank kennis te laten maken.

Workshops: boeiende en bijzondere workshops voor verschillende doelgroepen om de betrokkenheid en het gevoel van deskundigheid en gastvrijheid in het nieuwe pand te vergroten.

Om het resultaat van de campagne en de waardering en beleving van het nieuwe pand te meten is ook een klantenonderzoek uitgevoerd. De opgehaalde feedback wordt gebruikt voor het aanscherpen van het concept. In de twee maanden na de opening van het vernieuwde kantoor zijn meer dan honderd klantinterviews uitgevoerd, waarbij de interviewers gebruik hebben gemaakt van tablets met het vragenscript die direct in verbinding stonden met een resultatendashboard. Zo zijn de bankmedewerkers dagelijks in staat gesteld om de opgehaalde feedback direct door te vertalen naar de processen op de werkvloer. Door vervolgens de aangescherpte aanpak weer te meten wordt de waardering zichtbaar. Op deze manier wordt ook de invulling van het kantoorconcept zo goed mogelijk ingericht naar klantbehoeften.

Bron: Misspublicity.nl & nbeyond.nl

Op de website vind je de briefing met draaiboek terug van een van de evenementen uit de casus in kader 7.1.

In deze fase is het dus van belang om ervoor te zorgen dat iedereen die bij het project betrokken is, op de hoogte is van die inhoudelijke doelstellingen. In de briefing moet dit aan de betrokkenen worden gecommuniceerd, zodat iedereen ervoor gaat zorgen dat het project gaat opleveren wat in de eerste fase (projectvoorstel) intern en extern is afgesproken en vastgelegd.

Opbouw van podium op Amsterdam Open Air festival 2016

Podium in full effect op Amsterdam Open Air festival 2016

◗ Stap 52

Bouw het project op volgens het productieplan (draaiboek voor de opbouw).

Bij een evenement wordt deze fase de opbouwfase genoemd. Nu wordt alles in gereedheid gebracht voor de ontvangst van de bezoekers of deelnemers, uiteraard volgens het draaiboek voor de opbouw. Aan het eind van de opbouwfase is het project klaar om geopend te worden of van start te gaan. Ook liggen er dan een gedetailleerd programma en een draaiboek voor het evenement zelf en voor de afbouw.

Als alles goed gaat, is aan het einde van de uitvoeringsfase alles verlopen zoals was bedoeld. Dit is de fase waarin het festival, de manifestatie of het congres zich afspeelt. Bij een festival is dat het moment dat de eerste bezoekers het festivalterrein op lopen tot het moment dat ze het terrein weer verlaten, bij exposities en beurzen is dit de openstellingsfase en bij een theater- of filmproductie is dit de speelfase.

Foodcourt Milkshake festival 2016

Valhalla crowdcontrol

● Stap 53
Laat het project functioneren zoals het was bedoeld en stuur bij waar nodig.

In deze fase vindt het evenement plaats volgens het gedetailleerde *productieplan* en het draaiboek voor het evenement zelf.

Het grote verschil tussen een film- of videoproductie en een liveproject zoals een evenement is dat er bij de laatste categorie nauwelijks wordt gerepeteerd en niets kan worden overgedaan. Gaat er iets fout en kan dit niet meteen worden hersteld, dan is dat bepalend, hoeveel werk er ook van tevoren is verzet. Het resultaat is wat de bezoekers zien en wat ze als indruk mee naar huis nemen. Het is daarom van het grootste belang dat het *draaiboek voor het evenement zelf*, ook wel 'showdraaiboek' of 'regiedraaiboek' genoemd, heel stipt wordt uitgevoerd. Op de website vind je voorbeelden van dit soort draaiboeken.

Tijdens het evenement staan, naast het programma, de ontvangst, de begeleiding en het verlenen van service aan de bezoekers centraal. Bij technisch complexere projecten worden door de projectleider de *cues* (signalen) gegeven om bepaalde handelingen uit het draaiboek te verrichten. In de praktijk blijken er ook vaak onvoorziene dingen te gebeuren. Het is daarom van groot belang dat de projectleider gedurende het evenement steeds ter plaatse aanwezig is en continu bereikbaar is via een mobiele telefoon, portofoon, intercom of ander communicatiemiddel, en in contact staat met de techniek, de verantwoordelijken voor de verschillende onderdelen van het evenement, enzovoort. Zorg ook dat de kwaliteitsmatrix die je hebt gemaakt bij stap 44 tijdens het evenement wordt ingevuld. Deze kan na het evenement van grote waarde zijn bij de evaluatie met een opdrachtgever, leverancier en het eigen team.

Tijd	Wat	Wie	Organisatie	Opmerkingen
18.00	security briefing	Omega	Iris/Arjen	rondje lopen + porto vragen
18.30	vips: ontvangst	Dick/Nikki	Arjen/Nikki	mensen via Dicks lijst, Suzanne, Nikki Nicole bij deur
19.00	vips: vertrek naar theaterzaal	Dick	Dick	via deur naast podium de zaal binnen!
19.00	vips begeleiden naar theaterzaal	Dick	Dick	via deur naast podium de zaal binnen!
19.00	garderobe klaar?	Krista	Good Guyz (GG)	
19.00	dames klaar?	Krista	GG	
19.00	alles klaar? dvd + licht?	Krista	Arjen	
19.00	Pete Philly opgebouwd?	Iris	GG	Pete Philly al binnen? bellen?
19.00	gordijn podium dicht	Iris	GG	
19.25	MC Nova stand-by	Iris	GG	aankondiging event
19.30	Gregor Salto	Iris	GG	check ASL-contact met techniek
19.50	deur open	Iris	GG	security klaar
20.00	einde vip-presentatie	Dick	Dick	mensen via theaterlounge naar buiten
20.00	modeshow style guide klaarzetten	Dick	Dick	check geluid
20.30	modeshow style guide	Dick	Dick	podium vrij??
20.25	gordijn open + MC Nova catwalk	Iris	GG	samen met Niels/Sjoerd
20.30	Pete Philly stand-by	Purple	GG	Purple
20.30	geluidsset klaarzetten theaterlounge	Arjen/Martijn	Purple	
20.45	Pete Philly	Purple	GG	samen met Niels/Sjoerd
21.00	uitreiking shopmanager of the year	Arjen/Martijn	Arjen/Martijn	spreekset + fles champagne bij bar
21.00	einde uitreiking shopmanager	Arjen/Martijn	Purple	set evt. laten staan als achtergrondmuziek?
21.15	kappers stand-by	Coos	Coos	
21.15	studenten stand-by	Dick	Dick	
21.25	na Pete gordijn half dicht	Iris	GG	

Tijd	Wat	Wie	Organisatie	Opmerkingen
21.25	MC Nova + start mode-show	Dick	Dick	Focus
21.45	Erick E en Chuckie stand-by	Iris	GG	
21.50	MC Nova + dj's naar booth	Iris	GG	Purple geluidswitch!
21.50	start dj's	Iris	GG	vj
22.00	Di-rect opbouwen!!	Iris	Purple	help!
22.50	Di-rect stand-by	Iris	GG	gordijnen open on stage
23.00	sluiting vip-deck, weg-halen wanden	Martijn/Chris	Styles	wanden weghalen, naar kleedkamers verplaatsen/gang backstage
23.00	eind dj's afkondiging MC Nova	Iris	GG	
23.00	MC Nova aankondiging Di-rect	Iris	GG	Purple
23.00	start Di-rect	Iris	GG	Focus
23.30	modeshow stand-by	Dimitri/Arjen		
23.55	MC Nova afkondiging Di-rect	Iris	GG	Purple afbouw Di-rect!!! Snel!
23.55	gordijn half sluiten	Iris	GG	Niels en Sjoerd helpen
23.55	modeshow Jolet	Jolet	Jolet	opbouw kraak
00.05	Kraak & Smaak stand-by	Iris	GG	
00.10	gordijn open + MC Nova catwalk	Iris	GG	
00.10	start Kraak & Smaak	Iris	GG	
01.00	afkondiging MC Nova	Iris	GG	

Figuur 7.1   Showdraaiboek van een evenement in de Amsterdam Convention Factory, met verschillende activiteiten op hetzelfde podium

Het draaiboek van figuur 7.1 en andere voorbeelden van draaiboeken zijn terug te vinden op de website en kunnen naar behoeven aangepast en ingevuld worden.

○ Stap 54

Voer het evaluatief publieksonderzoek nu uit (alleen van toepassing bij publieksprojecten).

Als eerder besloten is om een evaluatief publieksonderzoek uit te voeren en daarvoor een onderzoeksvoorstel is geschreven, wordt dat onderzoek nu uit-gevoerd en moet het dus zijn opgenomen in het draaiboek. Ook kan aan de artiesten en andere participanten een evaluatieformulier worden uitgereikt.

○ Stap 55

Organiseer de persontvangsten en de publieksservice.

Bij de opening of aan het begin van het project zal er waarschijnlijk in het com-municatieplan een persontvangst zijn gepland (met onder meer het uitdelen van de persmap op vertoon van de perskaart en de pers laten tekenen op een lijst). Zorg er nu voor dat deze ontvangst vlekkeloos verloopt.
Bij liveprojecten staat gedurende het project zelf de serviceverlening aan de bezoekers centraal. Het komt er nu op aan dat zij tevreden worden gesteld en dat hun vragen worden beantwoord. Organiseer de *publieksservice* zoals in het communicatieactieplan is beschreven.

○ Stap 56

Bouw het evenement af volgens het draaiboek voor de afbouw.

In de uren en dagen na afloop van het evenement wordt alles afgebroken, gede-monteerd, afgevoerd of opgeslagen en wordt de locatie opgeruimd en weer schoon opgeleverd. Vaak wordt vergeten hier ook draaiboeken voor te maken, wat wel sterk wordt aangeraden, omdat anders allerlei leveranciers en andere betrokkenen elkaar in de weg gaan lopen, omdat ze moe zijn en zo snel mogelijk naar huis willen. De ervaring leert, dat het dan nog langer duurt dan nodig, spullen stuk gaan en mensen ruzie krijgen. Als het op voorhand helder is wie wat gaat afbreken wanneer, dan kan iedereen daar rekening mee houden.

○ Stap 57

Stel de financiële eindafrekening op.

Na afloop van het evenement worden de laatste betalingen gedaan en moet de financiële eindafrekening worden opgesteld voor de opdrachtgever. Het ver-dient aanbeveling om hiervoor het format te gebruiken dat in figuur 6.7 is weergegeven. Bij een evenement dat door een externe organisator is uitgevoerd, wordt de slotfactuur van dat bureau met de opdrachtgever verrekend. Soms is er ook een financiële en/of inhoudelijke verantwoording nodig voor bijvoor-beeld een subsidiegever.

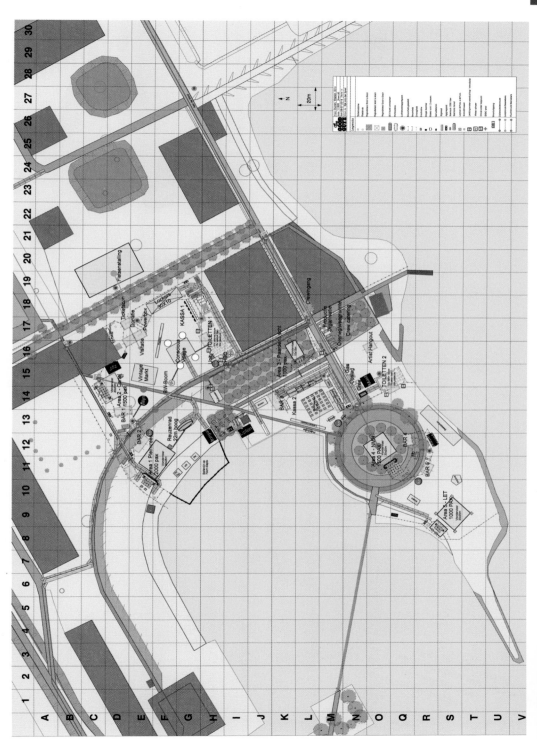

Buiten Westen 2016

evenement

H8
evaluatiefase

H7
uitvoeringsfase

9
stappen

H6
uitwerkingsfase

13
stappen

H5
voorbereidingsfase

16
stappen

H4
initiatieffase

21
stappen

functionerings
programma

productieplan

projectplan

projectvoorstel

productgericht traject
marketing- en communicatietraject
beheersgericht traject
besluitvormingstraject

IDEE
VRAAG

De evaluatie

8

Het project wordt afgesloten met de evaluatiefase. Evalueren doe je niet om het evalueren. Je evalueert tijdens en/of na afloop van een project om iets te leren van het project. Vaak zien projectleiders of opdrachtgevers het evalueren als een *ding* dat moet gebeuren, maar is de toegevoegde waarde ervan niet duidelijk. Evalueren is waardevol voor de interne organisatie, maar ook naar buiten toe. Door te evalueren krijg je inzicht in jezelf en het team. Waar had je misschien dingen anders moeten doen? Maar ook: waarin heb je juist goed werk geleverd? Door te evalueren wordt inzicht verkregen in het project en hoe het project is ontvangen, en komt informatie over succesfactoren en ook eventuele verbeterpunten boven tafel. Met deze informatie kun je projecten in de toekomst verbeteren.

Leerdoelen

Na het doorlopen van de stappen in dit hoofdstuk krijg je:
- inzicht in het bereik van het project en de gewenste effecten;
- de juiste informatie in handen om het project te verantwoorden, intern of aan derden;
- wellicht inspiratie voor nieuwe projecten; je komt erachter wat de succesfactoren zijn en hoe je die beter kunt inzetten;
- inzicht in mogelijke vervolgacties.

Publieksonderzoek is een belangrijk onderdeel van je project; dit is het moment waarop je het effect van je project kunt meten. Dat kun je doen door middel van enquêtes, maar er zijn ook andere manieren om achter de mening van het publiek te komen, bijvoorbeeld door het analyseren van gegevens die je verzamelt door social media te monitoren. In het artikel in kader 8.1 staat een checklist die je als marketeer of conceptontwikkelaar van een project kan helpen bij het kiezen van de juiste tools om de socialmedia-activiteiten rondom een evenement te monitoren (luisteren, analyseren en 'engagen').

Casus　　　Het monitoren van social media

Marketing en social media zijn vandaag de dag onlosmakelijk verbonden. De bezoekers van evenementen zijn actief op social media en delen daar hun mening. Hoe volg je nu als evenementenorganisator of marketeer wat er over je evenement wordt gezegd? Hoe analyseer je social media, en last but not least: hoe ga je online de dialoog aan als je daar als organisatie aan toe bent?

De wereld van (geavanceerde) tools is aan het veranderen met allerlei nieuwe mogelijkheden. We gaan geen overzicht geven van alle *socialmediatools*. Dat zijn er namelijk simpelweg te veel en als dit boek is uitgekomen, zijn er waarschijnlijk al veel bijgekomen, maar ook afgevallen. Wel geven we een inspirerend overzicht van een aantal handige tips waardoor je in staat bent om de juiste tools voor het monitoren van social media te selecteren.

There's a social media tool for that!

'There's an app for that' is een bekende uitspraak om aan te geven dat vandaag de dag zo'n beetje voor alles een app(licatie) te downloaden is op je smartphone. Die slogan geldt eigenlijk ook voor de markt van social-mediatools. Hoewel de markt nog volop in ontwikkeling is, er nieuwe tools verschijnen en andere verdwijnen of worden overgenomen, is er een scala aan tools om in heel veel behoeften te voorzien.

Hoe selecteer je socialmediatools?

De tool die geschikt is voor organisatie X, hoeft niet de tool te zijn die geschikt is voor jouw evenement. Het hangt af van de specifieke (kennis)behoefte die jij en/of je evenement of andere betrokken stakeholders (bijvoorbeeld de gemeente of een sponsor) hebben. Voor de vele handige, simpele en vaak gratis tools is het devies: gewoon uitproberen.

Hoe vergelijk je socialmediatools?

One size doesn't fit all. En het valt soms niet mee om in het bos van socialmediatools de bomen nog te zien. Om je op weg te helpen volgt hier een tiental basisvragen die elke toolleverancier zonder problemen zou moeten kunnen beantwoorden en die je wellicht helpen de verschillen te ontdekken en de juiste keuze te maken voor jouw (kennis)behoefte.

1 *Indexatie:* welke socialmedianetwerken worden geïndexeerd? Hoe zit het met traditionele nieuwssites? Video? Foto's? Wat wordt er geïndexeerd: alleen artikelen of ook reacties? Hoe wordt omgegaan met geaggregeerde data van andere sites? Is er een eigen *bot* die sites langsgaat of wordt een en ander gedaan op basis van RSS-feeds? Blijven de oorspronkelijke data bewaard? Hoe lang?

2 *Snelheid:* hoe snel vindt de indexatie plaats? Zijn er verschillen per netwerk/site? Hoe wordt omgegaan met de regels die de site stelt ten aanzien van indexatiebots? Welke SLA's gelden? (SLA's – Service Level Agreements – zijn afspraken over de prestatie-indicatoren en kwaliteitseisen van de te leveren dienst of product, om deze later te kunnen toetsen. In een SLA worden de rechten en plichten van beide partijen omschreven. Een SLA kan als afspraak bestaan tussen zowel externe (leverancier) als interne (klant) partijen binnen een organisatie.)

3 *Sentiment:* wordt het sentiment bepaald? Zo ja, hoe wordt dit bepaald en hoe zuiver is dit?

4 *Spam/ruis:* hoe scherp kan de query worden ingesteld om spam/ruis te voorkomen?

5 *Engaging:* kan de gebruiker vanuit de tool direct een reactie online zetten? Wordt er een stuk workflowmanagement aangeboden? Kan een item bijvoorbeeld worden toegekend aan een gebruiker? Is er de mogelijkheid voor verschillende autorisatielagen (aanleveren input versus zelf live zetten)?

6 *Open:* hoe open is het platform? Is het mogelijk zaken te exporteren of te importeren? Is er een API beschikbaar? Zijn er aanvullende tools van derden die in het systeem kunnen worden gehangen voor extra features?

7 *Rapportage:* welke rapportagevormen biedt het systeem en in welke mate zijn deze aanpasbaar?

8 *Alerting:* kun je alerts instellen en zo ja, welke vormen van alerting zijn er (sms, e-mail enzovoort) en welke triggers (extra volume, specifieke termen, specifieke users, meer dan × aantal volgers) kunnen worden ingesteld?

9 *Training en support:* hoeveel training vereist de tool en welke vormen van support worden geleverd? Is er een soort gebruikersgroep waar gebruikers samen met supportmedewerkers kunnen praten over bijvoorbeeld verbeteringen? Is er 7 × 24 uur support?

10 *Kosten:* wat zijn de kosten en wat is de grondslag (aantal gebruikers, buzzvolume, aantal afgenomen modules)? Is er een mogelijkheid om een en ander gratis gedurende een proefperiode te gebruiken zonder functionele beperkingen?

Wat je ook met social media wilt gaan doen, de eerste stap is luisteren. En dat kan al met vrij simpele tools die vaak gratis zijn. Als je concreet kunt laten zien wat er letterlijk over je evenement, merk of producten wordt gezegd, kan dat helpen om draagvlak bij betrokkenen te creëren.

Bron: E. van Roekel (2010, 24 maart). Social Media Monitoring & Marketing Tools. *Marketing Facts: Platform voor interactieve marketing.* Op 28 april 2014 ontleend aan www.marketingfacts.nl/berichten/20100324_social_media_marketing_monitoring_tools

Kader 8.1

▶ Stap 58
Voer het nazorgprogramma uit.

Als het project heeft plaatsgevonden en alles is opgeruimd, zal er nog een aantal zaken afgewikkeld moeten worden. Hierbij kun je denken aan het versturen van bedankjes aan de vrijwilligers en gastsprekers, het opstellen van de eindafrekening en het evalueren van het project. Na elke fase heeft een tussenevaluatie plaatsgevonden. Elk project moet worden afgesloten met een eindevaluatie. Hierbij kun je onder andere kijken naar:
– de doelgroep (is deze bereikt?);
– het resultaat of product (functioneert het of heeft het gefunctioneerd zoals was bedoeld, met andere woorden, heeft het product het gewenste effect opgeleverd?);
– de gevolgde werkwijze (voldeed de aanpak?);
– de beheersaspecten (hebben de beheersgerichte activiteiten zoals plannen, budgetteren en organiseren ertoe geleid dat het budget niet is overschreden, de deadlines zijn gehaald, de taken door iedereen zijn uitgevoerd, voldeed het evenement aan de gestelde kwaliteitscriteria, enzovoort?);
– de samenwerking tussen de betrokkenen.

▶ Stap 59
Leg een projectarchief aan.

Het is aan te bevelen om alle relevante projectinformatie ordelijk te archiveren voor een eventuele volgende editie van het project. Vaak is dit een stiefkindje, omdat de projectleider in deze fase meestal alweer druk bezig is met volgende projecten. Bij de start van de volgende editie worden de betrokkenen dan vaak geconfronteerd met één grote stapel oude documenten, zonder enige structuur. Probeer dat te voorkomen.

▶ Stap 60

Evalueer het project met al zijn onderdelen (projectresultaat) en het projectproces van idee tot realisatie en stel een evaluatieverslag op.

Bij de eindevaluatie van het project kunnen onder andere de volgende vragen worden gesteld: Is de doelgroep (bij een publieksevenement) of gebruikersgroep bereikt en is deze tevreden? Heeft het project gefunctioneerd zoals het was bedoeld? Met andere woorden, heeft het project het gewenste effect opgeleverd? Voldeed de gevolgde werkwijze tijdens de voorbereiding en uitvoering? Hebben de beheersgerichte activiteiten, zoals plannen van de tijd, budgetteren en organiseren, ertoe geleid dat het budget niet is overschreden (of de targets zijn gehaald), de deadlines zijn gehaald, de taken en verantwoordelijkheden door iedereen zijn waargemaakt, enzovoort? Is de samenwerking tussen de betrokkenen naar ieders tevredenheid verlopen? Is de projectleidersfunctie naar behoren vervuld?

De evaluatiefase wordt afgesloten met een evaluatieverslag. Dit is ook het moment waarop je een blauwdruk van het projectproces kunt maken, als handleiding voor een eventuele volgende gelegenheid. Met de opgedane ervaringen kan aan nieuwe projecten worden begonnen. Aan het eind van de evaluatiefase is het project afgerond, is het onderzoeksrapport gepresenteerd en is het project geëvalueerd (evaluatieverslag). In het evaluatieverslag wordt een eventuele rapportage over de uitslag van het gehouden publieksonderzoek meegenomen en kunnen bijvoorbeeld de afspraken rondom de ROI hiermee worden afgerond.

Milkshake festival

Bijlagen A
Het gereedschap

Bijlage A1 Taakverdelingsschema

Projectnaam:	☐ eind initatieffase ☐ eind voorbereidingsfase ☐ eind uitwerkingsfase	blad: datum: projectnr.:

Nr.	taken (per fase)	betrokkenen	organisatie/afdelingen/groepen/personen													
1	**2**		**3**	**4**	**5**	**6**	**7**	**8**	**9**	**10**	**11**	**12**	**13**	**14**	**15**	**16**	**17**

Aard van de bijdrage:

Ini = Initieert/bereidt voor   Vu = Voert uit
Kg = Keurt goed   Wm = Werkt mee
Adv = Adviseert/overlegt met   Dzv = Draagt zorg voor

Bijlage A2 Taakomschrijving

Benaming van de taak:

Afdeling/werkgroep:

Wordt uitgevoerd door:
naam:
adres:
postcode + woonplaats:
telefoon thuis:
telefoon elders:
fax:

1   Omschrijving van de taak, met eventuele deeltaken:
2   Bijbehorende verantwoordelijkheden:
3   Eventuele bevoegdheden, bijvoorbeeld met betrekking tot budget:
4   Geschatte tijd die de taak vergt:
5   Geeft leiding aan:
6   Staat onder leiding van:
7   Bijzondere afspraken:

Bijlage A3 Tijdplanningsformulier

Projectnaam:				□ eind initatieffase □ eind voorbereidingsfase □ eind uitwerkingsfase		blad: datum: projectnr.:
Nr.	handeling (per fase)	door	j			
			m			
			w			
1	2	3	4			

Bijlage A4 De stappen in het marketing- en communicatietraject

Stap	Activiteit	Centrale vraag	Uitwerking	In fase
1	Positionering kiezen a Inhoudelijke positionering kiezen (projectmissie of mission statement). b Imago-positionering kiezen (projectimago). c Legitimering kiezen.	Wat willen we met het project betekenen en voor wie? Welke uitstraling kiezen we voor het project? Aan welke maatschappelijke vraag of aan welk overheidsbeleid willen we het project verbinden? Waar moet een mission statement aan voldoen: – onderscheidend; – inspirerend/bruikbaar; – richtinggevend; – te onthouden (kort en krachtig); – geen pr/realistisch; – dekkend (alle activiteiten zijn hierop terug te voeren).	Een mission statement geeft antwoord op de volgende vragen: – Welk doel willen we bereiken? – Op welke manier doen we dat? – Waarom willen we dit? – Wat is hier onderscheidend/uniek aan? – Voor wie doen we dit en wat hebben zij eraan?	Initiatieffase (initiatiefrapport, offerte of projectvoorstel).
2	SWOT-analyse uitvoeren. Trendanalyse: algemene trends in kaart brengen. Concurrentie-analyse. Marktanalyse: wat is een markt? 'Een markt is een verzameling mensen die er een bepaald belang bij hebben als ze op enige wijze met je organisatie in contact komen of daarbij betrokken zijn' (Cashman, 2007).	Heeft het projectresultaat (product) levenskansen in markt en omgeving? M.a.w.: breng de strategische issues in kaart (haalbaarheidsvraag): – technologische ontwikkelingen; – demografische ontwikkelingen; – politieke ontwikkelingen; – economische ontwikkelingen. – Een concurrent is een organisatie die zich op hetzelfde soort klanten- en gebruikersbehoeften richt als je eigen organisatie. – Iedere concurrent is ook een potentiële samenwerkingspartner. – Hoe ziet de markt voor ons evenement eruit? – Hoe ontwikkelt die zich? – Is er sprake van verschillende segmenten? – Wat zijn de belangrijkste kenmerken van deze segmenten? – Welke wensen en behoeften leven er bij deze segmenten?	Per gekozen strategie: – meetbare doelstellingen formuleren (wat moet wanneer en door wie uitgevoerd worden en welk effect willen we bereiken); – effectmeting uitdenken en inplannen. Hoe maak je een marktanalyse: – bestaand onderzoek gebruiken (bijvoorbeeld SCP, CBS); – kwantitatief onderzoek doen (enquête, kassaregistratie, turven); – kwalitatief onderzoek doen (diepte-interviews, groepsdiscussies, observaties).	Initiatieffase (initiatiefrapport, offerte of projectvoorstel).

Stap	Activiteit	Centrale vraag	Uitwerking	In fase
	Marktsegmentatie. Het gaat dus bijna nooit om 'iedereen', maar om die doelgroepen die interesse (zouden kunnen) hebben in deze specifieke organisatie.	– Hoe zijn deze segmenten het beste te bereiken? Waarom marktsegmentatie: – Als je iedereen op dezelfde manier benadert, voelt niemand zich aangesproken. – Verschillende groepen gaan om verschillende redenen wel of niet naar kunst en cultuur: daar kun je op inspelen.	Wat ga je precies segmenteren? Opties: – het publiek dat je al bereikt; – iedereen in het verzorgingsgebied; – alleen liefhebbers van kunst en cultuur in het verzorgingsgebied; – iedereen in Nederland; – iedereen in een nog wijder gebied. Segmentatiecriteria: – demografisch (leeftijd, postcode); – op basis van frequentie cultuurbezoek; – op basis van motivaties/ drempels/waarden.	Initiatieffase (initiatiefrapport, offerte of projectvoorstel).
	Combinaties van verschillende criteria zijn het meest waardevol.	Methoden om te segmenteren: – op basis van bestaand onderzoek in combinatie met 'gevoel'; – op basis van cluster-analyses van publieks-gegevens of onder-zoeksgegevens.		
3	Communicatiestrategie formuleren. a Communicatie-doelgroep. b Communicatie-doelstelling. c Communicatie-boodschap.	Inventarisatie van de communicatie-doelgroe-pen met bijbehorend doel (communicatieveld) en formuleren boodschap. Met welke partijen moet allemaal gecommuniceerd worden? Onder-scheid in: – markt/project-doelgroep; – fondsen/sponsors; – overige partijen. Welke effecten willen we bereiken bij die communicatie-doelgroepen? Welke boodschap moet naar elke doelgroep worden gecommuniceerd om de bijbehorende communicatie-doel-stelling te bereiken?	Voorbeeld van een marketingstrategie: een museum zet in op verbreden van het publiek met de doelgroep gezinnen met jonge kinderen door een speciale kindertentoonstelling te ontwikkelen voor de leeftijdsgroep 4- tot 10-jarigen en een aparte campagne te voeren via kindertijdschriften en websites.	Initiatieffase (initiatiefrapport).

Stap	Activiteit	Centrale vraag	Uitwerking	In fase
4	Marketingplan opstellen.	Hoe wordt het product in de markt gezet? Maak hierbij o.a. gebruik van de resultaten van de SWOT-analyse en van de marketingmix 5/7 P's.	Het nut van een marketingplan: – richting aangeven; – keuzes maken; – realistisch plannen; – intern draagvlak creëren voor marketing.	Voorbereidingsfase (in projectplan).
5	Fondsenwervingsplan opstellen (niet van toepassing op alle evenementen).	Op welke fondsen, subsidiegevers, bedrijven kan, voor een financieringsbijdrage, een beroep worden gedaan? Op basis van welke argumenten? Met welke tegenprestatie of ROI (return on investment)? (bij sponsoring)	Om de ROI van sponsoring te kunnen bepalen moet een doorrekening gemaakt worden van de impact van de sponsoring op de business, oftewel: welke waarde genereert de sponsoring in termen van omzet en marge?	Voorbereidingsfase (in projectplan).
6	Communicatieplan opstellen.	Welke instrumenten kiezen we uit de communicatiemix? (Dit kan in de vorm van een communicatiematrix; zie figuur 5.4.)		Voorbereidingsfase (in projectplan).
7	Communicatieactieplan maken.	Wie gaat wat concreet doen en wanneer en waarmee? (Planning van de communicatie-activiteiten kan in de vorm van een communicatie-draaiboek; zie ook figuur 6.1.)		Uitwerkingsfase (in productieplan).
8	Uitvoeren communicatie actieplan.	Uitvoeren aan de hand van draaiboek.		Productiefase.
9	Evaluatief publieksonderzoek uitvoeren.	Zijn de verschillende doelen/effecten gerealiseerd?		Uitvoeringsfase (in evaluatierapport).

Bijlage A5 Kostenraming

kosten-soort	omschrijving	kosten		totaal
		materiaal en derden	loonkosten	
1000	Locatiekosten	-	-	-

Bijlage A6 Begroting AV-project

Kostenbegroting AV-project

naam van het project: 'Max Havelaar tegen de stroom in' (FICTIEF PROJECT!)
soort project: documentaire (52 min.) op Betacam SP
projectnr.: 804
naam projectverantwoordelijke: Jan Steenhuis/STEENHUIS Producties
datum: 30 juli 2017
oplevering/opening/première: 15 december 2017
fase: ontwikkelingsfase

kosten-soort	omschrijving	kosten materiaal en derden	loonkosten	totaal
1000	Locatiekosten	-	-	-
2000	Directe productiekosten (techniek en organisatie)	87.280	-	87.280
2100	- apparatuur en materiaal	30.520		
2200	- per diem en transport	53.000		
2300	- overige directe productiekosten	3.760		
3000	Directe productiekosten (mensen)	-	46.000	46.000
3100	- honorarium opnameperiode		39.600	
3200	- honorarium reisdagen		6.400	
4000	Ontwikkeling en voorbereiding		34.950	34.950
4100	- ontwikkelingskosten (voorbereidingsbudget)		28.200	
4200	- honorarium voorbereiding opnames		6.750	
5000	Bijkomende kosten	34.400		34.400
5100	- verzekeringen	6.300		
5200	- rechten manuscript	15.000		
5300	- rechten (Benelux)	13.100		
6000	Montage	29.650	29.300	58.950
6100	- offline montage	6.500	27.500	34.000
6200	- online montage	23.150	1.800	24.950
7000	Promotie, publiciteit en pr	-	-	-
8000	Algemene kosten, onvoorzien en winst			63.850
8100	- financieringskosten			3.000
8200	- onvoorzien (9%) x € 264.580			23.812
8300	- overhead (5%) x € 264.580			13.226
8400	- producers fee (9%) x € 264.580			23.812
	Raming projectkosten (excl. BTW)			**325.430**
	Belasting (BTW)			(alles incl.)
	Raming projectkosten (incl. BTW)			
9000	Dekkingsplan/opbrengsten/inkomsten			325.430
9100	- aandeel financiering STEENHUIS Producties			22.930
9200	- aandeel partners			170.000
9300	- bijdrage fondsen en sponsors			132.500
	Positief/negatief projectresultaat in €			0

Bijlage A7   Budgetbewakingsformulier

Projectnaam:
alle bedragen incl./excl. BTW

blad:
datum:
projectnr.:
datum werkbegr.:

kosten-soort	omschrijving	opdracht			betaling				saldo deel-budget	opmerking
		datum	bonnr.	leverancier	datum	d.m.v. K/G	door	bedrag		
1	2	3	4	5	6	7	8	9	10	11

Bijlagen B
Fasemodellen

Bijlage B1 Fasemodel conferenties

Per fase wordt onderscheid gemaakt in:

A productgerichte activiteiten (gericht op de ontwikkeling (inhoud en vorm) van de conferentie zelf);
B zakelijke activiteiten (gericht op ondersteuning van het productgerichte proces);
  1 communicatieactiviteiten (marketing, promotie/pr, fondsenwerving, enzovoort);
  2 beheersgerichte activiteiten (kwaliteit, organisatie, faciliteiten, tijd, informatie en geld (KOFTIG));
C faseresultaat/besluitvorming

Initiatiefase (I) (ideevorming)

A: projectleider
– verkennen opdracht/idee (1)
– vraagstelling of opdracht (2)
– inhoudelijke uitgangspunten (3)
– ontwikkelen basisconcept (4)
– plan van aanpak (5)

B1: projectleider/medewerker publiciteit
– haalbaarheid markt (6a)
– communicatiestrategie (6b)

B2: projectleider
– kwaliteitseisen (7a)
– opzet projectorganisatie (7b)
– facilitaire eisen (7c)
– tijdsplanning (7d)
– informatiesysteem (7e)
– raming projectkosten (7f)
– risicoanalyse (7g)

C: Projectvoorstel (8)
(met basisconcept en randvoorwaarden)

Voorbereidingsfase (II) (maken conferentie, met didactische vorm)

A: projectleider
– conferentiebenadering (9a)
– conferentiethema (9b)
– structuurschema (9c)
– conferentieonderwerp (met werkvormen) (10)

B1: projectleider/medewerker publiciteit
– marketingplan (11a)
– communicatieplan (11b)
– fondsenwervingsplan (11c)

B2: projectleider
– kwaliteitsbewaking (12a)
– opzet project-organisatie (12b)
– facilitair plan (12c)
– tijdsplanning (12d)
– informatiesysteem (12e)
– elementenbegroting (12f)

C: Projectplan (13)
(met gedetailleerde deelplannen)

Uitwerkingsfase (III) (productie-informatie)

A: projectleider
– uitwerken en testen (14a)
– functioneringsprogramma met calamiteitenplan (14b)
– nazorgprogramma (14c)

B1: projectleider/medewerker publiciteit
– actieplannen (15a)
  * marketingactieplan
  * communicatieactieplan
  * fondsenwervingsplan
– opzet publieksonderzoek (15b)

B2: projectleider
– kwaliteitsbewaking (16a)
– uitvoeringsorganisatie (16b)
– facilitair actieplan (16c)
– draaiboeken (16d)
  * opbouw (productiefase)
  * conferentie (functioneringsfase)
  * afbouw
– informatiesysteem (16e)
– werkbegroting (16f)

C: Productieplan (16)
(met gedetailleerde productie-informatie)

Uitvoeringsfase (IV) (uitvoeren draaiboeken)

A: projectleider
– uitvoeren draaiboek opbouw (18a)
– uitvoeren draaiboek conferentie (18b)
– uitvoeren draaiboek afbouw (18c)

B1: projectleider/medewerker publiciteit
– pers en publieksservice (18d)
– uitvoeren deelnemers-onderzoek (18e)

B2: projectleider
– bewaking zakelijke randvoorwaarden (18f) incl.:
  * briefing betrokkenen
  * borging kwaliteit
  * coördinatie draaiboeken
  * budgetbewaking/-administratie

C: Conferentie
(met opbouw en afbouw)

Afwikkelingsfase (V) (afronding/evalueren)

A: projectleider
– uitvoeren nazorgprogramma incl. evt. follow-up (19a)
– projectevaluatie, incl. evt. blauwdruk volgende keer (19e)

B1: projectleider/medewerker publiciteit
– rapportage deelnemersonderzoek (19b)
– nazorg inleiders/deelnemers

B2: projectleider
– financiële eindafrekening, incl. betalingen afhandelen en verantwoording naar financiers (19c)
– informatie archiveren (19d)

C: Evaluatieverslag
(met evt. blauwdruk)

Bijlage B2 Fasemodel tentoonstellingen

Per fase wordt onderscheid gemaakt in:
A productgerichte activiteiten (gericht op de ontwikkeling (inhoud en vorm) van de tentoonstelling zelf);
B zakelijke activiteiten (gericht op ondersteuning van het productgerichte proces);
1 communicatieactiviteiten (marketing, promotie/pr, fondsenwerving, enzovoort);
2 beheersgerichte activiteiten (kwaliteit, organisatie, faciliteiten, tijd, informatie en geld (KOFTIG));
C faseresultaat/besluitvorming

Initiatieffase (I) (ideevorming)

A: projectleider
- projectaanleiding
- projectmissie/-imago
- doelgroep(en)
- inhoudelijke doelstelling
- projecteisen
- definitie van deelproducten
- beschrijving van het idee (basisconcept)

B1: projectleider/medewerker publiciteit
- evt. marktverkenning
- communicatiestrategie
* productpromotie
* financiering/fondsen- werving

B2: projectleider:
- plan van aanpak
- overall tijdsplanning
- raming projectkosten
- facilitaire en locatie-eisen
- kwaliteitseisen
- globale opzet project- organisatie

C: Initiatiefrapport (met basisconcept en randvoorwaarden)

Voorbereidingsfase (II) (tentoonstellingsconcept)

A: projectleider/conservator
- evt. inhoudelijk onderzoek
- eerste oriëntatie objecten
- conserveringsonderzoek ruimten
- storyline
- tentoonstellings- concept en schetsen
- bezinning ondersteunende programma's

B1: projectleider/ medewerker publiciteit
- communicatieplan
* promotieplan
* fondsenwerving
- onderhandelingen financiers

B2: projectleider:
- detailtijdsplanning
- elementenbegroting
- plan aanpassen zaal/locatie
- evt. optie op zaal/locatie
- intern communicatieplan

C: Projectplan (met tentoon- stellingsconcept)

Uitwerkingsfase (III) (productiegegevens)

A: vormgever/conservator
- definitieve keuze objecten
- schrijven teksten
- definitieve vormgeving
- maken bestektekeningen
- definitief ontwerp
- technische omschrijving
- ontwikkelen onder- steunende programma's/ publicaties

B1: projectleider/ medewerker publiciteit
- evt. formatief publieksonderzoek
- maken en uitvoeren van:
* communicatieactieplan
* aanvullende fondsen- werving
- maken openingsplan
- uitnodigingen opening

B2: projectleider/ productieleider
- uitvoeringsplanning
- werkbegroting
- bruikleencontracten
- uitvoeringsorganisatie

C: Productieplan (met werktekeningen en technische omschrijving)

Productiefase (IV) (bouwen tentoonstelling)

A: productieleider/ projectleider
- gereedmaken locatie/ zaal
- bouwen tentoonstelling
* evt. prefabricage in werkplaats
* opbouw op locatie/zaal
* inrichten tentoonstelling
- realisatie ondersteunende programma's/publicaties

B1: medewerker publiciteit/projectleider
- promotiecampagne
- voorbereiden opening/ persontvangst

B2: projectleider/ productieleider
- coördineren en organiseren productie
- voortgangsbewaking
- budgetbewaking/ -administratie
- bewakingsplan
- briefing suppoosten

C: Ingerichte tentoonstelling

Openstellingsfase (V) (bezoekers ontvangen)

A: projectleider/beheerder
- presentatie van tentoonstelling aan bezoekers
- bewaking en beveiliging
- beheer en onderhoud tentoonstelling
- uitvoeren ondersteunende programma's

B1: projectleider/ medewerker publiciteit
- promotiecampagne
- opening/persontvangst
- bezoekersservice
- publieksonderzoek
- nazorgprogramma

B2: projectleider
- voortgangsbewaking
- budgetbewaking/ -administratie
- begeleiding suppoosten
- reisschema bij reizende tentoonstelling
- demontageplan

C: Opengestelde tentoonstelling

Nazorg-/evaluatiefase (VI) (afronden project)

A: productieleider/ projectleider
- demontageplan uitvoeren
- projectevaluatie
- evt. vervolg- activiteiten
- blauwdruk evt. volgende keer

B1: projectleider/ medewerker publiciteit
- verwerken gegevens publieksonderzoek
- bedankbriefjes
- evt. klachten- afhandeling

B2: projectleider
- nazorg medewerkers
- betalingen afhandelen
- financieel eindoverzicht maken
- informatie archiveren

C: Evaluatieverslag (met evt. blauwdruk)

financiering/haalbaarheidstoets

Bijlage B3 Fasemodel evenementen en festivals

Per fase wordt onderscheid gemaakt in:
A productgerichte activiteiten (gericht op de ontwikkeling (inhoud en vorm) van het festival zelf);
B zakelijke activiteiten (gericht op ondersteuning van het productgerichte proces);
1 communicatieactiviteiten (marketing, promotie/pr, fondsenwerving, enzovoort);
2 beheersgerichte activiteiten (kwaliteit, organisatie, faciliteiten, tijd, informatie en geld (KOFTIG));
C faseresultaat/besluitvorming

Initiatieffase (I) (ideevorming)

A: projectleider
– verkennen opdracht/idee (1)
– vraagstelling of opdracht (2)
– inhoudelijke uitgangspunten (3)
– ontwikkelen basisconcept (4)
– plan van aanpak (5)

B1: projectleider/medewerker publiciteit
– haalbaarheid in markt (6a)
– communicatiestrategie (6b)

B2: projectleider:
– kwaliteitseisen (7a)
– opzet projectorganisatie (7b)
– facilitaire eisen (7c)
– tijdsplanning (7d)
– informatiesysteem (7e)
– raming projectkosten (7f)
– risicoanalyse (7g)

C: Projectvoorstel (8)
(met basisconcept en randvoorwaarden)

Voorbereidingsfase (II) (maken ontwerp of plan)

A: projectleider
– structuurschema (9a)
– gedetailleerd plan/ontwerp (9b)
– sfeerschets (9c)
– productiemethode (9d)

B1: projectleider/medewerker publiciteit
– marketingplan (10a)
– fondsenwervingsplan (10b)
– communicatieplan (10c)

B2: projectleider:
– kwaliteitsbewaking (11a)
– opzet projectorganisatie (11b)
– facilitair plan (11c)
– tijdsplanning (11d)
– informatie systeem (11e)
– elementenbegroting (11f)

C: Projectplan (12)
(met gedetailleerde deelplannen)

Uitwerkingsfase (III) (productie-informatie)

A: projectleider
– productie-informatie (13a)
– uittesten in pilot (13b)
– functioneringsprogramma met calamiteitenplan (13c)
– nazorgprogramma (13d)

B1: projectleider/medewerker publiciteit
– actieplannen (14a)
  * marketingactieplan
  * fondsenwervingsactieplan
  * communicatieactieplan
– opzet publieksonderzoek (14b)

B2: projectleider:
– kwaliteitsbewaking (15a)
– uitvoeringsorganisatie (15b)
– facilitair actieplan (15c)
– draaiboeken (15d)
  * opbouw (productiefase)
  * event (functioneringsfase)
  * afbouw
– informatiesysteem (15e)
– werkbegroting (15f)

C: Productieplan (16)
(met gedetailleerde productie-informatie)

Uitvoeringsfase (IV) (uitvoeren draaiboeken)

A: projectleider
– uitvoeren draaiboek opbouw (17a)
– uitvoeren draaiboek evenement (17b)
– uitvoeren draaiboek afbouw (17c)

B1: projectleider/medewerker publiciteit
– pers en publieksservice (17d)
– uitvoeren publieksonderzoek (17e)

B2: projectleider:
– bewaking zakelijke randvoorwaarden (17f) incl.:
  * briefing betrokkenen
  * borging kwaliteit
  * coördinatie draaiboeken
  * budgetbewaking/-administratie

C: Festival/manifestatie
(met opbouw en afbouw)

Afwikkelingsfase (V) (afronding/evalueren)

A: projectleider
– nazorgprogramma uitvoeren incl. evt. follow-up (18a)
– projectevaluatie, incl. evt. blauwdruk volgende keer (18e)

B1: projectleider/medewerker publiciteit
– rapportage publieksonderzoek (18b)
– nazorg artiesten/deelnemers

B2: projectleider:
– financiële eindafrekening, incl. betalingen afhandelen en verantwoording naar financiers (18c)
– informatie archiveren (18d)

C: Evaluatieverslag
(met evt. blauwdruk)

Bijlage B4 Fasemodel podiumproducties

Per fase wordt onderscheid gemaakt in:

A productgerichte activiteiten (gericht op de ontwikkeling (inhoud en vorm) van de podiumproductie zelf);
B zakelijke activiteiten (gericht op ondersteuning van het productgerichte proces);
  1 communicatieactiviteiten (marketing, promotie/pr, fondsenwerving, enzovoort);
  2 beheersgerichte activiteiten (kwaliteit, organisatie, faciliteiten, tijd, informatie en geld (KOFTIG));
C faseresultaat/besluitvorming

Initiatieffase (I) (idee op papier)

A: artistiek leider/regisseur
- projectaanleiding
- thema/keuze spelmateriaal
- projectmissie en -imago
- doelgroep(en)
- inhoudelijke doelstelling
- samenvatting projecteisen
- evt. tekst verwerven
- productiebeschrijving (basisconcept)
- aanzet groepsbeschrijving
- type voorstelling
- besluit videoregistratie?

B1: zakelijk leider
- evt. marktverkenning
- communicatiestrategie
* productpromotie
* financiering/fondsen-werving
- onderhandelingen financiers
- contacten met speelplaatsen

B2: zakelijk leider
- plan van aanpak
- opzet projectorganisatie
- overall planning
- raming projectkosten
- facilitaire eisen
- kwaliteitseisen

C: Initiatiefrapport (met eventueel subsidie-aanvraag)

Voorbereidingsfase (II) (ontwikkelen theaterstuk)

A: artistiek leider/regisseur
- evt. theatertekst schrijven
- dramaturgische bijdrage
* research
- aanzet voor regieconcept
- rolopvattingen
- audities
- muziek uitzoeken/maken
- eventueel choreografie
- eventueel trainings-programma
- uitgangspunten decor-ontwerp
- eerste bezinning rekwisieten

B1: zakelijk leider
- communicatieplan
* promotie
* aanvullende fondsen-werving
- contracten financiers
- contracten met speel-plaatsen

B2: productieleider/zakelijk leider
- opzet productieorganisatie
- contracteren acteurs (cast)
- productieplanning
- aanzet productiebegroting
- evt. facilitair plan

C: Projectplan (met ontwerp van het theaterstuk)

Preproductiefase (III) (voorbereiden productie)

A: regisseur/artistiek leider
- laatste aanpassingen tekst
- voorlopig regieconcept
- eventuele aanvullende trainingen
- voorlopige ontwerpen:
* decor
* kostuums enzovoort
* licht en geluid

B1: zakelijk leider
- communicatieactieplannen:
* promotieactieplan
* aanvullende fondsenwerving
- contracten met speelplaatsen

B2: productieleider
- repetitieschema's maken
- repetitieruimten regelen
- regelen repetitie-rekwisieten/ kostuums
- eventueel cateringplan
- gedetailleerde productiebegroting
- aanpassen productie-organisatie
- contracteren technici (crew)
- aanzet premièreplan en reisplan

C: Productieplan (met o.a. repetitieplan)

Productiefase (IV) (repetities, decor maken)

A: regisseur/productieleider
- definitief regieconcept
- instuderen/repetities
- dramaturgische bijdrage
* lijn bewaken
- definitief ontwerpen en uitvoeren:
* decor
* kostuums enzovoort
* licht en geluid
- opvang/begeleiden acteurs

B1: zakelijk leider/productieleider
- promotionele acties
- opvang/begeleiden gasten
- maken premièreplan
- uitnodigingen voor première

B2: productieleider
- algehele coördinatie/organisatie
- (financiële) administratie
- budgetbewaking
- catering regelen tijdens repetitie
- zorg voor repetitieruimten
- zorgen voor rekwisieten
- aanpassen repetitieschema
- technisch overleg met speelplaatsen
- planning première(week)

C: Programma Speelfase (met premièreplan)

Speelfase (V) (voorstellingen)

A: regisseur/productieleider
- try-outs
- premièrevoorstelling
- (reizen en) spelen in theater(s)
- opbouw/afbouw/transport
- decor en techniek

B1: zakelijk leider/productieleider
- ontvangst gasten/pers première
- uitvoeren communicatie-actieplan
- ontvangst/begeleiden speciale gasten bij voorstellingen
- programmaboekjes/merchandising

B2: productieleider/companymanager
- begeleiding acteurs/technici
- bijhouden reis-/speel-planning
- afspraken met speelplaatsen
- regelen vervoer auteurs/technici
- sejours uitrekenen/betalen
- budgetbewaking
- kwaliteitsbewaking voorstelling
- maken afsluitingsprogramma

C: Afsluitprogramma

Afsluitingsfase (VI) (afbouw en nazorg)

A: productieleider
- demontage/afvoer/opslag:
* decor
* licht en geluid
- evalueren van de voorstelling

B1: productieleider
- nazorg acteurs
- evt. klachtenafhandeling
- evaluatie aandacht bezoekers/media

B2: productieleider
- financieel eindoverzicht maken
- evaluatie productieproces

C: Evaluatieverslag

financiering/haalbaarheidstoets

Bijlage B5 Fasemodel video-/filmproducties

Per fase wordt onderscheid gemaakt in:
A productgerichte activiteiten (gericht op de ontwikkeling (inhoud en vorm) van de tentoonstelling zelf);
B zakelijke activiteiten (gericht op ondersteuning van het productgerichte proces);
 1 communicatieactiviteiten (marketing, promotie/pr, fondsenwerving, enzovoort);
 2 beheersgerichte activiteiten (kwaliteit, organisatie, faciliteiten, tijd, informatie en geld (KOFTIG));
C faseresultaat/besluitvorming

Initiatieffase (I) (ideevorming)

A: programmamaker
- projectaanleiding
- projectmissie en -imago
- doelgroep(en)
- inhoudelijke doelstelling
- samenvatting projecteisen
- synopsis (basisconcept)

B1: (uitvoerend) producent
- evt. marktverkenning
- communicatiestrategie
 * productpromotie
 * financiering/fondsen- werving
- onderhandelingen financiers ontwikkelingsbudget
- evt. onderhandelen broad- casters

B2: uitvoerend producent/ producer
- plan van aanpak
- aanzet projectorganisatie
- overall planning
- raming projectkosten
- facilitaire eisen
- kwaliteitseisen

C: Initiatiefrapport (toets door producent/ opdrachtgever)

Ontwikkelingsfase (II) (ontwikkelen van scenario)

A: programmamaker/regisseur
- script kopen/schrijven
- line-up (van script naar scenario)
- aanzet voor regieconcept
- rolopvattingen (drama/film)
- research
- casting
- audities/screentests
- muziek uitzoeken/maken
- locatie-eisen formuleren
- ontwerp decor/kostuum
- eerste bezinning props

B1: (uitvoerend) producent
- communicatie(actie)plan
 * promotie
 * financiering/fondsen- werving
- contract financiers
- contracten broadcasters

B2: uitvoerend producent/ producer
- opzet productieorganisatie
- productieplanning
- projectbegroting
- facilitair plan
 * equipment voor opname
 * (hulp)materiaal
- contracteren kernfuncties
- intern communicatieplan

C: Projectplan (evt. met subsidieaanvraag)

Regelen ontwikkelingsbudget

Preproductiefase (III) (voorbereiden productie)

A: programmamaker/ eindredacteur
- laatste aanpassingen scenario
- definitief regieconcept
- repetities acteurs e.a.
- definitieve locatiekeuze
- definitieve keuze crew
- definitief ontwerp decor
- ontwerp lichtplan

B1: (uitvoerend) producent uitvoeren communicatie- actieplannen
 * promotieactieplan
 * fondsenwervings-actieplan

B2: producer/uitvoerend producent
- van scenario naar breakdown
- repetitieschema's maken
- repetitieruimten regelen
- gedetailleerde productie- begroting
- aanpassen productie- organisatie
- contracteren crew/cast
- opnameplanning/draai- schema
- callsheets per dag
- regelen equipment/materiaal
- regelen locaties
- cateringplan

C: Productieplan (met draaischema)

Regie productiebudget

Productiefase (IV) (opnames maken)

A: regisseur/producer
- opbouwen set
- uitlichten set
- opnames studio/locatie
- bijhouden continuity report
- callsheets aanpassen/ distribueren
- vervoer/werkruimtes regelen
- opvang/begeleiden acteurs
- voorbereiden volgende opnames

B1: (uitvoerend) producent
- promotionele acties
- opvang/begeleiden gasten
- organiseren première (bij film)

B2: producer/uitvoerend producent
- algehele coördinatie/ organisatie leiding
- budgetbewaking
- eventuele rechten claimen
- cateringplan uitvoeren
- voorbereiding postproductie (postproductieplan)

C: Postproductieplan (moederband)

Postproductiefase (V) (montage)

A: editor/regisseur/producent
- afleveren moederbanden
- spotten
- off-line (voormontage)
- beoordeling voormontage
- evt. aanvullende opnames
- definitieve offline + goed- keuring producent
- online montage
- audionabewerking
- vertaling/ondertiteling (bij film)
- nasynchronisatie (bij film)

B1: uitvoerend producent/ producer
- medewerkersviewing
- previewing/perspresentatie
- nazorg hoofdrolspelers
- bedankbrieven
- contract broadcaster
- evt. overleg volgende series
- evt. overleg verkoop buitenland
- contracten distributeurs (bij film)

B2: uitvoerend producent/ producer
- logboeken maken
- afhandeling betalingen
- voorl. financieel eindoverzicht
- afhandeling Buma/Stemra

C: Vertoningskopie

Speel-distributiefase (VI) (vertoning)

A: producent/broadcaster
- uitzending video of tv
- controle uitzendprocedure
- kijkcijfers/waarderingscijfers
- distributie (bij film)
- première/vertoning film
- naar filmfestivals
- evalueren

B1: (uitvoerend) producent
- acquisitie en verkoop
- contracten broadcaster (bij film)
- contracten home video (bij film)

B2: uitvoerend producent
- financieel eindoverzicht

C: Vertoonde video/film (plus evaluatieverslag)

Bijlage B6 Fasemodel beurzen

Per fase wordt onderscheid gemaakt in:
A productgerichte activiteiten (gericht op de ontwikkeling (inhoud en vorm) van de beurs zelf);
B zakelijke activiteiten (gericht op ondersteuning van het productgerichte proces);
1 communicatieactiviteiten (marketing, promotie/pr, fondsenwerving, enzovoort);
2 beheersgerichte activiteiten (kwaliteit, organisatie, faciliteiten, tijd, informatie en geld (KOFTIG));
C faseresultaat/besluitvorming

Initiatiefase (I) (ideevorming)

A: projectleider
- projectaanleiding
- projectmissie/-imago
- doelgroep(en)
  * deelnemers/bezoekers
- inhoudelijke doelstelling
- projecteisen
- definitie van deelproducten
- bezinning ondersteunende programma's
- korte beschrijving beurs (basisconcept)

B1: projectleider/medewerker publiciteit
- evt. marktverkenning
- communicatiestrategie
  * deelnemers/bezoekers
  * evt. financiers
- contact evt. financiers
- bestanden actualiseren
- inschrijvingsformulier maken

B2: projectleider
- plan van aanpak
- overall tijdsplanning
- raming projectkosten
- facilitaire en locatie-eisen
- voorlopige optie locatie
- kwaliteitseisen
- opzet projectorganisatie

C: Initiatiefrapport (met basisconcept en randvoorwaarden)

Voorbereidingsfase (II) (contact met deelnemers)

A: projectleider
- handleiding deelnemers, o.a.:
  * randvoorw. ruimte/techniek
  * geboden faciliteiten/ beveiliging
  * aanbevolen standbouwers
  * informatie centrale publiciteit
  * tips m.b.t. reclame
- voorlopig beursplan: vlekkenplan met clusters en routing
- deelnemers in clusters onderbrengen

B1: projectleider/medewerker publiciteit
- communicatie deelnemers
- inschrijving openen
- vooraankondiging met handleiding
- deadline inschrijving bewaken
- contact met deelnemers
- communicatieplan bezoekers
- onderhandelen met financiers
- onderhandelen met locatiebeheerder

B2: projectleider
- detailtijdsplanning
- bijstellen begroting
- vastleggen locatie

C: Projectplan (met voorlopig beursontwerp)

Uitwerkingsfase (III) (definitieve keuzen/afspraken)

A: projectleider
- voorlopige toewijzingsbrief deelnemers
- reacties deelnemers verzamelen
- detailafspraken met deelnemers
- definitief beursontwerp met:
  * technische tekeningen en omschrijvingen
- draaiboek opbouw/beurs/ afbouw
- contracteren deelnemers
- evt. contracteren standbouwers
- afstemming locatiebeheerder:
  * horeca
  * techniek enz.

B1: medewerker publiciteit/ projectleider
- evt. formatief publieksonderzoek
- maken en uitvoeren van communicatieactieplan bezoekers
- maken openingsplan
- uitnodigingen opening

B2: projectleider
- uitvoeringsplanning
- werkbegroting
- horecaplan maken
- bewakingsplan maken
- uitvoeringsorganisatie
- intern communicatieplan

C: Productieplan (technische omschrijving en draaiboeken)

Productiefase (IV) (bouwen van beurs)

A: productieleider/project-leider
- voorbereiding op locatie volgens draaiboek
- bewakingsplan opbouw uitvoeren
- stands bouwen
- inrichting stands door deelnemers
- centrale infodesk opzetten
- service aan deelnemers verlenen
- laatste voorbereidingen ondersteunende programma's

B1: projectleider/medewerker publiciteit
- promotiecampagne bezoekers
- voorbereiden opening/ persontvangst

B2: productieleider/ projectleider
- coördineren en organiseren productie
- voortgangsbewaking
- budgetbewaking/ -administratie
- briefing bewakers

C: Ingerichte beurs

Openstellingsfase (V) (bezoekers ontvangen)

A: projectleider/projectleider
- uitvoeren draaiboek beurs, o.a.:
  * bemannen bezoekers-infodesk
  * restauratieve voorziening open
  * beheer en onderhoud beurs
- bewakingsplan openstelling uitvoeren
- uitvoeren ondersteunende programma's

B1: projectleider/medewerker publiciteit
- officiële opening
- deelnemersservice
- vervolg promotiecampagne bezoekers
- deelnemersonderzoek
- bezoekersonderzoek
- nazorgprogramma

B2: projectleider/ productieleider
- algehele coördinatie/ organisatie
- budgetbewaking/ -administratie
- begeleiding bewakers

C: Opengestelde beurs

Nazorg-/evaluatiefase (VI) (afronden project)

A: productieleider/ projectleider
- uitvoeren draaiboek afbouw
- bewakingsplan afbouw uitvoeren
- deelnemersservice bij afbouw
- projectevaluatie
- evt. vervolgactiviteiten
- blauwdruk evt. volgende keer

B1: projectleider
- verwerken gegevens deelnemers/ bezoekersonderzoek
- bedankbriefjes
- evt. klachtenafhandeling

B2: projectleider
- nazorg medewerkers
- betalingen afhandelen
- financieel eindoverzicht maken
- informatie archiveren

C: Evaluatieverslag (met evt. blauwdruk)

◄ Financiering/haalbaarheidstoets

Bijlagen C
Formats
Beslisdocumenten

Bijlage C1 Format voor projectvoorstel

Het projectvoorstel bevat alle *uitgangspunten* en *randvoorwaarden* van het project. Het geldt als *startdocument* van het project en dient als toetssteen voor de bewaking van het verloop van het hele traject dat daarna komt. Wanneer 'in opdracht' gewerkt wordt, is het projectvoorstel het eerste beslisdocument dat aan de opdrachtgever wordt voorgelegd. Ten behoeve van deze besluitvorming moet het projectvoorstel voor de opdrachtgever voldoende informatie bevatten om zich een vrij goed beeld te kunnen vormen van het *projectresultaat*, dus hoe het evenement er aan het eind van het project globaal gaat uitzien, inclusief alle consequenties. Bij de thema's in het format wordt zo veel mogelijk verwezen naar de stappen die in hoofdstuk 4 zijn beschreven. Zie stap 1-21 voor nadere instructies over het schrijven van een projectvoorstel.

- (Werk)titel plus eventueel ondertitel van project en eventueel projectlogo.
- Aard van de rapportage (hier: projectvoorstel/ offerte).
- Eventueel naam en logo opdrachtgever en/of opdrachtnemer.

Kerngegevens (puntsgewijze informatie op titelblad – blad na de omslag)
- (Werk)titel plus eventueel ondertitel van project/soort project.
- Aard van de rapportage (zie omslag).
- Datum van de rapportage.
- Belangrijke data van het project (openings-, opleverings- of premièredatum en sluitingsdatum).
- Eventueel te verwachten aantal keren dat het evenement wordt uitgevoerd en het aantal bezoekers/deelnemers.
- Opdrachtgever of initiatiefnemer (met contactgegevens).
- Maker(s) van het rapport, projectteam met projectleider (met contactgegevens).
- Eventuele rechtsvorm van het project en eventuele samenwerkingspartner(s).

Inhoudsopgave (met hoofdstuk-, paragraaf-, bijlage- en paginanummers)

1 Inleiding
- Wie is de opdrachtgever en wie zijn eventueel andere betrokken partijen (bijvoorbeeld toekomstige gebruikers, samenwerkingspartners)? (Doe grondig research, laat de opdrachtgever zien dat je je hebt verdiept in de kernwaarden.) (stap 1)
- Wat is de aanleiding van het project? (stap 1).
- Wat is de context van het project? (Speelt het in een organisatie? Zo ja: wat doet deze organisatie? Heeft het project relaties met andere projecten? Waarin onderscheidt dit project zich of wat is de toegevoegde waarde ervan? Enzovoort.) (stap 1)
- Wat vraagt de opdrachtgever feitelijk aan de opdrachtnemer? (de vraagstelling of opdrachtformulering) (stap 1)
- Wat wil de opdrachtgever uiteindelijk bereiken? (de doelstelling van de opdrachtgever) (stap 2)
- Wat is dit voor rapport, op wie is het gericht en wat is het doel ervan?
- Wat kan de lezer in het rapport verwachten? (korte opzet van rapport)
- Wat is de status van het rapport (bijvoorbeeld concept, definitief, goedgekeurd enzovoort)? Pas na goedkeuring wordt het 'projectcontract' genoemd.

2 *Inhoudelijke uitgangspunten*

— Beschrijving projectmissie, projectimago als reactie op vraagstelling van opdracht-
gever. (stap 3)
— Op welke doelgroep(en) is het project gericht en wat is de omvang daarvan? (stap 4)
— Welke doelstelling(en) worden met dit project bij de doelgroep(en) nagestreefd?
(doelstellingen zo veel mogelijk meetbaar maken! – SMART) (stap 4)
— Wat is de mogelijke ROI of de andere positieve of negatieve spin-off (neveneffecten)
van het project? (stap 4)
— Beschrijving projectgrenzen (welke fasen (lengte) en welke onderdelen (breedte)
horen er niet meer bij?) (stap 5)
— Samenvatting projecteisen en –criteria. (stap 6)
— Globale beschrijving van het projectresultaat in de vorm van een basisconcept, met
motivatie van keuzes. (stap 7, 8, 9)
— Korte toelichting op onderdelen van het projectresultaat (PMC's) en samenhang
daartussen. (stap 10)
— Het basisconcept (stap 11):
  • geeft globaal maar helder beeld van het projectresultaat;
  • is antwoord op de vraag opdrachtgever;
  • is interessant, aansprekend en heeft 'uithoudingsvermogen';
  • eventuele onderdelen hebben een goede inhoudelijke samenhang.
— Korte sfeerschets: een levendige beschrijving van de manier waarop het projectresultaat beleefd gaat worden door toekomstige bezoeker/deelnemer. Hieruit blijkt
de 'animatiewaarde' van het evenement. (stap 12)

5 *Projectmarketing en -communicatie*

— Beschrijving van strategische issues (het resultaat van de SWOT-analyse). (stap 13)
— Beschrijving van de communicatiestrategie. Onderscheid in drie soorten doelgroepen: projectdoelgroepen, fondsenwervingsdoelgroepen en overige communicatiedoelgroepen. (stap 14) (Instrumenten waarmee wordt gecommuniceerd, komen pas
in volgende fase aan de orde.)

6 *Beheersaspecten (KOFTIG)*

— Kwaliteit: beschrijving hoe de kwaliteit van het projectresultaat en van het projectproces wordt gewaarborgd (formulering van kwaliteitseisen en -procedures). (stap 15)
— Organisatie: opzet projectorganisatie (formele verdeling van verantwoordelijkheden
en bevoegdheden van betrokkenen, in de vorm van organigram). Beschrijving taakverdeling binnen het projectteam, gekoppeld aan (hoofd)activiteiten uit het activiteitenplan. Beschrijving overlegstructuur en eventuele rechtsvorm van het project.
(stap 16)
— Faciliteiten: formulering facilitaire uitgangspunten, inclusief locatie-eisen. Eveneens
inventarisatie juridische aspecten: waar loop je tegenaan met de gekozen locatie, wat
is al aanwezig, wat moet je allemaal nog regelen? (stap 17)
— Tijd: opstelling overall tijdsplanning in de vorm van een balkenschema met de gehele
fasering en de belangrijkste activiteiten per fase (eerstvolgende fase uitgebreider
en fasen daarna globaler) en beschrijving puntsgewijs activiteitenplan en (globale)
breakdown en projectstructuur, d.w.z. beargumenteerd fasemodel met mijlpalen
waarop beslisdocumenten worden opgeleverd t.b.v. de besluitvorming door de
opdrachtgever. (stap 18)
— Informatie: beschrijving systeem voor distributie en archivering projectinformatie.
(de wijze waarop de interne informatievoorziening is geregeld binnen het project)
(stap 19)

— Geld: opstelling raming van de projectkosten en het dekkingsplan en waar relevant afzonderlijke toelichting per post. (stap 20)
– Risicoanalyse: inventarisering belangrijkste risico's voor welslagen van het project (faalfactoren) en beschrijving maatregelen om genoemde risico's te reduceren/ elimineren. (stap 21)

Bijlage
In veel gevallen kan een overzicht, tekst of tabel (bijvoorbeeld tijdsplanning, kostenraming en organisatieschema) als bijlage bij het projectvoorstel worden gevoegd. Dat vergroot de leesbaarheid van het rapport. Wel moet de essentie of samenvatting van een bijlage in de hoofdtekst zijn opgenomen, waarbij uiteraard een verwijzing moet worden geplaatst naar de bijbehorende bijlage. Alleen wanneer zo'n overzicht, tekst of tabel een onmisbaar onderdeel uitmaakt van een gedachtegang die voor het rapport van wezenlijk belang is, is het raadzaam om deze in de hoofdtekst van het rapport op te nemen.

Bijlage C2 Format voor projectplan

Het projectplan moet, ten behoeve van de verdere besluitvorming, zoveel informatie bevatten dat de opdrachtgever zich een *exact* beeld kan vormen van het evenementenproject, inclusief alle consequenties. Bij de thema's in het format wordt zo veel mogelijk verwezen naar de stappen die in hoofdstuk 5 zijn beschreven. Zie stap 22-35 voor nadere instructies over het schrijven van een projectplan.

Omslag

Kerngegevens

Inhoudsopgave

1 Inleiding
— In herinnering roepen van de vraagstelling of opdrachtformulering uit het project-
  voorstel.
— Wat is dit voor rapport, voor wie is het geschreven en wat is het doel ervan?
— Wat is de relatie met andere beslisdocumenten (iets over gefaseerde besluitvorming)?
— Wat is vermeldenswaard over de periode na het verschijnen van het vorige beslisdo-
  cument?
— Wat kan de lezer in dit rapport verwachten (korte opzet van rapport)?
— Wat is de status van het rapport (bijvoorbeeld concept, definitief, goedgekeurd,
  enzovoort)?

2 Projectinhoud
— Korte beschrijving van de algemene uitgangspunten of het basisconcept op basis
  waarvan het plan of ontwerp in deze fase is gemaakt.
— Exacte beschrijving van het concrete projectresultaat in de vorm van een gedetailleerd plan of ontwerp. Het gaat hier om exacte tijden, programmering/namen, maten,
  plaatsaanduidingen, locaties enzovoort. Waar nodig kan dit worden toegelicht met
  behulp van ontwerptekeningen. Maak voor elk programma- of projectonderdeel
  (opening, feest, workshop, wedstrijd enzovoort) overeenkomstige beschrijvingen en/
  of ontwerpen. (stap 22)
— Sfeerschets: indien nodig aanpassen t.o.v. projectvoorstel: levendige beschrijving van
  de manier waarop het projectresultaat beleefd gaat worden door de toekomstige
  bezoeker/deelnemer. (stap 23)
— Indien relevant: globale beschrijving van productiemethoden en uitvoeringshulpmiddelen (kwalitatief) (uitgebreide productiegegevens volgen later in het productieplan). (stap 24)
— Eventuele verdere toelichtingen, opmerkingen en bijzonderheden.

3 Projectmarketing en -communicatie
— Beschrijving eventuele bijstellingen m.b.t. communicatiestrategie na het projectvoor-
  stel.
— Beschrijving marketingplan. (stap 25)
— Beschrijving fondsenwervingsplan. (stap 26)
— Beschrijving ROI. (stap 27)
— Beschrijving communicatieplan. (stap 28)

4   Let op: Geef bij de beschrijving van de volgende aspecten steeds de eventueel gewijzigde uitgangspunten t.o.v. het goedgekeurde projectvoorstel aan:

— Kwaliteit: eventuele opmerkingen over de kwaliteitsbewaking. (stap 29)

— Organisatie: maken van een bijgestelde opzet voor de projectorganisatie (organigram) t.b.v. de volgende fase. (stap 30)

— Faciliteiten beschrijven in facilitair plan (stap 31) valt uiteen in:

  • locatieplan: met motivering van de locatiekeuze, inrichtingsplan en beschrijving van alle praktische zaken m.b.t. de locatie;

  • facilitair plan: uitgebreide beschrijving van de noodzakelijke facilitaire voorzieningen en hoe deze beschikbaar te krijgen;

  • juridisch of vergunningenplan: met overzicht van de noodzakelijke vergunningen, goedkeuringen, te verwerven rechten enzovoort en de aanpak daarvan.

— Tijd: overall tijdsplanning in de vorm van een balkenschema, beginnend bij eind voorbereidingsfase en eindigend bij eind project. Met een uitgebreid activiteitenoverzicht over de eerstvolgende fase (uitwerkingsfase). (stap 32)

— Informatie: eventueel bijstellen van bewakingssysteem voor de projectinformatie. (stap 33)

— Geld: elementenbegroting, eventueel in combinatie met een budgetrapportage. Zowel de begroting als de budgetrapportage voorzien van afzonderlijke toelichting per post (stap 34) en dekkingsplan (stap 35).

Bijlage C3 Format voor productieplan

Het productieplan heeft minder het karakter van een gewoon rapport en is eigenlijk een bundeling van losse productie-informatie waarmee het uitvoeringsteam het (evenementen)project kan gaan uitvoeren. Daarnaast is dit programma het laatste beslisdocument op basis waarvan de opdrachtgever de finale go-/no-go-beslissing kan nemen. Bij de thema's in het format wordt zo veel mogelijk verwezen naar de stappen die in hoofdstuk 6 zijn beschreven. Zie stap 38-50 voor nadere instructies over het schrijven van een productieplan.

Omslag

Kerngegevens

Inhoudsopgave

1 Inleiding (zo beknopt mogelijk)
— Korte samenvatting van de belangrijkste punten uit het projectplan.
— Wat is dit voor rapport en wat is het doel ervan (in relatie met de andere beslisdocumenten)?
— Wat is vermeldenswaard over de periode na het verschijnen van het vorige beslisdocument?
— Wat kan de lezer in dit rapport verwachten (korte opzet van rapport)?
— Wat is de status van het rapport (bijvoorbeeld concept, definitief, goedgekeurd, enzovoort)?

2 Projectinhoud
— Eventueel een korte beschrijving van het concrete projectresultaat, dus hoe het project/evenement er straks uit gaat zien (het plan of ontwerp). (beschrijf hierbij ook de eventuele inhoudelijke afwijkingen ten opzichte van het goedgekeurde projectplan die aan de opdrachtgever moeten worden gemeld) (stap 38)
— Beschrijving van alle inhoudelijke en productietechnische informatie ten behoeve van de uitvoering van het project. Inventariseer welke informatie de mensen die het evenement gaan opbouwen en afbouwen nodig hebben. Denk dus heel praktisch! (stap 38)
– Schrijf een aantal praktische briefings of instructies voor specifieke doelgroepen. (stap 40 en 46)
– Inventariseer wat er na het project, dus tijdens de afwikkelingsfase, nog allemaal gedaan moet worden. (stap 41)

Let op: Neem de losse lijsten allemaal op in de bijlagen, maar vermeld ze in dit hoofdstuk wel.

– Eventuele verdere toelichtingen, opmerkingen, bijzonderheden.

Let op: In veel gevallen verdient het aanbeveling om dit onderdeel niet als hoofdstuk maar als losse bijlage bij het productieplan op te nemen, omdat deze informatie slechts relevant is voor de mensen die verantwoordelijk zijn voor de projectcommunicatie.
— Beschrijving eventuele bijstellingen marketingplan, fondsenwervingsplan en communicatieplan na projectplan.

— Beschrijving actieplannen (stap 42) voor:
- marketing;
- fondsenwerving;
- communicatie.

In deze actieplannen worden alle activiteiten in een draaiboek opgenomen.

— Beschrijving hoofdlijnen van eventueel onderzoeksvoorstel: indien wordt gekozen voor een evaluatief publieksonderzoek tijdens het evenement dient daarvoor een afzonderlijk onderzoeksvoorstel te worden opgesteld. (stap 43)

Let op: Begin bij de beschrijving van de hierna volgende aspecten steeds met de vermelding van eventueel gewijzigde uitgangspunten ten opzichte van het eerder goedgekeurde projectplan.

— Kwaliteit: beschrijving van eventuele opmerkingen met betrekking tot het bewaken van het aspect kwaliteit tijdens de productie. (stap 44)
— Organisatie: opzet voor de uitvoeringsorganisatie (organigram uitbreiden met productiefuncties). Maken van eventuele roosters ten behoeve van de volgende fase(n), enzovoort. (stap 45)
— Faciliteiten: facilitair actieplan (stap 47) met onder meer:
- actieplannen voor het beschikbaar krijgen van de facilitaire voorzieningen (bestellijsten, huurlijsten, leverancierslijsten enzovoort);
- bewegwijzeringschema's en dergelijke.
— Tijd (stap 48): maak draaiboeken voor de drie subfasen van de uitvoeringsfase, te weten:
- draaiboek voor opbouw (productiefase);
- draaiboek voor evenement zelf (uitvoeringsfase) (soms voor onderdelen een afzonderlijk draaiboek, bijvoorbeeld voor de officiële opening);
- draaiboek voor afbouw.

Eventueel aangevuld met een capaciteitsplanning voor mensen, ruimten, techniek enzovoort.

Let op: De draaiboeken zijn het belangrijkste onderdeel van het productieplan. Soms is het praktisch om de draaiboeken als zelfstandige werkdocumenten op te leveren.

— Informatie (stap 49): eventueel bijstellen van het bewakingssysteem voor de project-informatie.
— Geld (stap 50): opstellen van een werkbegroting en budgetbewakingssysteem tijdens de uitvoering.

Bijlagen
Neem alle losse lijsten, plattegronden en overzichten op als bijlage! Vaak zijn ook het uitvoeringsprogramma (draaiboeken) en het communicatieactieplan als losse bijlagen bij het productieplan gevoegd, omdat je nu heel erg gericht gaat communiceren met specifieke doelgroepen.

Literatuur

Amelsvoort, P. van & Scholtes, G. (1993). *Zelfsturende teams, ontwerpen, invoeren en begeleiden.* Vlijmen: ST-Groep.

Beers, B. van e.a. (1998). *Projectmatig communiceren bij veranderingen.* Alphen aan den Rijn: Kluwer.

Berge, A.P. van den, Boer, A.J. & Klootwijk, J.W. (1994). *Werkboek conferenties.* Utrecht: Reed Business.

Berridge, G. (2007). *Events design and experience.* (zie www.embok.org). Amsterdam: Elsevier.

Blom, S. & Storm, P. (1993). *Effectief projectmanagement.* Groningen: Wolters-Noordhoff.

Boer, H. de (1974). *Schriftelijk rapporteren.* Utrecht: Het Spectrum.

Boer, P. de, Koetzier, W. & Brouwers, M.P. (2008). *Basisboek bedrijfseconomie.* Groningen: Wolters-Noordhoff.

Bos, J. & Harting, E. (2006). *Projectmatig creëren 2.0.* Utrecht: Scriptum.

Boswijk, A., Thijssen, T. & Peelen, E. (2005). *Een nieuwe kijk op de experience economy, betekenisvolle belevenissen.* Amsterdam: Pearson Prentice Hall.

Brown, T (2010). *Change bij Design. How Design Thinking Transforms Organisations and Inspires Innovation.* Tsai Fong Books.

Bureau Timmer (1991). *De Grote Klapper.*

Buuren-Verwaijen, M. van (2002). *Werkwijzer succesvolle evenementen.* Alphen aan den Rijn: Kluwer.

Cashman, S. (2007). *Thinking Big: praktijkboek strategische marketing kunst en cultuur.* Amstelveen: Lenthe Publishers & Consultants.

Centrum voor Live Communication en Live Communication Research Center (2011). *Een waardemodel voor beursdeelname.* Breukelen: CLC Vecta, LCRC.

Chan, P.Y. (2006). *Praktische handleiding voor projectmanagement.* Utrecht: ThiemeMeulenhoff.

Damiaens, E. (2007). *Evenementen organiseren.* Antwerpen/Apeldoorn: Garant.

Dieho, B., Hagoort, G. & Olink, H. (1985). *De andere kant van de theaterpraktijk.* Amsterdam: International Theatre Bookshop.

Embrechts, Annette (2011, 6 november). Wie redt Oerol? Dossier Archief *de Volkskrant.* Op 15 mei 2014 ontleend aan www.volkskrant.nl.

Eyzenga, G.R. (1987). *Trends in management.* Groningen: Wolters-Noordhoff.

Gayá Walters, B., Griensven, L.J.A.M. van & Rosmalen, M.M.G. van (1999). *Management van projectmanagement. Het managen van multiprojecten en programma's.* Den Haag: Elsevier.

Gerards, H. & Lubberding, J. (1993). *De bestaansvoorwaarden. Inleiding in de organisatiekunde.* Groningen: Wolters-Noordhoff.

Getz, D. (2008). Event tourism: definition, evolution, and research. *Tourism Management.* Oxford: Elsevier.

Gevers, T. & Zijlstra, T. (2001). *Praktisch Projectmanagement 1.* Schoonhoven: Academic Service.

Gevers, T. & Zijlstra, T. (2003). *Praktisch Projectmanagement 2.* Schoonhoven: Academic Service.

Goldratt, E. (2007). *De zwakste schakel.* Utrecht: Het Spectrum.

Gool, W. van & Wijngaarden, P. van (2005). *Beleving op niveau, vrije tijd: van vermaak tot transformatie.*

Gritt, R. (1994). *Projectmanagement: een praktisch handboek voor projectmatig werken.* Groningen: Wolters-Noordhoff.

Gritt, R. (2008). *Projectmanagement.* Groningen: Noordhoff.

Gursoy, Kim & Uysal (2004). Perceived impacts of festival and special events by organizers: an extension and validation. *Tourism Management.*

Hagoort, G. (1992). *Cultureel ondernemerschap.* Culemborg: Phaedon.

Hagoort, G. (1998). *Strategische dialoog in de kunstensector. Interactieve strategievorming in een kunstorganisatie.* Delft: Eburon.

Heide, van der & Rottger, I.H. (1991). *Succesvol deelnemen aan beurzen en tentoonstellingen. Handleiding voor effectief exposeren.* Amsterdam: RAI Gebouw.

Hendriks, B. e.a. (1997). *De kleine Prince 2. Projectmanagement methodiek voor kleine en middelgrote projecten.* Pink Elephant.

Hildebrand, N. *Een evenement als bron van inkomsten.* Meppel/Lelystad: EduActief/IVIO.

Honert, A. van den & Broersma, H. (1995). *Projectmanagement.* Utrecht: Teleac.

Hummel, H., Slootmaker, A. & Berkhout, J. (2003). *Projectwijzer.* Groningen: Noordhoff.

Instituut Fysieke Veiligheid (IFV) (z.j.). *Leidraad Veiligheid Publieksevenementen.* Op 30 april 2013 ontleend aan www.brandweer.nl/bedrijven/evenementen/risico-analyse.

Jans, R. (2005). *Een goed rapport.* Baarn: Nelissen.

Jutte, B. (2006). *Handboek projectrisico's.* Delft: Concilio.

Keesen, S.P.M. (1989). *Omgaan met sponsoring.* Den Haag: Van Gorcum.

Kingdon, D.R. (1977). *Matrixorganisatie, integratiemogelijkheden voor grote organisaties.* Alphen aan den Rijn: Kluwer.

Kop, J. & Mierlo, J. van. Organiseren van evenementen. *Reader Vrijetijdskunde.* Breda: NHTV internationale hogeschool.

Kraan, Ph. (1992). *Verslag van lezing over sponsoring binnen training 'Projectmanagement'.* Hoorn/Zwaag.

Kroonenberg, H.H. & Siers, F.J. (1992). *Methodisch ontwerpen.* Culemborg: Educaboek.

Kuiper, G. (2008). *Basisboek eventmanagement.* Bussum: Coutinho.

Lamers, H.A.J.M. (1991). *Handleiding voor pr- en promotieteksten.* Muiderberg: Coutinho.

Lange, H. (1991). *Motivatie in organisaties.* Alphen aan den Rijn: Kluwer.

Launspach, N. (1994). *De organisatie van evenementen.* Arnhem: Misset.

Lazeron (1995). De krachtenveldanalyse. In: J. Kessels & C. Smit (red.), *Opleiders in organisaties.* Alphen aan den Rijn: Kluwer.

Lievegoed, B.C.J. (1993). *Organisaties in ontwikkeling.* Rotterdam: Lemniscaat.

Lokerman, W.J.P.M. & Westermann, M. (1999). *Sponsoring als communicatie-instrument.* Deventer: Samson.

Mahieu, J. (2005). *Evenementen en kostenbeheersing.* Alphen aan den Rijn: Kluwer.

Mannes, B. (2003). *Kaap Helder publieksonderzoek.* Haarlem: Kunst en Cultuur Noord-Holland.

Meyenfeldt, F. von (1999). *Basiskennis projectmanagement.* Schoonhoven: Academic Service.

Mijnen, H. & Teunen, J. (2013). *Zoek de cashcow: trends in de creatieve industrie.* Veenendaal: GOC.

Misteli, J.M. & Oosten de Boer, P.F. van (1993). *Ondernemerswijzer. De praktische gids voor elke ondernemer.* Deventer: Kluwer.

Morgan, M. (2007). *Festival spaces and the visitor experience.* Eastbourne: Leisure Studies Association.

Mulder, N. (2008). *Value-based Project Management.* Amsterdam: Boom.

Mulder, N. (2017). *77 werkvormen voor projectmanagement.* Amsterdam: Boom.

Neumann, R. & Bredemeier, K. (1998). *Projectmanagement van a tot z.* Amsterdam: Adisson Wesley.

Nijs, D. & Peters, F. (2002). *Imagineering: het creëren van belevingswerelden.* Amsterdam: Uitgeverij Boom.

Noordman, D. (1989). *Kunstmanagement, hoe bestaat het.* Amsterdam: Bioton.

Onna, M. van & Koning, A. (2007). *De kleine Prince 2. Gids voor projectmanagement.* Schoonhoven: Academic Service.

Oosthoek, E. & Revoort, A. (1995). *Basisboek televisie maken.* Groningen: Noordhoff.

Picard, D. & Robinson, M. (Eds.) (2006). *Festivals, tourism and social change: Remaking worlds.* Clevedon: Channel view.

Pine II, B.J. & Gilmore, J.H. (1999). *De beleveniseconomie: werk is theater en elke onderneming creëert zijn eigen podium.* Schoonhoven: Academic Service.

Poel, H. van der (1999). *Tijd voor vrijheid. Inleiding tot de studie van de vrije tijd.* Amsterdam: Boom.

Portny, S. (2003). *Projectmanagement voor dummies.* Amsterdam: Adisson Wesley.

Quant, P. (2006). *Je project op de rails in 15 stappen.* Zaltbommel: Thema.

Ranshuysen, L. (1999). *Handleiding publieksonderzoek voor podia en musea.* Amsterdam: Boekmanstichting.

Regterschot, J. (1989). *Facility management.* Alphen aan den Rijn: Kluwer.

Schot, T. (1985). *Praktijkhandboek voor communicatief exposeren.* Alphen aan den Rijn: Kluwer.

Seijner, M. (2007). *De competente projectleider.* Groningen: Noordhoff.

Sennet, R. (2008). *De ambachtsman: de mens als maker.* Meulenhoff bv, Amsterdam.

Skoultsos, S.G. & Tsartas, P.A. (2010).Young attendees' motivation: the case of 'Rockwave Festival' in Athens. Paper presented at the Global Events Congres IV: Festivals & Events Research: State of the Art. Incorporating the 8th AEME Events Management Educators' Forum. Leeds Metropolitan University, 14-16 juli 2010.

Smithuijsen, C. (2010). Liever de lucht in, over de noodzaak van een opwaartse beweging in het festivalbestel. *Boekman, tijdschrift voor kunst, cultuur en beleid.* Amsterdam: Boekmanstichting.

Spiering, L. (2006). *De verkoopstimulerende beleving* (afstudeeronderzoek Vrijetijdsmanagement). Breda: NHTV.

Stapele, M. van. *Checklist conferentieorganisatie.*

Sterkenburg, Nikki (2012). *Sensatieverhaal.* Op 30 april 2014 ontleend aan http://nikki-nikster.files.wordpress.com/2012/06/idt.pdf.

Stern, M. (2003). *Het evenement als sales instrument.* Rotterdam: Media Business Press.

Theunissen, J. (2008). *Handboek publieksveiligheid bij evenementen.* Deventer: Kluwer juridisch.

Veldhuis, W.N.M. (2012). *Sponsoring bij kleine evenementen. Wat is voor een kleine stichting een goede manier om sponsors te benaderen en binnen te halen?* (bachelorscriptie Bedrijfskunde). Universiteit Twente.

Verhaar, J.P.M. (1995). *Strategisch bedrijfsplan. Handleiding voor het maken van een strategisch bedrijfsplan voor kleine en middelgrote culturele instellingen.* Hoorn/Zwaag.

Verhaar, J.P.M. (2000a). *Iko-model, een dynamisch diagnose-instrument voor het begrijpen en beschrijven van organisaties als levend systeem.* Hoorn.

Verhaar, J.P.M. (2000b). *Aanpak adviesprojecten in de culturele sector.* Hoorn.

Verhaar, J.P.M. (2005). *Projectmanagement.* Amsterdam: Boom Onderwijs.

Verhaar, J.P.M. (2007). *Het project.* Amsterdam: Boom Onderwijs.

Verhaar, J.P.M. (2008). *Eventmanagement: cases.* Amsterdam: Boom Onderwijs.

Verhaar, J.P.M. & Meeter, J. (1990a). *Projectmodel Tentoonstellingen.* Amsterdam: Boom Onderwijs.

Verhaar, J.P.M. & Meeter, J. (1990b). *Projectmodel Exhibitions.* Amsterdam: Boom Onderwijs.

Verhaar, J. & Rosman, C. (2014). *Managementvaardigheden voor projectleiders*. Den Haag: Boom Lemma uitgevers.

Verhage, B. & Cunningham, W.H. (1989). *Grondslagen van de marketing*. Leiden/Antwerpen: Stenfert Kroese.

Verstegen, M.C.G. (2003). *Mede mogelijk gemaakt door...: Het complete werk over sponsoring en fondsenwerving in de non-profitsector*. Maarssen: Elsevier Gezondheidszorg.

Vliet, H. van (2012). *Festivalbeleving*. Utrecht: Crossmedialab.

Vlist, R. van der (red.) (1992). *Visies op organisatiecultuur*. Utrecht: Lemma.

Watts, H. (1992). *On Camera, how to produce film and video*. Londen: BBC books.

Weeda, N. (red.). *Handboek personeelsactiviteiten en bedrijfsevenementen*. Alphen aan den Rijn: Kluwer.

Wijnen, G. (1997). *Multiprojectmanagement*. Schiedam: Scriptum.

Wijnen, G., Renes, W. & Storm, P. (1988). *Projectmatig werken*. Utrecht: Het Spectrum.

Wijnen, G. & Tak, T. van der (2006). *Projectmanagement. Sturen op samenhang*. Alphen aan den Rijn: Kluwer.

Wijngaards, N.M. (1989). *Probleemoplossende technieken*. Utrecht: Het Spectrum.

Wolbink, R. (1993). *Problemen in organisaties. Handboek voor probleemoplossers*. Baarn: Nelissen.

En verder:

EventBranche.nl en EventBranche Magazine.

Events.nl, www.events.nl/nieuws/van-traditioneel-naar-hybride-rijkere-evenementen-ervaring-onsite-en-online-6d3be12b3a9cd8c1.html.

Genootschap voor Eventmanagers (branchvereniging) en *De Eventmanager* (magazine).

High profile Events, Kwartaalmagazine over business events. High Profile Events is een inspiratie- en ideeënbron voor de organisatie van een bedrijfsevenement. Het informeert de lezer tevens over ontwikkelingen en nieuws in de evenementenbranche.

Register

Over de auteurs

Iris Eshel (1973) studeerde culturele bedrijfsvoering aan de Amsterdamse Hogeschool voor de Kunsten, waarna ze zich specialiseerde in projectmanagement, marketing en de productie van evenementen. Zo speelde ze een rol in de professionalisering van de dance-industrie in Nederland, die toen nog in de kinderschoenen stond. Ze begon haar carrière als boeker en projectmanager bij Mojo Concerts. Vervolgens droeg ze als zelfstandig producent en programmeur bij aan festivals zoals Awakenings, Dance Valley, Beachbop en succesvolle concepten (Chemistry, Paradisco3000, Thirst) in diverse clubs en poppodia binnen en buiten Nederland.

Momenteel is Iris als schoolleider verbonden aan de opleiding Kunst en Economie van de Hogeschool voor de Kunsten Utrecht en heeft ze recent een master in 'Educational Leadership' afgerond. Iris haalt vooral veel voldoening uit het initiëren en leiden van innovatieprojecten in het onderwijs en het stimuleren van professionalisering en persoonlijke groei van docenten en studenten. Daarnaast staat ze nog steeds graag voor de klas om naast studenten ook (event)professionals in het bedrijfsleven ('master in eventmanagement') een praktische benadering van projectmanagement aan te reiken.

contact: www.linkedin.com/in/iriseshel

Jan Verhaar (1949) volgde na zijn studie bouwkunde en bouweconomie een groot aantal cursussen en trainingen op het gebied van management en organisatiekunde. Hij werkte als hoofd stafbureau bij een grote gemeente in de Randstad en als projectmanager bij een ingenieursbureau, en bekleedde diverse managementfuncties in de culturele sector. Hij heeft jaren leidinggegeven aan het eigen adviesbureau Mens & Organisatie, Bureau voor Projectmanagement en Ontwikkelingsvraagstukken. Het bureau Mens & Organisatie adviseerde, begeleidde en verzorgde managementtrainingen op een zeer breed gebied. Training en coaching in het toepassen van projectmanagement in de eigen werksituatie van de deelnemers maakten hiervan deel uit.

Hij was tevens als parttime docent management werkzaam bij de Reinwardt Academie, de interfaculteit Culturele Bedrijfsvoering en de Nederlandse Film en Televisie Academie van de Amsterdamse Hogeschool voor de Kunsten, het Centrum voor Kunst & Media Management van de Hogeschool voor de Kunsten Utrecht, en het Nederlands Instituut voor Kunst en Management. De laatste jaren was hij als parttime projectleider en docent projectmanagement verbonden aan de School of Communication, Media and Music van Hogeschool Inholland Haarlem.

Sinds zijn pensionering richt hij zich met name op de begeleiding van mensen en groepen met levensvragen. Hij is auteur van diverse publicaties op het gebied van project- en vernieuwingsmanagement en de laatste jaren ook op het gebied van praktische spiritualiteit. Zijn grootste beroepsmatige belangstelling is altijd uitgegaan naar de ontwikkeling van mensen en organisaties.

contact: CHETANA, Praktijk voor Praktische Spiritualiteit, gevestigd te Hoorn/Zwaag. www.chetana.net.
e-mail: jan.verhaar@chetana.net